长三角未来综合产业园区的
策略与营建
——多总部经济集合体的到来

方晔◎著

中国建筑工业出版社

图书在版编目（CIP）数据

长三角未来综合产业园区的策略与营建：多总部经济集合体的到来 / 方晔著. —北京：中国建筑工业出版社，2019.12
ISBN 978-7-112-24160-6

Ⅰ.①长… Ⅱ.①方… Ⅲ.①长江三角洲-工业园区-经济发展-研究 Ⅳ.① F427.5

中国版本图书馆CIP数据核字（2019）第202287号

责任编辑：李成成
版式设计：锋尚设计
责任校对：李美娜

长三角未来综合产业园区的策略与营建——多总部经济集合体的到来
方晔 著
*
中国建筑工业出版社出版、发行（北京海淀三里河路9号）
各地新华书店、建筑书店经销
北京锋尚制版有限公司制版
北京利丰雅高长城印刷有限公司印刷
*
开本：787×1092毫米　1/16　印张：21¾　字数：414千字
2019年5月第一版　　2019年5月第一次印刷
定价：138.00元
ISBN 978-7-112-24160-6
（34681）

版权所有　翻印必究
如有印装质量问题，可寄本社退换
（邮政编码100037）

序 1

2019年，中国的经济和产业发展环境面临变化。全球经济增速变缓，国际规则面临重构，地缘风险有增无减；中美贸易战的爆发，美方的遏制和打压成为中国高技术产业发展面临的最大外部风险。此外，中国产业发展结构也存在内部问题：产业地产有名无实，以短期变现为目的的房地产式发展方式普遍存在，产业内核模糊，技术含量低，创新能力差，可持续发展的动力不足。在这样的环境下，中国产业园区发展有怎样的出路？

2019年对于长三角区域来说，也是重要的一年。12月，中共中央、国务院正式印发了《长江三角洲区域一体化发展规划纲要》，标志着长三角区域一体化发展这一国家战略正式进入实施阶段，进一步推动长三角制造业高质量发展。《纲要》指出，长三角产业基础较好，创新优势明显，区域协作高效，基础设施完善；强调长三角战略定位为全国发展强劲活跃增长、全国高质量发展样板区、区域一体化发展示范区。

基于这一背景，本书的出版，具有较强的现实意义。

本书具有系统性、创新性、应用性三大特点：一是系统梳理产业园区的相关理论及发展现状，从内因出发对当前产业园区的问题进行客观分析，以求更精准预测未来产业园区发展方向；二是根据长三角区域产业园区的实地调研以及多年的项目操盘经验，提出未来长三角产业园区将迈入"多总部经济集合体"的时代，并对此创新概念做了具体详尽的阐述；三是利用多年的实践经验，从政府、开发、产业三大主体的角度，有针对性地提出未来产业园区的发展策略、项目定位、招商运营、实体构建等多方面的实用建议。

总体来说，本书立意新颖、逻辑清晰、详略得当、言之有据，既客观描述了当前产业园区发展情况，又表达了对未来发展的理性看法。不仅可以为政府以及产业园区开发决策者提供参考意见，同时也可以为产业园区设计、营建、运维等相关从业人员提供切实可行的科学指导。

中国产业升级网产业导师
原上海市经济和信息化发展研究中心主任
上海市经济和信息化委员会副巡视员

序 2

"建筑"是承载人类生产生活的物理空间，是人类活动场所的总称。相应地，"产业园"的命名也颇有深意。但凡以"园"命名的建筑类型主要有两种：一种是私密场所，诸如私家园林与官家别院；另一种是公共场所，指供人活动交往、种植产出、传道授业等生产生活的建筑场所，诸如校园、田园、游憩园等。而产业园从学术角度来看更接近后者，即承载生产、交往、传道等功能的人类产业活动公共场所。所以，我们论述产业园的初衷不在于探讨建筑如何营建，而在于探讨其如何承载产业过程中人的活动。只有真正体现活动需求，并通过营建来引领落实这种活动，才是区别产业园"好"与"庸"的关键所在。

中国的产业发展面临转型升级，而产业园区作为产业发展的载体，也迫切需要更新换代，与时俱进。当前中国的产业园区现状更多地强调"营建"，这也是大规模、快速膨胀的城市化缩影。我们可以看到：不同时期、不同演变类型、不同政策、不同目的的产业园可以同时出现在中国的某一城市；新与旧、拆与建、外移与引进、摧毁与保护、传统与新经济等各种产业建筑的故事天天都在上演。在中国，产业园以房地产的形式扩张是普遍存在的，但是也随之带来园区无产业、无聚集、非人性化、空间形态千篇一律等多种问题。

作为建筑师——产业园区这一物理空间的实践者之一，其工作模式往往是在业主给定的任务书下进行园区设计，既难有主动权，很多设计师也无追寻产业园本质的愿望。

实际上，产业园区的设计需要考虑的因素很多，包括参与主体、经济规律、产业政策、生态环境、历史文脉、最优造价、企业组织、空间品质等多个方面，是多学科综合的庞大体系。当前市面上与产业园区相关的书籍文献很多，但是大多偏向产业园区的策划、运营等方面，或是设计从业者对于过去产业园区设计案例的总结。而本书的出版，恰恰是将产业园区的物理空间与其产业内核相关联，弥补了市面上缺失的这一块内容。

本书具有立意新颖、系统性强、数据扎实、结论落地等特点。

首先，本书立意新颖，给出未来长三角产业园区"多总部经济集合体"这一定义，这是综合了经济、产业、建筑、规划等多个行业的综合而全面的定义，直接指出未来长三角产业园区的综合性特点以及复杂的内核要素。全书围绕这一主题进行阐述，让读者从多个不同角度全面理解产业园区。

其次，本书系统性强，从产业园区的主要参与主体及其相互关系出发，将产业园区的生长过程梳理成六大体系，涵盖政策、规划、产业生态、自然生态、营建、运维等多个方面，由表及里地将产业园区当前的表象问题深入分析，再从内核出发给出产业园区的实际操作建议。全书层次清晰，环环相扣，系统地将产业园区的营建运维全过程徐徐展现在读者面前。

再者，本书数据扎实，作者以大量的产业园区实际调研数据为基础，并依托克而瑞在产业地产领域的专业大数据，经过科学分析，逐层抽丝剥茧，发现当前长三角产业园区的现状问题，得出未来产业园区的发展趋势。作者在分析过程中运用"产业园区指标评价体系"进行数据处理和分析评价，是将表象的现象进行数据化的科学分析方法，使结论科学可考。

最后，本书结论落地，将以上的系统分析结论实际应用到现实的设计工作中，再逆向复盘回顾，找出其中问题，并真正给出了产业园区操盘者和设计者扎实落地的营建建议，体现了作者作为建筑师的职业素养。

易居企业集团执行总裁

克而瑞总裁

前言

产业园区,顾名思义是承载产业的建筑物理空间。人类社会进入工业文明和信息文明时代之后,产业作为人类社会生活、生产的要素,由分散割裂进入到了聚集聚能的状态,产业园区的物理空间随之应运而生。产业园区在全世界已有近百年的发展史,耳熟能详的有:美国硅谷、法国索菲亚高科技园、日本筑波科学城、中国台湾新竹科技园等世界著名的产业园区,他们一度辉煌鼎盛,现在有些却日趋没落。

中国自1979年蛇口工业园区成立后,至今不过短短40年时间,却走过了世界产业园区的百年发展之路。这样的爆发式发展短期内为中国带来了大量的产业经济增长和社会聚集效益,但是也问题不断:高污染、高复制、概念空心化、房地产化等问题,正逐渐浮出水面。中国的产业园区迫切面临转型升级,寻找新的发展机遇。

与此同时,中国的长三角、珠三角、环渤海等地区作为中国经济发展的高地,在产业地产领域也渐渐崭露头角,表现出独特的发展特色。尤其是笔者所在的长三角区域,近年来随着经济产业实力的飞速增长,成为国际公认的六大世界级城市群之一。随着国家长三角一体化战略的实施,以世界级大都市上海为核心,带动周围区域发展的格局呼之欲出。本区域拥有上海张江、安徽合肥两个综合性国家科学中心以及约占全国1/4的双一流高校、国家重点实验室等。区域创新能力强,科创产业紧密融合,大数据、云计算、物联网、人工智能等新技术与传统产业渗透融合;集成电路和软件信息服务产业规模分别占全国的1/2和1/3,在电子信息、生物医药、高端装备、新能源、新材料等领域均形成了具有国际竞争力的创新共同体和产业集群。中共中央、国务院印发的《长江三角洲区域一体化发展规划纲要》强调要共建多层次产业创新大平台,充分发挥创新资源集聚优势,协同推进各式创新的平台,合力打造长三角科技创新共同体,形成具有全国影响力的新科技创新和制造业研发高地。在产业园方面提出共建省际产业合作园区,有序推动省际产业合作,产业跨区域转移和生产要素双向流动,推广上海临港、苏州工业园区合作开发管理模式,提升合作园区开发建设和管理水平。在整个长三角的数字产业以及新兴产业发展方面,浙江省表现尤为突出。随着阿里巴巴的成功上市以及G20峰会的成功举办,杭州这座新兴科技都市崭露头角,聚集了包括阿里巴巴、海康威视、网易、北斗导航等众多"互联网+"、"人工智能+"的前沿产业,成为中国创新创业之都。此外,浙江省首创的特色小镇的发展模式,是产城融合的表现之一,不仅符合经济社会发展规律,而且有利于破解经济结构转化和动力转换的现实难题,是浙江适应和引领经济新常态的重大战略选择。而江苏省以苏州工业园区为代表，也正在进行着产业转移和产业升级的深度变革。长三角区域正影响着中国的产业发展格局，成为中国产业经济发展的新增长极。

在这样复杂的经济产业环境下，中国尤其是长三角的产业园区发展将走向何方？身处产业园区发展前线的设计领域的我们，又将对此做出哪些改变？本书就是带着这样的疑问进行探究的。

本书通过系统梳理产业园区的发展历程，分析其三大主体，即政府主体、开发主体与产业主体之间的内在联系与参与模式，给出了自己对产业园区内涵的独特理解与思考，并定义了产业园区形成与运作过程中的政策、规划、产业生态、自然生态、营建、运维六大体系。通过对经济与产业发展高地长三角区域进行调研，分析长三角区域产业园区的发展优势与现状问题，预测长三角区域产业园区未来将呈现出"多总部经济集合体"的发展趋势，并基于多年设计及研究经验，给出了未来多总部经济集合体的开发营建与运维策略。

认知来源于实践，认知同时也指导实践。近十年来，笔者几乎每年都在进行百万平方米级别的产业园区设计实践。虽然日常工作十分繁忙，但是正因为身处设计第一线，笔者更深刻领会到"知行合一"的重要性。因此笔者更希望能够梳理产业园区的背后规律，建立实践方法论，以期指导未来的实践工作。本书从立意确定到写成，足足耗费三年之久，但是在写作过程中，笔者深觉自己对产业园区的研究还只涉及冰山一角，此过程充满挑战，又趣味十足。成书后，笔者总结发现，本书虽然对未来长三角产业园区的新形势做出了"多总部经济集合体"的定义，但是对其内涵的阐述以及对其物理空间的落地，还不够扎实，还需在今后的实践中不断总结和思考，以期完成更多产业园区的相关研究之作。

在本书的出版之际，笔者要特别感谢团队的集体努力，感谢胡啸、李盈、王冬雪、王永、杜小辉以及其他团队成员在本书的写作过程中不遗余力地贡献自己的力量。本书的完成，你们功不可没！此外，还要感谢各位业主为本书提供大量的案例素材。感谢浙大经济学院的黄先海院长和费楠教授，为本书提供社会经济等方面的相关咨询。感谢克而瑞研究机构对我们调研工作的大力支持。最后，感谢中国建筑出版传媒有限公司的编辑们在本书出版过程中的细致周到的工作。在此，衷心感谢各位！

目录

序 1
序 2
前言

第一部分 策略

第 1 章 产业园区的概念与国内概况 ... 2

第一节 产业园区的起源与发展概述 ... 2
一、产业园区在世界的起源与发展概述 ... 2
二、产业园区在中国的起源与发展概述 ... 4
三、当代产业集聚园区的典型案例 ... 5

第二节 产业园区的概念 ... 8
一、产业园区的定义 ... 8
二、中国产业园区的三大参与主体及其相互关系 ... 11
三、产业园区的六大体系 ... 19
四、产业园区三大主体与六大体系之间的关系 ... 25

第三节 产业园区的形成和发展 ... 30
一、产业园区的形成机制 ... 30
二、产业园区发展的经济背景 ... 31
三、产业园区的发展历程 ... 32

第四节 我国产业园区的发展历程 ... 37
一、我国产业园区的形成 ... 37
二、我国产业园区的发展历史 ... 45
三、我国产业园区发展中的主要问题 ... 49

第 2 章 中国的产业园区发展的政策及建议 ... 54

第一节 土地利用及区域规划政策 ... 54
一、当前土地政策特点及问题 ... 54
二、规划对土地利用的重要作用 ... 67
三、土地利用政策建议 ... 68

第二节 财政及税收政策 ... 72
一、当前财政政策的问题 ... 72

二、税收优惠的作用 73
　　三、未来财政政策的建议 74

第三节　产业园区制度及法律保障 77
　　一、产业园区制度及法律保障的作用 77
　　二、产业园区制度及法律保障的改革建议 79

第四节　其他政策建议 82
　　一、政府合理引导，避免盈利模式单一 82
　　二、出台政策吸引高端人才入园 82
　　三、进一步提高政府的服务水平 82
　　四、学习国外先进管理经验 83
　　五、加大对配套协作的扶持和培育力度 84
　　六、破解用工难、融资难 84

第 3 章　长三角产业园区的现状调研和总结 86

第一节　选择长三角产业园作为调研对象的基本理由与趋势理解 86
　　一、长三角发达的产业现状 86
　　二、长三角的产业变化 87

第二节　长三角产业园的分类及特点 92
　　一、长三角产业园的当前分类 92
　　二、长三角产业园区发展的显著特点 100

第三节　长三角产业园区调研的基本情况 102
　　一、调研样本选择 102
　　二、调研的基本框架和调研方式 105
　　三、调研的基本内容 109
　　四、调研数据分析 113

第 4 章　制定产业园区指标评价体系 123

第一节　产业园区指标评价体系的建立与原则 123
　　一、制定产业园区指标评价体系的意义 123
　　二、产业园区指标评价体系的框架 124
　　三、产业园区指标评价体系的评分标准 126

第二节　产业园区指标评价体系的内容与条文解释 127
　　一、产业园区指标评价体系的主要内容 127
　　二、产业园区指标评价体系特点 133

第三节　使用指标评价体系对调研园区进行评价 133
　　一、全部园区的评分结果及特征 134
　　二、不同得分的产业园区评分结果分析 147
　　三、调研园区评价总结 157

第四节　高品质产业园区特征总结及案例分析 158
　　一、高品质产业园区在评价中的表现 158
　　二、高品质产业园区各项指标特征总结 173

第二部分　营建

第5章　多总部经济集合体的到来 182

第一节　多总部经济集合体的概念和特征 182
　　一、多总部经济集合体产生的背景 182
　　二、多总部经济集合体的概念 186

第二节　多总部经济集合体的打造要素 195
　　一、以大环境为背景的多总部经济目标产业 195
　　二、以产业为核心指导多总部经济顶层架构 196
　　三、以平台构建为基本导向的多总部经济服务体系 197
　　四、以循环创新驱动园区发展的企业配套体系 197
　　五、以多总部集合体营造的产业生态体系 198
　　六、多总部经济集合体以多维度服务获取园区盈利的运营服务体系 200
　　七、多总部经济集合体的发展空间 202

第6章　多总部经济集合体的前期策略 204

第一节　多总部经济集合体的总体定位 204
　　一、政策准备 204
　　二、多总部经济集合体的产业定位 207
　　三、多总部经济集合体的企业结构 208

第二节　多总部经济集合体的顶层架构 211
　　一、多总部经济集合体的企业股份结构探讨 211
　　二、最佳的企业架构与运作模式 211

第三节　多总部经济集合体的拿地策略（一次性策略） 212
　　一、拿地策略的根本方向 212
　　二、拿地的基本方式 213

第四节	多总部经济集合体的开发策略（分期性策略）	220
	一、开发时序	220
	二、开发节奏与安全	221

第五节	多总部经济集合体的创新驱动（求变量策略）	222
	一、创新驱动的本质	222
	二、创新驱动的标准	225
	三、创新驱动的体现	228

第 7 章　多总部经济集合体的招商运营 ... 229

第一节	产业化招商	229
	一、构建产业链	229
	二、产业链招商	230
	三、全球化视野	231

第二节	全平台构建	232

第三节	专业化运营	234
	一、运营内容分类	234
	二、园区运营策略	236

第 8 章　多总部经济集合体的实体营建 ... 238

第一节	多总部经济集合体整体营建策略	238
	一、实施主体的界定	238
	二、实施的前期要点	239
	三、实施的基本步骤	240
	四、盈利方式的确定	247
	五、建设标准的设定	252
	六、经济技术指标建议值和货值计算	257
	七、政商博弈的最佳值	258

第二节	多总部经济集合体的总体布局	264
	一、多总部经济集合体布局的先决条件	264
	二、总体布局需考虑的各要素	266
	三、总体布局不同模式的思考	267

第三节	多总部经济集合体的建筑组合要素	268
	一、建筑组合的前提和基本设置标准	268
	二、建筑不同组合方式的原则与要素	270
	三、建筑组合的不同分类及论述	291
	四、多总部经济集合体的单体建筑不同的表现形式	298

第四节　多总部经济集合体采用 EPC 营建模式的优势 314
　　一、EPC 营建模式的分析 314
　　二、产业园区营建特点与 EPC 营建模式之间的功能互补 323
　　三、EPC 模式产业园区项目营建中设计相关实操概要 327

参考文献 334

第一部分
策略

第1章　产业园区的概念与国内概况

第2章　中国的产业园区发展的政策及建议

第3章　长三角产业园区的现状调研和总结

第4章　制定产业园区指标评价体系

第1章

产业园区的概念与国内概况

第一节 产业园区的起源与发展概述

一、产业园区在世界的起源与发展概述

世界上最早出现的产业园区可以追溯到20世纪20年代的英国的曼彻斯特（Manchester）工业中心和美国的斯坦福（Stanford）工业园。1945年以后，工业区发展逐渐成为许多发达国家的经济发展战略。20世纪70年代以后，工业区逐渐成为经济发展的一个重要领域。

总体来说，全球的产业园区发展大致可以分为四个阶段：

第一阶段是以生产资料聚集为核心的"要素群集阶段"，这一阶段以低附加值、劳动密集型的传统产业为主。

第二阶段是"产业主导阶段"，这一阶段的产业园区以产业链为导向，功能以产品制造为主，重新整合生产要素，形成稳定的主导产业和具有上、中、下游结构特征的产业链。

第三阶段是"创新突破阶段"，这一阶段创新文化成为产业聚集的动力，技术密集型和创新型产业成为主要产业类型。

第四阶段是"财富凝聚阶段"，高价值的"财富级"要素成为园区的核心驱动力，高价值的品牌、高素质的人才资源、高增值能力、高回报率的金融资本，成为产业发展需求的因素。[①]在空间上城市功能和产业功能完全融合，园区成为事业发展中心和生活乐园的综合新城。

---

① 王新红. 产业地产开发模式发展对策研究［D］. 北京：北京交通大学，2011.

从产业园区的发展历程看来，产业园区的升级与发展，是产业聚集动力、产业发展需求因素以及园区增值方式的变化共同作用的产物，以此带来产业类型、产业空间形态、园区功能以及园区与城市发展空间的关系变化。

产业聚集动力的变化：低成本导向→产业链导向→技术与创新驱动→高势能优势驱动。

产业发展需求因素的变化：廉价的土地和劳动力+优惠的税收政策→一定的配套服务和研发能力→高素质人才+较好的信息+技术及其他高端产业配套服务→高价值的品牌+高素质的人才资源+高增值能力和高回报率的巨额金融资本。

园区增值方式的变化：贸易链→产业链→创新链→财富链。

主要产业类型的变化：低附加值、劳动密集型的传统产业→外向型的产业→技术密集型、创新型产业→文化创意、科技创新型产业及其他高端现代服务业。

产业空间形态的变化：毗邻核心交通布局→围绕核心企业产业链延伸布局→围绕产业集群圈层布局→城市功能和产业功能完全融合的综合新城。

园区功能变化：单一的产品制造与加工→制造、研发复合功能→产业+人气+文化+资本融合的现代化综合城市功能。

园区与城市发展空间关系的变化：基本脱离（点对点式）→相对脱离（串联式）→相对耦合（中枢辐射式）→紧密融合（多极耦合式）。

当前世界著名的产业集聚区和产业园区大部分都已经处于"创新突破阶段"和"财富凝聚阶段"。

法国索菲亚高科技园区是欧洲最重要的技术枢纽核心，园区主要包括信息技术、生命科学、服务业等产业，兼有研究、开发和生产活动，以创新和研发活动为主，而制造、物流、市场和销售等环节相对较少。园区以企业、研究机构、大学和培训机构为四大支柱，在创新和协调政策方面相互合作，使很多创新型活动和项目得以开展。

美国硅谷最早以研究和生产以硅为基础材料的半导体芯片为主，现已经形成了以中小公司群为基础，同时拥有谷歌、Facebook、惠普、英特尔、苹果、甲骨文、特斯拉、雅虎等世界级高新技术企业的结构。历经百年的发展与扩张，硅谷已经成为集科研、教育、生产营销、生活、旅游等于一体的综合城市片区，是美国高科技人才的集中地，更是世界的信息产业"圣地"。

我国由于工业化起步较晚，不少发展水平偏低的产业园区尚处于发展的初期——"要素群集阶段"，大部分发展较好的高新区处于"产业主导阶段"。

从产业园区发展的四个阶段来看，产业园区与其所在的区域在发展过程中是双向选择与促进的关系：在产业园区的选址过程中，区域的气候、交通、产业结构、经济基础、优惠政策等都是需要考虑的重要因素；而优秀的产业园区及入驻其中的企业，具有为区域创造就业、拉动经济、吸引人才、提高区域附加值等作用。

苹果在人工智能领域落后于同类产品，为此，苹果扩大华盛顿州西雅图分支机构，将其作为研发人工智能的最重要基地，充分利用西雅图人工智能发展的基础。苹果也将在西雅图开设一家拥有1000多名员工的苹果工厂，此举将为西雅图新增1000多个职位。

苹果公司选址西雅图，这对双方来说是互利的。但是要想达到最终的双赢局面，这个过程中的各方参与主体与其之间的博弈关系要小心拿捏，稍有不慎都将造成不小的损失。

亚马逊最初想在纽约长岛设立第二总部，其中一个很重要的原因是可以享受纽约政府30亿美元的税收减免以及巨额的补贴。而亚马逊的进驻也将为纽约创造2.5万个高薪技术岗位，并为周围社区民众提供教育基金和福利。此外，亚马逊的进驻还将吸引其他企业聚集，带动基础设施建设，提升周围地块价值，刺激房价和租金。然而，最终因为民众的反对放弃了这一计划。纽约政府为此失去了一个长期合作的伙伴以及几万个高薪职位，房地产公司股价下跌，此前囤地的投资客也严重亏损；而对亚马逊来说，因为一小部分反对者而失去了纽约政府以及大部分支持者和用户，也是得不偿失的，且使自己陷入了进退两难的境地。

二、产业园区在中国的起源与发展概述

在中国古代，景德镇陶瓷、苏州刺绣等手工业在一定区域内形成了一定规模，从现代经济学的视角来看，可以算作是产业集群的雏形，但是中国的工业化进展缓慢，产业园区的出现时间也较晚。

1979年，香港招商局在蛇口自建了第一个工业生产园区，之后各大型企业纷纷投入资金自建厂房、研发楼，意味着我国进入"企业自建园区"阶段。

1984年，国务院批准建立大连经济技术开发区。随后，由管理委员会领导的工业地产逐渐成为开发区土地开发的主要模式，全国各地开始大力兴建。1988年，上海虹桥开发区首次实施土地租赁政策，土地开始走向市场化，产业与地产的联姻由此开始，"工业地产"的概念也由此诞生。

2003年，产业地产这一概念由联东集团首次提出，被业内普遍认为是工业地产的升级与换代，产业地产时代由此开启。①

---

① 夏书娟. 产业地产的发展趋势及投资风险研究 [D]. 青岛：中国海洋大学，2013.

我国产业园区发展时间尚短，大部分产业园区尚处于世界产业发展历程的初期阶段——"要素群集阶段"和"产业主导阶段"，目前正在寻求向"创新突破阶段"发展。另外，由于我国特殊的土地政策以及经济发展背景，我国产业园区发展出现了自己独有的特征。

三、当代产业集聚园区的典型案例

产业园区在选址过程中要注重依托当地的经济、产业、环境优势。反之，产业园区的发展也会对当地的产业、经济、技术等起引导和推动作用。

纵观世界著名的产业园区，都在其所在城市的发展中起重要作用。

1. 美国硅谷

硅谷是全球高新企业和风险投资产业的重点集聚地区。它从旧金山的圣塔克拉拉谷诞生，历经百年发展，孕育出英特尔、苹果、谷歌、Facebook等一大批国际知名的科技巨头和互联网公司。硅谷依托以斯坦福大学为首的众多世界知名的高等学府，以浓郁的创新文化、模糊的产学研边界、密集的高新技术驱动、活跃的风险投资、宽容的创业政策、成熟的企业生态等，成为全美国甚至全世界的产业集聚发展楷模。

硅谷人在长久的发展中营造的"硅谷文化"，一代代地吸引、凝聚着各方优秀人才入驻。"硅谷模式"成为美国各州甚至全球各国都在研究和效仿的一种高科技产业发展模式。

2. 法国索菲亚高科技园

前文所述的法国索菲亚高科技园，与英国的剑桥科技区以及芬兰的赫尔辛基高科技区是欧洲三大科技园区。

索菲亚园区从零开始，在20世纪70年代进行了初步的基本建设后，接纳企业的条件成熟，许多著名大企业和跨国公司纷纷入驻园区；从1996年开始，大量教育、科研和技术人员来到索菲亚园区，带动了科研与高等教育的发展。

索菲亚高科技园区通过自身的发展和向周围城市的辐射为地区的发展做出了重要贡献。除了创造大批就业岗位外，索菲亚园区带动了高等教育和科研的发展，促进了企业的建立，使本地区的经济充满活力。

3. 日本筑波科学城

日本筑波科学城坐落于东京东北方约60km远的山麓，总面积284.07km^2，是日本在20世纪50年代"贸易立国"向"技术立国"转变的大背景下,承载国家"技术立国"大计,以实现与美国相抗衡而人为规划建设的卫星城。

现今,筑波城已成为日本最大的科学中心和知识中心,是日本在先进科学技术方面向美国等科技发达国家挑战的重要国家谋略。

筑波科学城根据本国优势及国内外环境条件,选取高能物理、生命科学、材料科学等领域以及化工、机械、电子、气象和环境等部门进行多学科、多行业的优势集成,综合地进行研究开发,成效极大。

4. 中国台湾新竹科技园

1980年中国台湾新竹市郊区设立了"科学工业园区",占地2100hm^2,引进通信、电脑、微电子技术、微生物技术等高科技产业。产品从硒芯片、集成电路到微电脑及电脑辅助设备终端机,成为中国台湾尖端技术工业中心。

新竹科技园中科学人才集中,拥有中国台湾两所著名的工科大学:中国台湾清华大学和交通大学,新竹市成为全岛年平均收入最高的城市,硕士、博士人口比例也为全台之冠。中国台湾最重要的产业研究所——工业技术研究院也坐落园内。目前,科学园里有40家以上的公司为工研院的衍生公司。

新竹市区的规划建设以新竹科学园为中心发展配套,同时新竹旧城区与新竹科学园通过功能和优势互补,使新竹发展成为完整的高科技城市,成为中国台湾科技产业发展的引领角色。

新竹科技园建设方针为高科技化、学院化、社区化、区域化,吸引了大批优秀人才和外资注入,成为中国台湾经济发展的重要支柱、科技产业的心脏地带和科技产业水准的象征。

5. 张江高科技园区

张江高科技园区,位于上海浦东新区中南部,是国家级高新技术园区,被誉为"中国硅谷"。

经过近20年的开发,张江高科技园为生物医学创新、集成电路产业和软件产业三大领域构建了整体框架。该园区目前建设有许多国家级基地,例如上海生物医学技术基地和国家信息工业基地。在技术创新方面,该园区拥有多种模式的孵化器,建有国家火炬园区和国家留学人员创业园。目前,张江高科技园正逐步向一个世界级高科技园区的愿景迈进。

2010年,张江园区的营业收入达到1100亿元,年总收入增长率为15%,成为中国高科技产业的领先区域。目前,上海张江高科技园区正在竭尽全力建设10个具有独立创新潜力的国家级高科技战略产业平台，包括设备制造平台、集成电路和便携式终端产品集成平台等。[①]

截至2012年底，园区累计有9164家公司注册，从业人员27万，经营总收入4200亿元，工业总产值2084亿元，固定资产投资206亿元，税收收入189.15亿元，成为浦东发展的重要增长支柱。

6. 苏州工业园区

苏州工业园区，1994年2月经国务院批准成立，行政区划278km^2，其中，中新合作区80km^2，是中国和新加坡两国政府间的重要合作项目，被誉为"中国改革开放的重要窗口"和"国际合作的成功范例"。苏州工业园区率先开展开放创新综合试验，成为中国第一个开展开放创新的综合试验区域。

截至2018年底，苏州工业园区已累计为国家创造超过1万亿美元的进出口总值、8000多亿元税收，经济密度、创新浓度、开放程度跃居全国前列，在国家级经开区综合考评中实现三连冠，跻身建设世界一流高科技园区行列，入选"江苏省改革开放40周年先进集体"。

此外，苏州工业园区大力推进择商选资和提升利用外资水平，推动制造业向"制造+研发+营销+服务"转型、制造工厂向企业总部转型，累计吸引外资项目4400多个，实际利用外资313亿美元。积极参与"一带一路"、长江经济带、长三角一体化等战略，推进国家级境外投资服务示范平台建设，在"一带一路"沿线22个国家和地区投资布局。加快推进苏宿工业园、苏通科技产业园、苏滁现代产业园、中新嘉善现代产业园等合作共建项目，园区经验辐射力、园区品牌影响力不断提升。

苏州工业园区坚持以创新引领转型升级，成功跻身建设世界一流高科技园区行列。生物医药、纳米技术应用、人工智能产业已初具规模。截至2018年底，累计有效期内国家高新技术企业达1046家，累计培育3家科技部独角兽企业，集聚科技企业超5000家，累计评审苏州工业园区科技领军人才项目近1500个，人才项目质量、规模快速提升，形成了"引进高层次人才、创办高科技企业、发展高新技术产业"的链式效应。

纵观产业园区的发展历程，综合比较世界各大著名产业园区的成功案例，我们不难看出，产业园区的发展是伴随着产业集聚而发生的，并不断吸引着其他生产生活要素的空间集聚，最终带动区域产业和经济发展。那么，产业园区如何促进区域经济发展，推动产业升级，就是我们需要关注和研究的重点。

---

① 漕河泾园：创新孕育"希望"共创发展蓝图 [J]. 中国高新区. 2008（06）：25-26.

第二节　产业园区的概念

一、产业园区的定义

1. 产业园区的标准定义

世界各主要工业国家对产业园区的严格定义：

根据联合国环境规划署（UNEP）的定义，广泛意义上的产业园区是在一大片土地上聚集若干工业企业的区域。它具有如下特征：①大面积的土地；②土地上建有多个建筑物、工厂以及各种公共设施和娱乐设施；③对常驻公司土地利用率和建筑物类型实施限制；④有详细的区域规划对园区环境规定了执行标准和限制条件；⑤为履行合同与协议、控制与帮助公司进入并适应园区、制定园区长期发展政策与计划等提供必要的管理条件。[①]

2003年，联东集团率先提出了我国产业地产的完整概念。具体定义是：围绕产业微笑曲线，构建产业价值链一体化平台，以产业为依托，地产为载体，实现土地的整体开发与运营。[②]

我国大部分学者认为，产业园区是指一国或地方政府考虑到其所处区域的经济发展阶段和要求，综合权衡行政或市场等各种调控手段的运用，集聚各类生产要素，将其科学地整合于一定的空间范围内，使之发展成为功能布局优化、产业结构合理、特色鲜明的产业聚集区域。[③]

我国目前对产业园区的定义：产业园区是围绕产业微笑曲线，按照产品业务工序和产品附加值来安排某一个产业的产业链一体化平台。一个产品业务工序分为上游、中游、下游，共同构成了产品价值链。上游是指技术研发和品牌营销，产品附加值高；中游是指生产组装，产品附加值低；下游是指销售和售后服务，产品附加值高。产品的上游、中游、下游依照附加值形成了产业微笑曲线。因此传统的产业园区建筑物主要由办公楼、标准厂房及中试研发楼组成。

产业园区开发的策划咨询机构——东滩顾问，在其所著的《中国产业园区：使命与实务》一书中，将产业园区定义为：政府通过行政或市场化手段，划出一定的

---

① 王璇，史同建. 我国产业园区的类型、特点及管理模式分析［J］. 商，2012（18）：177-178.
② 孙涛. 联东U谷产业园运营管理模式研究［D］. 厦门：厦门大学，2018.
③ 赵萌词. 基于系统分析的产业园区协调发展对策［J］. 智富时代，2015，0（S1）.

地理范围，确立短期或长期规划和政策，建设并完善有利于企业投资和发展的硬环境和软环境，以吸引资金、技术和人才，使之成为企业大量聚集、产业集群化发展的有效载体和平台，最终促进区域经济快速发展。[①]

产业园区是区域经济发展、产业调整和升级的重要空间聚集形式，担负着聚集创新资源、培育新兴产业、推动城市化建设等一系列的重要使命。产业园区集聚的载体，其主要构成应包括相关文化创意设计方面的企业、提供高科技技术支持（如数字网络技术）的企业、国际化的策划推广和信息咨询等中介机构，还有从事文化创意产品生产的企业和在文化经营方面富有经验的经济公司等。这种相互接驳的企业集群，构成立体的多重交织的产业链环，对提高创新能力和经济效益都具有实际意义。

对于产业园区的定义，本书有自己的看法：真正的产业园区是由政府、开发者、企业等不同主体参与，彼此之间相互博弈，以形成产业集群并促进区域产业发展为目的而打造的一个产业载体。在这个打造过程中，会由不同主体或者不同主体之间合作而产生制定政策、制定规划、打造自然生态、打造产业生态、园区营建、园区运营招商维护等一系列的行为。这样的过程中，不同主体需要扮演什么样的角色，承担什么样的责任以及不同主体之间的关系，不同阶段需要有什么样的注意事项，是我们需要重点研究的内容。

产业园区的特质：将集中于一定区域内特定产业的众多具有分工合作关系的不同规模等级的企业及与其发展有关的各种机构、组织等行为主体，通过纵横交错的网络关系联系在一起，并成为提供空间集聚的载体，代表介于市场和等级制之间的一种新的空间经济组织形式。

2. 产业园区与循环经济发展的辩证关系

（1）产业园区是循环经济发展的重要载体

在现实经济运行中，依据循环范围大小的不同，循环经济可以区分为三个由小到大、逐步递进的层次："小循环"——企业内循环；"中循环"——产业园区的循环；"大循环"——整个社会的循环。产业园区层面的中循环，一方面可以统筹企业层面的循环，使资源在企业之间重复利用，更加高效集约；另一方面，当园区自身能够有效运作时，可以以自身为动力引擎，促使资源在全社会范围内循环使用。

（2）循环经济是实现产业园区可持续发展的重要途径

目前我国很多产业园区污染物种类多、排放量大，严重地影响了产业园区自身

[①] 朱跃军，姜盼. 中国产业园区：使命与实务 [M]. 北京：中国经济出版社，2014.

及周边区域的发展。循环经济模式,通过模拟自然界的生态平衡系统,构建企业间的共生网络,在资源输入输出环节,以循环思维引导上下游产业集聚,使企业间的原料链和废料链能链接成环,实现能量及资源的梯级利用。

总之,为了实现循环经济,产业园区必须在企业内部推行生产过程循环,在企业之间推行生产过程循环以及构建企业与社会之间的循环,从而实现节约资源和降低污染的总体目标。因而,循环经济是实现产业园区可持续发展的重要途径。

3. 产业园区与开发类地产的区别

(1) 客户

产业地产的客户是商家,而产业园区面对的是政府与企业。

(2) 经济影响

商业地产主要依靠地段优势形成主要竞争力,享受的是城市发展后的成果。而对于产业园区而言,依托好地段形成的自然辐射不是首要条件,产业集聚和区位统筹等综合资源优势的影响更为重要。产业园首先依托地区经济能量和城市功能完善而发展,而后进一步促进城市的繁荣和提升。

(3) 选址条件

产业园区选址主要由城市的产业特点决定,包括城市的产业分布、产业影响力、吸引力等,一般位于一、二线城市的城市中心或开发区。

(4) 功能类型

商业地产的功能比较多样化,如购物、餐饮、娱乐、酒店、商务办公等,但彼此孤立,无必然联系。相比而言,产业园区的功能更加全面,且相互关联,互为依托,以打造企业集群、提升城市形象、提高政府税收等为目标。

(5) 产品设计

商业地产的产品类型主要有:高层写字楼、购物中心、商铺等,产品设计主要因产品、功能而异。产业园区的产品类型主要有:独栋写字楼、高层写字楼、配套服务商业中心、标准化厂房等,产品设计主要考虑办公需求、生产需求等,主要满足企业研发、生产、办公等需求。

(6) 招商类型

产业园区的招商既要考虑企业成长环境等硬性条件,又要考虑企业孵化培养、上下游产业链构建等软性需求。产业园区的招商必须要深入企业内部,才能对企业运营及未来发展有更加准确的把控。

(7) 综合实力

产业园区从企业培养及产业生态中获利,因此资金运作时间更久。前期硬件建设阶段基本以投入为主，项目建成后，仍需要大量资金组织产业运营。大多数产业园只有在形成一定规模，产业生态初具雏形之后才能盈利，而良好的产业生态是十年磨一剑的结果，因此其对综合实力的要求远远高于商业地产。

4. 产业园区与产业集群的区别

工业集群是指在公司有合作意愿的基础上，在价值链中具有纵向或横向联系的行业之间的社会网络。

产业园区和产业集群的异同主要包括以下三个方面：

（1）两者概念有着不同的内涵和指向。

前者主要是外力驱动，而后者是内力驱动。产业园区作为政府在基础设施方面的投资区域，是一种吸引外资和创造就业的重要政策手段。而产业集群能够促进内力发展，使产业根留本地。这种"黏力"会不断自我强化，使区域获得可持续发展。

（2）两者概念彼此交叉渗透。

产业集群和产业园区表面上都表现为企业的集聚，但内核上却不尽相同。对于产业集群而言，周边的企业虽有地理邻近的特征，但可能仅仅因为便利的基础设施等外因而集聚，企业之间可能因为所有制、所属国及语言等的差异而联系甚少，甚至相关行业的企业也有可能由于技术壁垒而不相往来。而产业园区，就是为了构建企业之间的联系而诞生的。

（3）有些产业集群是从产业园区中成长起来的，而有些产业园区又是在原有产业集群的地方建立起来的。

这种双向演进现象是普遍现象，时间是一个重要的因素，例如斯坦福研究园和新竹科技工业园就实现了从产业园到产业集群的演进。

从严格意义上说，我国大多数产业园区都不是产业集群，将传统的产业园区转化为具有功能联系的产业集群并非易事，而转变为拥有物流、技术孵化器和创新中心的系统环境就更难，是天时地利人和综合作用的结果。

二、中国产业园区的三大参与主体及其相互关系

1. 中国产业园区的三大参与主体

国外的产业园区经过多年发展变迁，逐渐建立起了一套比较完善的园区发展模式：由科研机构、企业、政府三方参与的"三元参与理论"，即由科研机构提供技术和人才，由企业提供资金及产业支持，由政府提供政策和基础设施，三方在共同

利益的驱动下，以园区作为载体发展高新技术产业，带动区域经济发展。[①]

在这种模式下，国外园区大致有三种管理模式：

（1）政府管理型。政府统管整体规划，既承担基础设施和服务设施建设，又统筹筹集资金、招商引资等具体运营事宜，同时还提供基础研究和培训设施，制定优惠政策吸引企业等。如日本筑波科学城、韩国大德科学园等，均采用这种管理模式。

（2）政府参与多元经营型。由政府和各类民间机构共同组建董事会、基金会或者社委会来进行园区经营管理。如英国的曼彻斯特科学园即采用这种模式。

（3）非政府的经营性。分为盈利的企业型和非盈利的机构型两种模式。企业型指园区经营者把园区经营作为一种投资，追求园区经营利润；机构型是采用基金会形式治理园区，如法国科学城、英国剑桥科学园治理模式。[②]

而中国的产业园区，由于土地国有，大部分是由政府通过招标、拍卖、挂牌出售或协议出让等形式出让土地，由开发商进行二级开发，吸纳企业入驻，从中获利。

中国的产业园区在开发过程中，一般有三大参与主体：政府主体、开发主体、产业主体。

（1）政府主体：注重经济效益和社会效益

政府提供土地，制定政策和上位规划，负责基础设施建设。政府对产业园区最注重的是经济效益和社会效益。

产业园区因聚集了大量企业，体量庞大，所以既可以带动区域经济增长，也能在促进社会进步、增强环境保护方面也发挥重要作用。

1）刺激经济增长

拉动经济增长是产业园区最为现实的价值，也是产业园区风靡全国最为根本的原因。一方面，产业园区可以吸引投资、聚集产业，直接实现产出，增加政府税收，直接拉动经济增长；另一方面，产业园区还可以通过消费效应、溢出效应等间接方式拉动所在地经济增长。首先，产业园要解决员工的生活问题，会引入娱乐、酒店住宿、医疗教育、金融等服务业，带来经济发展；其次，园区内优秀的企业可以通过技术外溢给周边发展带来正向影响；再次，园区持续性的产业升级及更新的模式给城市带来了活力；最后，产业园区产城融合的模式是新型城镇化的理想场所，为区域经济可持续发展注入了持续动力。

[①] 夏冬冬. 重庆市科技园区核心竞争力战略研究 [D]. 重庆：重庆大学，2009.
[②] 赵禹骅，秦智，覃柳琴. 产业园区治理结构的研究 [J]. 广西财经学院学报，2007（04）：92-95.

2）促进社会资源聚能提升

理想的产业园发展应该是经济增长与社会进步同步，都在集聚中发展壮大。

首先，产业园区可以促进社会和谐。一方面，产业园需要大量的生产与服务，直接产生了大量的工作岗位，直接提高了区域就业率，促进了社会和谐；另一方面，多样性的产业类型要求为园区服务的人才也必须是多层次的、多样化的，而园区为了满足自身发展和更新的需要，会对为其服务的员工进行再教育、再培训。此种模式，保证了人才的技能提高和收入增加，进一步促进了社会和谐。

其次，产业园区可以构建产业文明。产业园区是一个"试验场"和一个示范区。产业园区及其企业在积极探索、勇于创新和成功实践的基础上所形成的创新成果、取得的发展成就会引起其他园区及企业的关注、学习和模仿。在此条件下，一些先进理念、价值观念等产业文明要素也会外溢，产生积极影响。此外，取得成功发展的产业园区还具有品牌价值，能够作为城市的名片向外推广，进一步夯实园区的产业文明，比如海尔工业园、大众汽车园就是塑造产业文明的成功典范。

3）加强环境保护

第一，产业园区通过打造循环经济体系降低污染。产业园区以打造循环经济为目的，对所有入园企业进行选择组织，构建多层次、互连接的产业体系，一方面，使园区的产业结构和空间布局合理化，另一方面，使资源能源能够高效利用，减少环境污染。

其次，产业园区可以对污染排放进行有效监督。通过建立环境影响评价制度及监督机制，明确排污者的环境保护责任，切实加强环境保护的监控工作。对未批先建、不执行环评审批意见、不按环评批复要求落实环保治理措施的企业，依法严处，从而保障环境影响评价等相关制度能够得到有效的落实。

第三，产业园区有利于对污染进行集中治理。随着环境污染日趋严重，以分散式污染防治为特征的末端治理已经不能适应日益多样化、复杂化的环境问题。产业园以多个企业聚集为体征，既体量大又属于统一管理，这为环境污染的集中治理带来了可能。在园区内通过建立专门的废弃物和污染物处理设施，可以方便、低成本地对废弃物进行分类处理和对污染物进行集中治理。

（2）开发主体：看重投资回报

开发主体一般包括政府部门、开发商以及部分自带产业的企业；开发主体拿地后，负责产业园区建设，相当于代行土地开发的职责，再从土地开发中获利；另外，开发主体有时还兼行招商职责，负责筛选入驻企业，以完成对政府的承诺。开发主体对产业园区最注重的是投资回报。

运作产业园区如同运作企业，投资回报是开发主体最直接、最根本的驱动力。

开发主体一般有四种获得投资回报的模式,即销售产品、出租物业、提供服务以及资本运作,对于大多数开发主体而言,都是采用这四种模式的组合。

1)销售产品

土地一级开发商通过土地征用、拆迁安置、土地平整、基础设施建设等一系列措施将"生地"做成"熟地"后,采用"协议"或"招标、拍卖、挂牌出售"的方式出让土地使用权以获取经济回报,土地出让收入是一级开发商平衡资金的重要方式。对于二级土地开发商,可通过销售产权可以独立分割的标准厂房、总部大楼、研发综合体、配套商铺住宅等方式迅速回笼资金。由于产业园区开发前期投资较大,回收期较长,开发商一般都会将部分地产和房产进行销售,迅速回笼资金以进行滚动式开发。

2)出租物业

确定合理的租售比,统筹收益分配对开发产业地产具有重要的战略意义。与住宅地产不同,产业地产的收益核心是园区运营,开发商可以通过持有并经营部分物业的方式赚取租金,并在未来物业升值之后取得收益。

3)提供服务

产业园区的重点在于产业而非地产,其核心是解决如何为实体经济服务的问题。在专业分工越来越细化的时代,企业对人力资源、金融投资、科技信息等专业化、增值型服务的需求越来越多,基础性的物业服务已经不能满足企业的需求。提供配套的产业服务在提高园区招商能力的同时,也蕴藏着巨大的利润空间,甚至已经有地产商开始向园区服务运营商转型。

4)资本运作

资本运作也能为产业园区开发商带来盈利。一方面,部分开发商作为产业主体入驻园区,能够以既当"房东"又当"股东"的模式获取盈利:这些企业通过以产业投资基金或物业入股的方式对成长型企业进行孵化、培育,待孵化企业被并购或上市后,以分享企业成长红利的方式获得利益,张江高科、南京高科是这一类园区的典型代表。另一方面,开发商还可以通过物业资本化的方式实现资金回流,将部分物业的股权打包出售或将物业打包成REITs(房地产投资信托基金)上市。

(3)产业主体:注重成本效应

企业在权衡地方优势、产业背景、租金或售价以及园区优惠政策等各方条件后,入驻园区,向政府提供税收,为地方贡献产值。入驻的企业选择产业园区时最注重的是降低成本。

《2009年世界银行发展报告》中,著名经济学家印德尔米特·吉尔从空间经济学的角度对集聚效应进行了剖析,他认为集聚效应可以从分享效应、匹配效应和学习效应三个方面进行解读。对于产业园区的使用者——产业主体而言，产业园区的集聚效应主要体现在降低成本上，即降低交易成本、降低生产成本、降低研发成本。

1）降低交易成本

信息不对称会给交易双方带来巨大的交易成本，如交易前的信息搜集成本、甄别成本（市场调研、实地考察等），交易中的磋商谈判成本，交易后的道德风险成本（拖延、逃避货款等）以及为规避交易风险而发生的中介成本（第三方担保、专业机构鉴定等）。产业园区将同类型的企业或处在产业链上的相关企业聚集，可以有效降低交易成本，具体表现在以下几个方面：

首先，产业园区内部企业之间交易可以有效降低交易成本。一方面，处在同一产业园，地理位置邻近，能够知己知彼，增进彼此的了解和信任。另一方面，长期的相处可促使企业间构建相似的价值观和文化观，从而提高企业交流效率，大幅度降低交流成本。例如美国硅谷地区之间能够快速发展，很重要的一个原因就是其产业集聚区内的企业、科研机构等彼此相互熟悉，有相似或共同的价值理念和文化传统，从而大大降低了企业的交易成本，提高了交易效率，增加了企业的利润。

其次，产业园区之间的企业交易可以有效降低交易成本。单个作战不如捆绑作战，各展所长。基于这种理念，首先，跨园区企业合作，在园区层面对企业交易进行担保，能够有效减少交易风险；另一方面，同类或相似企业在园区内进行优选和适度匹配，从而实现资源的有效配置，从更高层面看，这样可以使异地园区一体化，从各个方面降低交易成本。

最后，产业园区的企业可以共享市场网络从而降低交易成本。以资源共享为出发点，追求 1+1＞2 的效果。园区企业之间可以通过分享市场网络，比如原材料采购网络、生产性服务网络，使企业之间有更广泛的路径寻找到最佳的产品与服务供应商，从而达到降低交易成本的效果。另外，相对于单个企业，一个园区的企业整体参与市场竞争时，更容易打破市场壁垒而进入目标市场，这也是降低交易成本的重要体现。

2）降低生产成本

降低企业的生产成本是产业园对企业最直接的利好之一。具体包括固定成本、运输成本、采购成本、劳动力成本、学习成本五个方面。

第一，固定成本。园区内企业可以通过共享市政道路、污水处理、排污、热电、天然气、电信等公共基础设施以及公共餐厅、职工公寓、公共会议室、公共实验室、公共技术服务平台、人力资源服务平台等公共服务平台降低固定成本投入，从而达到降低生产成本的目的。

第二，运输成本。产业园区为了内部产业构建的便利，在选址阶段，都会尽量选择靠近资源所在地或者目标市场或者互通港口的地方，尽量减少企业交通运输成本。另外，园区多数企业在产业链上具有一定的联系，许多产品和服务的交易可在园区内进行，地理空间的邻近性降低了园区企业的运输成本。

第三，采购成本。企业在园区聚集，能够形成规模效应，在采购阶段，可以捆绑作战，或依靠园区整体运作，从而保证园内企业获得高品质但低成本的生产资料。产业集聚也会提高园区的专业化密度，能够刺激本地供应商提高生产资料供应水平，这对持续降低采购成本也是大有益处的。

第四，劳动力成本。一方面，园区能够整体对外招聘，降低企业招聘成本；另一方面，园区的集聚效应和品牌效应会直接吸引大批人才进入，进一步降低企业招聘成本；再者，相似或相同企业的集聚，为人才在集聚区的自由流动提供了便利，而且能够缩短员工掌握不同技能的时间，大大降低了企业在劳动力培训上支出的成本。

3）降低研发成本

产业园区可以通过强化竞争激发企业的创新动力，也可以通过聚集创新要素、引导创新合作、集成创新服务等方式降低研发成本，产业园区已是科技创新的重要载体，如硅谷、索菲亚高科技园区、新竹科学园区、中关村等。

首先，聚集创新要素以降低研发成本。产业园区（最常见的是高新技术园区）可以聚集高新技术企业、科研机构、高新技术人才、风险资金、产业政策等创新要素，并通过各类要素的高效匹配来降低研发成本。例如企业与人力资本的集聚，一方面可以使企业迅速招聘到自己所需的人才，另一方面，人才的集聚能够更有效地发挥其创新才能；再如风险投资是企业研发过程中重要的资金来源，产业集聚能降低风险投资的搜寻成本和投资风险，园区可以通过成立引导基金的形式促进风险资金集聚，从而降低企业的研发成本。

其次，引导创新合作以降低研发成本。一种方式，园区企业可以用契约分工的方式合作创新，使单一企业的创新聚焦到产业链的某一环节，这样可以分散创新风险，加快创新速度。另一种方式，园区企业还可以用非契约的接触交流的方式合作创新，如不同公司员工之间座谈、交流会等方式引起思想碰撞，激发创新。

最后，集成创新服务以降低研发成本。园区可以全方位集成各类创新服务，打造公共技术平台、公共环境平台以及金融、信息等公共服务平台。金融服务平台为技术创新活动提供资金支持和分担风险，中介组织和机构为技术创新活动提供管理咨询和市场需求调查等服务，这些服务都可以降低研发成本，提高创新的成功率。

2. 三大主体的主要参与模式

政府主体、开发主体、产业主体在产业园区的策略与营建中主要有以下四种参与模式：

（1）以政府主体为主导的产业园区模式

这种模式中，政府拿出土地，自主开发运营，后续设立专门的管理机构对园区进行直接管理，政府对园区的一切事务具有决定权。这种模式一般出现在某个产业集聚区的启动区块，或者是某地产业基础薄弱，需要政府作为推手来"引进"产业或者引导产业升级等情况。

位于杭州市的浙江省海外高层次人才创新园，简称"海创园"，由政府出资出力开发建设，引入海外高层次人才，并为其孵化配套以及提供研发、投融资等全面的服务平台。同时，政府在园区内设置"海创园服务中心"及以海创园为重点的行政服务中心以及"杭州科创孵化器公司"，专为海创园的人才引进和创业人员服务。

以政府主体为主导的产业园区模式有其独特的优势。

首先，政府具有强大的资源聚拢能力，一片产业基础薄弱的区域在建设之初，能够得到政府连续不断的庞大优质资源输入，可以为后续区域开发积蓄雄厚的发展基础和资金实力。

其次，政府亲自开发建设产业园，在招商引资时，可以利用自身的政策、税收优惠、招商公信力等条件，为区域产业导入提供开发公司所不具备的独特优势，在一定程度上还可以避免企业办理手续来回申请的时间。

最后，政府能够忍受短期不盈利。不少开发商因为盈利的需要，往往在卖房和产业之间举棋不定，而政府却可以不受盈利困扰，具有"放长线，钓大鱼"的经济基础，在此条件下，政府可以果断遏制某些急功近利的运营模式。

相应地，政府主体为主导的产业园区模式也具有一定的弊端。

第一，区域开发与实际脱节。政府前期规划容易与市场脱节，难以保证建设开发完成后土地的高效利用。

第二，商业模式未能打通。地区的有限财力难以支撑高强度区域开发，必然走上通过各种负债来填补巨额资金缺口的道路。而解决区域开发资金链后遗症的最有效方法就是圈地卖房回笼资金，但是这种模式在土地宏观调控、"房住不炒"的约束下，可行性越来越小。

第三，行政缺乏效率。表面上看，管委会具有政府管理职能和相关的经济管理权限，为企业入驻、发展提供相关服务；而实际上，管委会地位界定并不明确。身份权责的不清晰完全可能引来管理的混乱。

（2）政府主体+产业主体为主导的产业园区模式

政府主体+产业主体为主导的产业园区模式下，政府作为土地提供者与政策制定者，产业主体一般为自带产业的大型企业，同时肩负土地开发和产业集聚的两大功能。这种模式的操作过程，一般来说是政府以优惠的价格提供土地给自带产业的大型企业，大型企业开发产业园区获利，同时承诺政府相应的经济效益和社会效益，即产值税收、社会就业、产业集聚等，并利用政府提供的优惠政策进行招商；而政府往往在园区中设立管理委员会等部门作为政府的派出机构，对园区实行相应的行政管理和经济管理。这种模式下，开发主体一般为自带产业的大型企业，同时兼任招商运营等工作，要求开发主体具有一定的土地溢价能力，政府与产业实现双赢。

位于杭州文一西路的恒生科技园，就是这种模式的典型案例。恒生科技园杭州园区是由恒生电子和鼎晖基金共同投资开发建设的产业园，在拿地的时候，余杭区文一西路现在的"未来科技城"板块几乎还是"不毛之地"，政府希望引进产业，以较低的价格出让土地，而恒生电子在税收和产业方面与政府诉求达成一致后，开发建设"恒生科技园"，并利用政府的优惠政策来招商。入驻恒生科技园的企业可以同时享受未来科技城的优惠政策以及恒生科技园独有的产业扶持政策。此外，恒生科技园作为未来科技城首个入驻的产业园，还一直致力于为科创企业搭建成长平台，整合各类优质资源助推企业成长，是未来科技城建设的重要载体之一，并长期配合当地政府，在企业招商、注册、优惠政策咨询、人力资源等方面服务企业。

政府主体+产业主体主导的产业园区模式，有政府主导模式不具备的优势。

第一，开发主体同时也是产业主体，能有效利用自身的产业影响力和吸引力吸引上下游企业，利于形成产业集群。

第二，大型企业想要从园区开发中获利，必须向政府提供相应的经济和社会效益承诺，政府可以从多个企业中比较，选择适宜区域的且能力较强的企业，作为园区开发主体，使区域更高概率地形成产业集群。

第三，企业替代政府执行开发职能，可以减少政府投入，政府与企业职能分工清晰，提高工作效率。

同时，这种模式也具有缺陷：

一是这种重资产开发模式对企业的实力要求较高，企业为了平衡开发建设资本，往往选择销售一部分物业来盈利，产业集聚度难以实现预期。

二是这类企业在产业园区的开发建设过程中不够专业，容易造成资源浪费。

三是这种开发模式只适用于功能定位单一的小规模开发，无法适应跨行政区划的综合开发要求。

（3）政府主体+开发主体为主导的产业园区模式

这种模式的产业园区与前一条的区别主要在于：开发主体的企业一般为传统的地产开发商，具有专业的地产开发能力。联东U谷、天安数码城、新加坡科技园等都是这一类开发主体。这一模式的主要进程是：政府提供土地、税收等优惠政策，并成立管委会等负责行政管理事务，地产商投资开发建设并负责后期运营，龙头企业入驻园区，发挥品牌优势及产业号召力，三大主体涵盖了建设、管理、招商、运营等核心要素，从而保证产业园区高效地实施和运作。

这种开发模式的优点是显而易见的。

第一，产业地产商在开发建设产业园区方面是专业的，可以利用自身长期形成的开发模式，有效配置各项资源，提高开发效率。

第二，权责明确，能充分发挥政府的指导性和市场的灵活性，有利于引入多元投资主体实施综合性、大规模的成片开发项目。

然而，这种模式对政企关系协调要求非常高，如关系处理不当，很容易造成产业园区的发展停滞。此外，与政府主体+企业主体主导的产业园区模式相同，开发商为了平衡现金流，大部分会选择销售一部分物业来盈利，这种做法对产业集聚不利。

（4）开发主体+产业主体为主导的产业园区模式

这种模式的产业园区开发，政府只提供土地，以常规的招商、拍卖、挂牌出售的途径出让，对开发主体没有具体的产业要求。说白了，与传统的房地产开发类似，政府只追求土地开发带来的经济利润以及园区企业带来的短期税收和产值利润，并不注重产业集聚。这种模式下，开发主体大部分为地产开发商，通过土地开发盈利，入驻的企业也大多因土地价格低廉等因素集聚。

这种模式的产业地产对开发商的要求比较低，没有后期产业经营和管理的要求，而这类开发主体的盈利来源也不是园区运营，只是房地产。此种模式下，产业园区建设的资金投入大大降低，资金周期大大缩短，招商及运营能力大幅度降低，所以，这种开发模式的准入门槛大大降低。在住宅楼市不景气的背景下，一些传统的房地产开发商逐步转型，以此种模式进入产业地产领域。

三、产业园区的六大体系

产业园区各主体间的关系错综复杂，各种利益平衡和博弈的过程中，产生了六大体系，在各主体间起到制衡和推动作用，促进产业园区积极健康地发展。

1. 政策体系

产业园区的政策体系，其一大作用就是政府让渡一部分社会的公共利益，以谋求区域经济和产业的长远发展。产业园区的政策体系主要包括以下几方面的内容：

（1）财政的政策体系。主要内容包含了以下两个方面：

第一，政府对于产业集聚区的核心区块以及启动区块的建设资金投入情况和开发力度。这一点非常关键，体现出了政府对于产业集群核心区块的产业园区的支持力度以及对于区域产业升级的资金准备。

第二，政府对于地方产业和入驻产业园区的企业在税收上的优惠政策。主要体现为土地款项的延缓交纳和适当返还、企业所得税的减免与返还、个人所得税的减免及返还以及其他各项财政的优惠政策上。

（2）土地的政策体系。主要内容包含了以下的三个方面：

第一，对于产业园区所在区域进行前期规划，并对相应的土地性质、指标和使用方式等进行界定，这有利于未来产业的发展以及城市空间构建与扩展的多样可能性。

第二，针对产业集群上下游企业或者具有产业吸引力的目标企业进行土地的定向招标、拍卖、挂牌出售。政府基于对企业预期税收及产值的谈判以及企业对于土地利用的规划的相关设想，将土地定向出让，政府这样先进行产业规划，再进行定向招商，更易形成产业集群。

第三，对于土地利用的相关经济指标进行创新性的设定（详见后续专题论证）。

（3）产业发展的政策体系。主要包含了以下几个方面：

第一，政府设定产业发展基金，用于产业集聚区的启动以及对符合产业发展主导方向的企业进行定向奖励，以此来促进招商，引进、孵化和培育目标企业。

第二，政府设立相关企业支持部门，在企业发展与国家政策之间建立对接渠道，以保证政策的良好利用，并更准确地了解企业需求，建立满足企业需求的配套服务体系。

第三，政府的资源互换。政府利用所掌握的物业、人力等公共资源，与企业进行引进、孵化、培育等各方面的资源互换，作为未来企业发展空间的股权投入，或者作为前期的税收政策。

2. 规划体系

产业园的规划体系，从根本上讲是政府职能的体现，是对某一区域产业集群及未来产业的发展所作出的前期预判与设想，是在城市当前的物理空间、基准条件、产业条件以及人群结构等条件下，综合性地考虑未来城市的发展计划，是产业园区发展的根本条件。综合而言，与产业园发展相关的规划内容主要有以下几个方面：

（1）区域总体规划

这是产业园区策略和营建的上位条件，是指导整个产业园区发展策略和硬件配置的来源。所以城市区域总体规划是对产业园区具有决定意义的指导意见。

（2）与产业园区相关的规划体系组成部分

第一，分区概况及发展条件。这一部分主要体现了本区域的产业集群和产业发展的基本条件以及整个区域的经济状况，是产业园区发展的依据和产业集群发展的下限基准水平线。

第二，规划总则、发展规划、容量规划、用地布局规划以及城市公共管理和服务设施规划。这一部分的规划是对本区域产业发展、产业规划、经济数据测算、用地布局的已有格局和未来可拓展格局以及相应的产业配套、产业生活、产城融合等各方面的详细描述，可以理解为产业发展的依据和产业集群发展上限基准水平线，是对某一区域城市物理空间以及经济容量的指标性体现，也是对某一区域未来经济指标性的谋划。

第三，产业发展规划。产业发展规划是在以上两点规划的基础之上，对城市未来产业发展规划的设想，这是产业园区策略和营建的立足点。在这一部分的规划当中，集中体现了本区域产业的优势，产业的集聚以及产业未来所要达到的在一定范围内的高度，也是市政府对于某一产业的支持情况的集中体现。

第四，城市设计导引、综合交通规划、市政工程规划、存量空间更新以及建设时序与近期建设规划。在产业规划的基础之上，这一部分的规划内容主要体现了产业集聚区及产业园区的营建所需的物理空间规划以及未来城市配套的技术性的支撑。从中可以看出，在城市规划中，各种限制性因素和有利性因素综合穿插。这从某个角度可以理解为政府对城市空间和未来城市发展总量的逆向城市规划，是当前政府在设定好产业发展的某一目标之后，为了有力地支撑产业园区的发展，引导城市设计、交通规划、市政规划以及建设时序安排等工作依次展开以及为了实现产业发展的目标，所编制的规划导则和未来政府的行动纲领。

3. 产业生态体系

产业园区在某种意义上是企业的集合。无论是一家企业整合上下游企业在一个园区，还是多个不同类型的企业总部在园区进行集合，都表现为集聚的产业生态体系。所以，对于产业生态体系，我们主要从以下几个方面来描述：

（1）产业生态体系的含义。产业园区的产业生态主要表现为空间和时间的最优化组合。通过园区的产业生态体系，能够使产品得到最快速的交换利用，达到企业成本最小化，利益最大化。围绕着产业园区最终要实现的产业目标，有选择地引导企业入驻，并制定各企业发展配套政策，形成稳定的产业共生网络。

（2）多类型的产业生态体系。产业生态体系不是单一的体系内容，而是多种体系组合。综合而言，有以下几种企业的生态体系：

第一，横向的产业生态体系。多种企业在某一特定的空间里进行横向的互联共生，产生集聚的优势。

第二，纵向的产业生态体系。在同一园区内实现某一企业从创新创业到发展壮大的培育孵化过程。

第三，环向的产业配套服务。通过产业园区政策配套以及金融手段、市场手段、投融资手段，使得形成企业在某一个特定的时段进行函数级的、几何式的产业生态链的扩张和生态体系的成长。

4. 自然生态体系

产业园区的自然生态，是园区开发者对产业的态度、对自然的态度以及对产业园区内使用人群的态度的集中体现。综合而言，产业园区的自然生态体系主要包含以下几个方面：

（1）产业园区的绿化系统。由于产业园区相对其他的物业类型，如公共建筑和住宅建筑，具有更多的产业生产办公空间的需求，所以如何让这样的需求与城市公共绿化以及园区绿化系统相结合，形成多样性、可参与性、公共性的城市绿化系统，是产业园区标准和规格的体现。绿色办公将真正体现出产业园区对于产业的态度。

（2）产业园区的绿建系统。产业园区是产业发展的高级阶段，是产业高水平发展的具体表现。产业园区的绿建系统与其未来的产业导向息息相关，密不可分。主要体现在以下几个方面：

第一，建筑本身的节能系统。在这方面，当前国家已有详细的关于绿色建筑的分级系统，并且国际上通用的LEED建筑节能评价系统也已经相当完备。

第二，园区节能系统的运营。很多所谓的绿色建筑，配备了大量节能技术和装置，但在建筑使用时却不能被利用起来，或者在运营的阶段不能数字化、可视化，或者产业化，这样的建筑节能是不合理的，也是不完整的，所以园区节能系统的运营，是将来打造产业园区自然生态体系最重要的内容之一。例如产业园区如何在能源获取和能源消耗方面达到平衡，就是产业园区在节能系统运营时需要解决的重要问题。

第三，基于可持续发展理念的通用空间系统。随着人工智能和互联网的发展以及公共交通便捷性的提高，园区建筑的物理空间的通用性和可变性越来越重要，这也是可持续发展理念的一个具体表现，例如利用人工智能以及物理配件实现园区机动车与非机动车停车空间的时空转换，或者园区交通空间与自然绿化空间、休闲交流空间的时空转换等。这需要园区开发者在设计前期就具有前瞻性考虑，预留通用的空间尺寸和拓展空间等。园区通用空间系统是未来产业园区自然生态体系中容易被忽略但是有相当大的发展空间的一个问题，有待园区开发者和设计者在大量案例实践中总结经验，提出解决思路。

5. 营建体系

营建体系是产业园区实操阶段的主要工作内容。产业园区的营建，实际上是以上四个体系，即政策体系、规划体系、产业生态体系、自然生态体系，在某个具体的产业园区的具体落位。产业园区的营建体系，主要包含以下几个方面：

（1）实施的物理空间前期策略。此部分为营建体系的先行阶段。

第一，产业的研究，包括政府层面的项目建议书和可行性研究报告，商业开发层面的策划报告和前期定位，政策层面的产业集聚起点和政策法规。

第二，城市的研究，包括针对区域规划的城市总体上位规划、多规结合的综合产业规划、具体到某一项目的土地性质定位，以及在这样的土地性质定位上可建设的物业类型的总体城市性的研究策略。

第三，用地的研究，包括针对具体的项目用地红线以及用地性质进行的土地性质定位、可建设的物业类型和经济指标测算以及基于土地研究的市场准入原则。同时还包括从经济利益出发，对本产业园的产业发展和产业集聚情况、所在城市土地价值的提升以及物业的持有与销售比例分配等关键性经济指标的测算。

第四，建设资金与实施方案的研究：园区建设本就是资金与实施方案的相互平衡、相互关联的体现。所以，在这方面，最重要的是对设计方案的研究、建设方案的研究以及总体投资、分步实施的投资方案的研究。

（2）实施的步骤要点。实施的步骤要点要从项目的策划阶段一直到运营落位阶段，分阶段重点描述。主要有以下三个方面：

第一，编制项目的可行性研究报告和项目建议书。

第二，结合逆向的城市规划和精细的建造测算的概念方案。

第三，结合招商目标，对建筑图纸分阶段深入地考虑。

（3）营建标准的设定与资金的准备。这一部分内容是对园区整体的硬件水平进行一个准确的估量以及确定与之匹配的准备资金。

第一，对园区的营建标准进行定性、定标、定量三步考查。

第二，对园区的目标客户群和目标产业准确定位，深入了解目标客户群和目标产业的要求，反向促进本项目的硬件标准设定。

第三，对园区的建设标准以及未来运营标准，给予充分的、长时期的考虑。

第四，寻求园区合理的资金来源和盈利方式，做好滚动开发和实现最佳投资回报率的准备。

（4）经济指标建议值和货值计算。在最终的经济技术指标与项目总货值之间建立合理的计算公式，寻求经济指标与货值之间的最佳平衡点。

第一，结合园区的用地属性，给出园区最佳经济指标的建议值。

第二，结合园区可销售的物业和持有物业之间的比值，进行货值的比价计算，最终通过数学模型得到最佳值。

6. 运维体系

产业园区的运维体系，是最近才被重视的产业园区体系。最初只是简单的物业服务，只提供同房产物业类似的简单服务。直到近几年，物业载体受市场环境影响，销售去化出现问题才出现了增值运营服务。产业园区运维体系，包括运营与维护。维护就是通常的物业服务，运营主要由专业的产业运营商提供，或者由政府或者开发主体兼任等。产业园区的运维体系，是以产业为基础，以商业为保障，以物业为基础，为政府和企业提供其各自所需的政策、人力、金融、共享、培训等所有服务的体系。

产业园区的运维体系根据园区定位和动机不同，可以包含多方面的内容。如果为了提升园区整体价值，则需要提供符合企业发展需求的服务体系，将园区的基础服务和增值服务整合；如果为了产业集聚发展，满足政府诉求，则要注重孵化、双创的服务内容，以申请政策及满足园区标准配置为核心开展运营活动。总之，产业园区的运营服务要精准，在产品打造上要锁定客户类群，明确其需求痛点和个性化问题，精准定位客户画像，清晰定位运营内容。

产业园区的运维体系贯穿产业园区从定位到使用的全过程，具有非常重要的意义，同时，良好的运维体系也是产业园区实现产业良好生态体系的重要助力。

在前期战略定位时，要针对目标客户，搭建清晰的、精准的运维体系模型。在后期使用时，良好的运维体系能够切实解决目标客户的问题，使其对产业园区产生信赖感，继而产生相关产业或企业入驻的连带效应，形成良性的产业园区发展模式。

四、产业园区三大主体与六大体系之间的关系

1. 三大主体间的博弈关系

产业园区三大参与主体——政府主体、开发主体、企业主体之间的关系是错综复杂的,在不同的参与模式下,各主体之间相互博弈,寻求一个利益诉求的平衡(图1-1)。

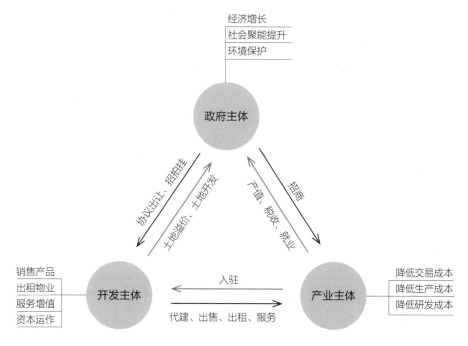

图1-1 产业园区三大主体间的基本关系

（1）政府主体与开发主体

政府主体通过招拍挂或者协议出让的方式将土地出让给开发主体,由开发主体代为开发建设产业园区;开发主体利用其议价能力低价拿地,从土地开发中获利,同时可能承诺政府相应的税收和产值。这个过程中存在的最大矛盾在于:开发主体追求投资回报率,而物业销售是投资回报最快的途径,开发主体低价拿地,高价卖楼,产业园区将沦为变相的"房地产";政府追求长期的经济增长和社会进步,需要产业园区为当地带来大量的高税收、高产值的企业,而"披着地产外衣"的房地产商并不看重企业的未来发展,与政府的初衷相违背。

在这种矛盾下,政府往往出台一些限制性的政策条款,如"限制产权分割、要求有意向的产业地产开发方事先缴纳保证金"等,甚至要求开发方表诚意,代行土地一级开发,或保证政府要求的投资强度、累计客户企业情况说明、行业准入等。这种条件下,产业地产商或者产业运营商要想拿地就要付出高昂的代价,要向政府拿到足够的配套用地建设住宅或者商业,来平衡现金流,这样高昂的成本,有时会将真正想做产业园区的开发商"赶走"。

(2) 开发主体与产业主体

开发主体开发建设产业园区后,替代政府招商;或者自带产业的大型企业开发建设产业园区,吸引相关联的上下游产业入驻;小部分开发主体利用自己的专业开发能力,为一些大型产业主体代建园区,同时提供产业园区所需的各种服务。

在这个过程中,开发主体具有出售和出租物业、代建、服务增值等多种盈利方式,其中最直接且投资回报最快的是出售物业,而产业主体仅在选择产业园区时具有主动选择权,在入驻之后,则变成了被动接受者,因此在选择产业园区时的权衡条件就极为重要。

产业主体除了根据自身的经济实力选择租赁、购买或者代建的入驻形式之外,最重要的是考察产业园区是否有适合自身发展的产业定位以及开发主体的产业运营能力,未来是否能形成良性的产业集聚,为企业的发展带来良好的外部效应。此外,园区是否能够提供全面的服务,包括对公、金融、共享、人力、宣传,甚至基本的餐饮、物流、人才公寓等配套服务,也是产业主体应考察的重要方面。当然,园区是否具有政府提供的各项优惠政策对入驻产业是极为重要的,园区的自然生态环境也是企业选择产业园区时的重要因素。

因此,开发主体在开发产业园区时,应具有明确的产业定位和发展目标,根据目标产业或者产业链招商,并提供全面的配套和各项专业服务,同时尽可能向政府争取优惠政策,真正从入驻产业的需求出发,从产业发展和集聚的角度出发,才能做到良性的招商引资和循环发展。

(3) 政府主体与产业主体

政府主体与产业主体有直接和间接的两种关联形式:

直接关联:政府主导的产业园区,由政府出面,包办规划设计、土地一级开发以及招商引资等各项工作。这种情况下,政府主体除了招商引资之外,还兼做了开发主体的工作,与产业主体之间还具有各项矛盾与博弈。

间接关联:政府主体仅保留决策权、审批权与税收,将规划开发、建设运营的任务交给合适的开发商去做,市场化运作。

不论何种方式，政府与产业的主要矛盾点都是合适的招商引资。政府与产业最理想的状态是：政府以各项优惠政策吸引合适的产业，并通过适宜的产业定位以及完善的配套等方式留住企业，同时吸引其他相关产业集聚，形成可持续发展的产业生态；同时，大量的产业入驻又为政府带来高额的税收和GDP，为当地创造大量的就业岗位，刺激消费，带动土地升值等，形成良性的循环发展。

在这个过程中，政府提供合适的优惠政策、适宜的产业定位、具有远见的先期规划以及如何为企业提供良好的服务是留住产业、形成可持续发展的产业集群的关键所在。

2. 三大主体与六大体系的关系

产业园区生长的全过程是三大主体间博弈的过程，正是在这个过程中，六大体系逐渐形成，来维系各主体之间的关系的平衡，使产业园区形成良性的可持续发展（图1-2）。

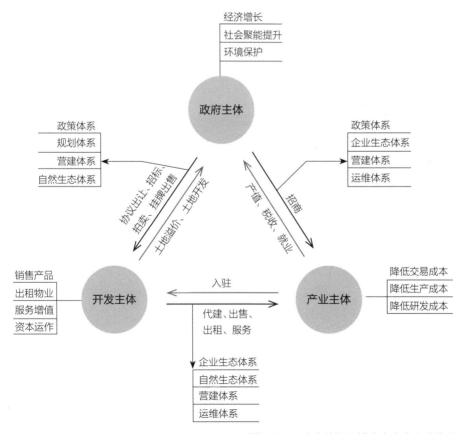

图1-2　三大主体相互博弈中产生六大体系

（1）政府主体与开发主体

1）政策体系：政府出台相应的土地政策，限制土地的出让方式、产权的划分方式、土地的最低亩产收入以及土地开发强度等，以此限制部分地产开发商披着"产业地产"的外衣实施"房地产销售"之事。但是，这个过程中，需要政府小心把握其中的限制强度，并留出适量的可变余地，例如仅出台指导性意见，不作硬性规定等，避免将真正想做产业的开发主体拒之门外。

2）规划体系：政府若希望当地产业和经济持续、长久发展，应预先做出合理规划，并引导和指导产业园区开发建设。土地规划要与城市总体战略规划、开发规划、产业规划等多方面相结合，且要在蓝图描绘、目标制定、产业导入、空间布局、招商引资、投入产出等方面具有前瞻性、创新性和可操作性。

3）自然生态体系：除了经济增长和社会进步之外，注重环境保护也是政府需要关注的重点之一。从大的层面来讲，在区域形成相关联的产业集群，可以减少资源浪费和城市污染；从小的层面来讲，产业园区内部通过营造优美的生态环境以及应用绿色建筑技术节能减排，或者打造通用、可变的建筑空间提高资源利用率，都是打造自然生态系统的重要内容。

4）营建体系：以上所有内容——政策、规划、自然生态等体系最终都需要一套科学完善并适合开发主体各自特点的营建体系来落实到产业园区的实际开发建设上，因而营建体系是关系到产业园区成败的重中之重。

（2）开发主体与产业主体

1）产业生态体系：产业园区若想长久可持续地发展，需要有选择地引入产业，使产业链的上下游企业以及其他关联企业整合，形成产业共生集群，形成良性循环发展网络。这需要开发主体具有长远发展的眼光，提前做好开发策划和产业策划，以使产业园区具有形成产业生态体系的条件和潜力。

2）自然生态体系：产业园区归根结底是所有使用者的生活和工作载体，因而其自然环境是企业选择产业园区的重点条件之一。此外，园区建筑的绿色节能也可以为入驻企业减少大笔的能耗开支。因而，打造产业园区的自然生态体系需要开发主体和产业主体的共同努力。

3）营建体系：产业园区的营建要结合使用者的具体需求，根据使用者或者入驻企业的产业特点、企业规模、员工结构、办公需求、工作生活需求等因素全方位考虑，并且在前期策划阶段就要对将来的使用者人群作一个精准预判，这样才能更好地贴合使用者的需求，提高园区黏性，留住产业。

4）运维体系：产业园区的良性发展，并不是说吸引大量的企业入驻就是最终结果，留住企业，作为园区的竞争优势吸引其他关联企业入驻，并形成良性的可持续发展才是产业园区的发展重点。要想留住企业,需要开发主体为产业主体提供长期而完善的服务体系,包括完善的配套、人力支持、金融资源提供、政策落实窗口等内容。

(3)政府主体与产业主体

1)政策体系:产业在选择产业园区或者城市区域时,更注重该地是否可以降低其各项成本,因而政府在招商引资时,需要让渡一部分利益,出台各项税收优惠政策、财政优惠政策等橄榄枝,吸引目标产业入驻;同时,政府需要把握好这其中的"度",通过全面合理的政策,抵御不良企业攫取政府资源。

2)产业生态体系:形成良好的产业生态是区域可持续发展的重要内容。横向的产业集聚,可以降低企业生存和发展的成本,同时提高资源利用率,减少污染和资源浪费;纵向的企业在同一个园区内的孵化发展,可以为园区带来创新、创业的活力。如何实现园区内及区域的产业生态体系,是政府重视的主要问题。

3)营建体系:营建体系是政策体系、产业生态体系、自然生态体系等的实际落位过程,政府在这其中的作用,从前期规划,到编制项目建议书,到园区用地指标和产权划分控制以及最终的建成审批,都需要切实结合使用的产业主体,适度把控。

4)运维体系:产业园区的运维体系中包含了对园区小微企业的扶持以及创新创业支持等内容,这需要政府提供政策、金融、财政等各方面的支持,在与企业对接的过程中高效便捷,真正从实处留住企业。

从以上分析中可以发现,六大体系在三大主体的博弈关系中,既起到维系作用,又起到制衡作用,同时三大主体又各自在六大体系中起主导作用。

政府主体主导政策体系和规划体系,企业主体是产业生态体系和运维体系的核心和关键,开发主体在自然生态体系的构建中起到关键作用;而营建体系则需要政府主体、企业主体、开发主体三者共同参与,在营建全过程的不同时段,各自发挥其关键作用(图1-3)。营建体系是其他五大体系的具体落位,是产业园区成败的关键所在。同时,六大体系也并不是完全独立的,规划体系是政策体系的落位,政策体系指导规划体系和产业生态体系,规划体系又对产业生态体系和自然生态体系的构建成败起到关键作用,运维体系在构建产业生态体系时又起到重要作用等。产业园区开发建设运营的全过程,需要全方位考虑政策、规划、产业生态、自然生态、运维体系,并最终通过科学的营建体系落实,才能最终取得成功,形成区域产业经济的良性发展。

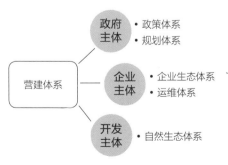

图1-3 六大体系的主要作用主体

第三节　产业园区的形成和发展

一、产业园区的形成机制

产业集群由于地方基础、驱动因素的差异，在产业构成、企业组织等方面往往存在较大差异。国内有一批学者，从形成机制出发，把产业集群形成的动力分成以下几类：

1. 产业集聚：依据地方传统优势，主要在市场力量的作用下形成

根据传统优势的不同又可以分为三类：以地方文化或企业家精神为基础，以传统优势产业为基础，或以地方性资源为基础。

温州以吴越文化而著名，这种企业家精神成为温州能够快速集聚产业，构建产业集群的内生动力，现在，温州已经成为中国产业集群最发达的地区之一；以历史上的手工业集群为优势构建产业集群也是我国产业集群主要的形成方式之一，如浙江德清的瓷器、湖南省浏阳市的花炮制造业等；以地方性资源为基础发展起来的产业集群，如河南漯河的食品加工、江苏邳州的木材加工等，主要得益于本地区所拥有的各种特色资源。

2. 交通集聚：基于市场或交通等区位优势，在市场作用下发展起来

中国沿海的很多地区，包括长三角、珠三角等地区，享有国家先行改革开放的优势，国家优惠政策全面，基础设施完善，着力发展对外贸易，在"三来一补"的基础上形成外向型出口加工产业集群。其中较典型的比如珠三角地区电子信息产业集群，现在已经是我国规模最大、产品出口比重最高的电子信息产品生产基地。另外，还有一些产业集群是依托专业化交易集散地的大型专业市场发展起来或依靠外部市场逐步形成的，如中山古镇的灯饰、福建晋江的制鞋、广东佛山的陶瓷等。

3. 龙头带动：与大企业相关联形成的产业集群

有些产业集群是在为大型企业配套的过程中形成的，如重庆嘉陵摩托集团、长春一汽制造等大型企业集团附近形成的企业网络。另外，也有一些是大中型国有企业的解体逐渐形成的。一些管理松散、效率低下的国有企业通过分拆，鼓励工人创办家庭工业、私营企业，最后形成一系列"专面精"的企业群，最终形成类似于为核心企业配套的专业化产业集群。

4. 智力驱动：依靠高校或科研院所的智力资本，自发形成的产业集群

在智力资本密集地区，以高效和科研机构集中区为代表，通过技术人员的创业迭代，推动新技术的产业化和高技术服务业的发展，最终形成产业集群。例如中关村高新技术产业园及武汉光谷高新技术产业园等，都是此种原因下形成的。

5. 行政决策：政府直接推动下形成的产业集群

目前，中国依靠政府规划培育起来的各类园区很多，如经济技术开发区、大学科技园、高新技术产业开发区等。由于有政府培育，会较一般产业园有更多的优惠政策和招商引资条件，更容易实现区域联动，所以企业集聚会更容易，其中部分现已呈现产业集群的雏形。

二、产业园区发展的经济背景

过去，全球经济的主要模式是依靠欧美国家的消费拉动经济增长，由中国等发展中国家生产供应以满足欧美国家的消费需求。2008年美国次贷危机之后，发达国家经济的主旋律调整为增加储蓄，减少消费，而且未来的很长一段时间内也将维持此种模式。应对此种变化，中国发展必须走降低外需依赖，扩大内需的道路，促进供给侧结构改革，推动中国产业结构升级。十八大以后，推动供给侧改革已经上升为国家战略，各省市地区纷纷响应，推出了以"保增长，扩内需，调结构"为主导的区域产业规划。其中，通过发展园区经济，打造主导产业集群，构建区域经济发展的增长极，成为重要的发展思路。为了使园区经济成为区域经济发展的带动要素，各地政府在园区产业宏观控制上必须站在国际产业发展转移的制高点，把握国家产业升级的契机，依托经济腹地竞争优势，解放思想，更新观念，因势利导，布局产业规划，打造小循环与大联动的产业生态圈。

中国目前仍然处在工业化进程中，并将长期处于这个阶段。虽然工业总量巨大，但工业结构落后。一是工业结构高度依靠外需市场，过度依赖成本优势，且缺乏核心技术，以加工制造为主；其次，产业组织结构落后，生产专业化水平低，产品的生产基本由单一企业统揽完成，没有分工合作，这就导致大多数企业呈现出技能多，但全而不精的状况，生产制造基本停留在粗放阶段，无法走上高精尖的道路。针对这些问题，中国政府开始有计划地调整产业结构，其中一方面便是通过产业振兴实现产业结构优化调整。产业结构的优化升级有三个重要标志：一是水平方向上加强对价值链的

调整，产业重点从加工制造向价值链上下游延伸，增加研发设计、物流和营销服务等的比重，推动核心技术的进步；二是在垂直方向形成自生性产业集群，通过产业集群自身和同类集群之间自然的竞争与兼并机制来推动产业优化发展；第三，持续优化产业结构总量和比例关系，改变一系列产业结构的问题，比如生产制造集中于低水平的产业中端、高精尖环节薄弱、资源利用效率低下、产业组织结构不合理等。

尽管中国的总体工业结构落后于发达国家，但也有必要看到中国某些工业领域在逐渐诞生一些具有国际竞争力的制造业公司，例如港机领域的振华港机、集装箱领域的中集集团、电动汽车领域的比亚迪、电信领域的华为等行业龙头企业。从18世纪中叶到20世纪末，国际制造业经历了五次产业转移，依次为英国—欧洲大陆—美国—日本—韩国、东南亚—中国。这五次产业转移，外部市场的扩展是最重要的推动力，同时，各国的比较优势、新技术革命以及政府产业政策等也是重要的影响因素。这五次国际产业转移速度具有传统梯度论的特点：在低梯度（加工装配、纺织服装）阶段，产业转移速度较快；在中级梯度阶段，产业转移速度相对放慢（零部件制造，例如飞机机翼）；在最高梯度阶段（中间产品和最终产品，整机），产业转移速度更慢。产业转移的快慢既受市场需求的影响，同时也受技术革命的影响。一般而言，在新产业未形成生产力前，成熟产业的产业转移相对比较缓慢。金融危机后，国际产业转移已进入兼具技术密集型、资本密集型和劳动密集型特点的阶段，整体形成了多元复合交织的产业转移特点。

对中国来说，以前依靠廉价劳动力单一优势形成的劳动密集型产业的转移已经结束，未来新兴产业转移，劳动力成本只会占非常小的一部分，基本不会成为影响产业转移决策的因素。随着研发全球化和资本全球化的加速，高新技术产业园国际投资全球化流动，高新技术产业转移会大大加快。

在此契机之下，中国巨大的需求市场和生产制造能力为中国承接国际产业转移，应对发达国家金融危机后的产业发展困境提供了有力支持。为了抢占第五次产业转移高地，中国需要加快供给侧结构改革，中国产业布局要着力提高研发能力，培养核心竞争力，打造主导产业集群，构建区域增长极。

三、产业园区的发展历程

从全球产业园区发展的历程来看，主要可以划分为四个阶段，每个阶段都有一定特色的园区模式[①]：

---

① 衣晓利. 清远市侨兴产业园空间布局策略研究[D]. 北京：北京建筑大学，2013.

1. 要素群集阶段——1.0产业园

在这个阶段,产业园区的规划以生产要素的聚集为核心目的,以政府提供的优惠政策等"外力"作为主要驱动力,以此形成较低廉的成本和人才群聚效应,但是,由于缺乏对产业统一规划运营的思维,被聚集的生产要素并没有得到最优化的配置。这一阶段的产业园以低附加值、劳动密集型的传统产业为主,整体布局上呈现出围绕交通轴线均质分布的特色。目前我国一些发展程度偏低的工业园区尚处于这一阶段(表1-1)。

要素群集阶段　　　　　　　　　　表1-1

发展阶段	要素群集阶段
核心驱动力	由政府的优惠政策等"外力"的驱动
产业聚集动力	低成本导向,由于优惠政策的吸引及生产要素的低成本,导致人才、技术、资本的流入,但要素低效率配置
主要产业类型	低附加值、劳动密集型的传统产业
产业发展需求因素	廉价的土地、劳动力、优惠的税收政策
产业空间形态	纯产业区,在空间上呈现为沿交通轴线布局,单个企业或同类企业聚集
园区功能	加工型; 单一的产品制造、加工
园区增值方式	人们对园区主要活动的关注顺序是:贸—工—技,可称之为"工业产品贸易区",其增值手段主要是"贸易链",即通过与区内外、国内外的贸易交换获得附加值
与城市发展空间关系	基本脱离(点对点式)
代表园区	我国一些发展水平偏低的产业园区尚处于这一阶段

2. 产业主导阶段——2.0产业园

在这一阶段中,产业园区已经发展为特色产业主导,外力内力共同促进的综合性园区。各生产要素解构重组,上、中、下游企业联系紧密,关系合理,形成相对稳定的主导产业链。这一阶段的产业园区以外向型企业为主,尤其是电子及通信设备制造企业居多。空间上,这类产业园区围绕核心企业的产业链延展布局,这也是国内大多数发展较好的高新区所处的发展阶段(表1-2)。

产业主导阶段　　　　　　　　　　　　　　　表1-2

发展阶段	产业主导阶段
核心驱动力	外力、内力并举，即政府和企业市场单竞争力驱动双重作用
产业聚集动力	产业链导向。各种生产要素重新整合，形成稳定的主导产业和具有上、中、下游结构特征的产业链，具有较好的产业支撑与配套条件
主要产业类型	外向型的产业，其中电子及通信设备制造业一枝独秀
产业发展需求因素	一定的配套服务和研发能力，这时期企业R&D主要依靠外部科学结构和大学的支撑，园区内企业自身R&D能力较弱
产业空间形态	纯产业区。在空间上呈现为围绕核心企业产业链延伸布局
园区功能	产品制造为主
园区增值方式	人们对园区主要活动的关注顺序是：工—贸—技，可称之为"高技术产品生产基地"，其增值手段主要是"产业链"
与城市发展空间关系	相对脱离（串联式）
代表园区	我国目前大多数发展较好的高新区基本处于这阶段

3. 创新突破阶段——3.0产业园

随着创新型企业的不断发展，产业园区也开始围绕创新文化为核心开展规划。这类产业园区内的企业多为技术密集型、创新型产业，例如网络信息技术、生物医药、新型能源技术、新材料和先进制造业等。通过技术驱动和创新文化的优势，吸引大量高素质人才、优势技术和相关配套服务。目前国内包括中关村科技园、台湾新竹科技园等都属于这一类（表1-3）。

创新突破阶段　　　　　　　　　　　　　　　表1-3

发展阶段	创新突破阶段
核心驱动力	内力为主。技术推动、企业家精神
产业聚集动力	创新文化
主要产业类型	技术密集型、创新型产业。调整信息网络技术、生物技术、新型能源技术、新材料和先进制造技术等重要的新兴领域
产业发展需求因素	高素质人才、较好的信息、技术及其他高端产业配套服务。园区自身R&D能力不断增强
产业空间形态	产业社区。产业问题开始产生协同效应，在空间上形成围绕产业集群图层布局

续表

发展阶段	创新突破阶段
园区功能	研发型的科技产业区，制造、研发复合功能
园区增值方式	人们对园区主要活动的关注顺序是：技—工—贸，其增值手段主要是"创新链"
与城市发展空间关系	相对耦合（中枢轴辐式）
代表园区	北京中关村科技园、北京台湾新竹、法国索菲亚高科技园区

4. 财富凝聚阶段——4.0产业园

随着高价值的"财富级"要素的推动，产业园发展到了财富凝聚阶段，其主要产业类型包括文化创意产业、科技创新产业及其他高端现代服务业等。这一阶段，利用高价值的财富聚集和品牌优势吸引顶级人才资源，功能上也更加趋于复合型现代综合城市功能。目前，美国硅谷以及苏州工业园区都处于这一阶段（表1-4）。

财富凝聚阶段　　　　　　　　　　　　表1-4

发展阶段	财富凝聚阶段
核心驱动力	高价值的"财富级"要素的推动
产业聚集动力	高势能优势
主要产业类型	文化创意、科技创新产业及其他高端现代服务业为主
产业发展需求因素	高价值的品牌、高素质的人才资源、高增值能力和高回报率的巨额金融资本
产业空间形态	综合新城。在空间上，城市功能和产业功能完全融合
园区功能	复合型（事业发展中心+乐园），现代化综合城市功能，产业聚集地，人气的集聚区，文化的扩散区，资本的融通地
园区增值方式	人们对园区主要活动的关注顺序是：技—贸—工。以研发中心、研发型产业、科技服务业为主体，其增值手段主要是"财富链"
与城市发展空间关系	紧密融合（多极耦合式）
代表园区	苏州工业园区、美国硅谷

这样的产业园区发展趋势在中国同样适用。以杭州市的滨江区发展为例，经历了产业园区发展的各个阶段（图1-4）。滨江区是杭州市下辖的一个区，位于钱塘江

滨江区2003~2017年建成区动态演变图

图1-4 滨江区2003~2017年建成区动态演变图（来源：《杭州高新区（滨江）分区规划（2017-2020年）说明书》）

下游南岸。其前身是1990年国务院批准的首批国家高新技术产业开发区之一的杭州高新区，1996年，原属于萧山区的西兴、长河、浦沿三镇设立滨江区；2002年，高新区与滨江区统一管理，形成现在的滨江区。在不到30年的时间里，滨江区已成为拥江发展的国家自主创新示范区核心区，历经了1.0到3.0，正在逐步走向4.0时代。

滨江区的1.0时代：1990年以前，现在的滨江区所在地还属于萧山县，处于连接萧山县和杭州市的中心地带，一些以制造业为主的传统产业在西兴、浦沿等地零星出现，慢慢开始集聚成斑块状。此时，这些以传统制造业为主的乡镇工业企业，相当于产业园区的1.0阶段——生产要素群集阶段，也是后来杭州高新区形成的基础。

滨江区的2.0时代：以浙江大学为核心的钱塘江北文教区是杭州市高新区的发源地，也是高新技术的创新源和中小科技型企业的孵化器，同时也是滨江区发展的另一重要起点。1990年杭州高新区成立，自"八五"计划开始，杭州高新区在"火炬计划"的指引下，在积极扶植高新技术支柱产业的同时，把改造传统产业作为自己的发展方向，积极推动传统产业向现代产业体系转型。同时，坚持"培育孵化"与"吸纳引进"并行，引进高新技术产业，搭建多层次产学研体系，强化产业基地和特色园区建设，发展产业创新集群。至2008年，已经初步形成了以"两强（通信和软件）、两优（集成电路和数字电视）、两新（动漫游戏和电子商务）"为特色的具有较强竞争力的高新技术产业集群，聚集了一大批国内知名的高新技术企业，三星、塔塔、摩托罗拉、诺基亚等跨国企业也都在此驻扎。

滨江区的3.0时代：进入21世纪后，滨江区加速构建以企业为主体的研发体系，实践三级孵化的创业体系，推进支持创新的服务体系，区域自主创新能力大幅度提升，并出台了一系列鼓励自主创新的政策，兑现了包括鼓励海归创业、鼓励和扶持大学生创业等一系列创新人才激励政策，启动了引进海外高层次人才的"5050"工程。至2010年，滨江区"一区多园"已初具规模，包括华为、海创基地、康恩贝医药等在内的高新技术产业综合片区，以阿里巴巴、网易等知名互联网企业为核心的互联网经济产业园片区等。

滨江区的4.0时代：十八大以来，滨江区致力于"发展高科技、实现产业化、建设科技新城"三大任务，全面提升产业能级，创新创业，深化产城融合，增进民生福祉，着力营造创业生态，建设智慧e谷，建成生产、生活、生态相得益彰，宜居宜业的科技新城典范。"十三五"期间，滨江区的产城融合出现阶段性成果：白马湖生态创意城、奥体博览城、物联网产业园、互联网经济产业园、智慧新天地五大平台格局形成，产业发展和城市建设相得益彰，走出一条城市功能融合互促、彰显科技新城特色的发展之路。

滨江区作为城市新区，至今发展不过短短30年，却已经迈入产城融合的4.0时代。从其发展历程来看，产业园1.0/2.0/3.0/4.0并不是一个完全延续的状态，彼此间也没有明确的界限，是一个逐渐更新换代的过程，在同一个区域同一个时间是可以并存的。做好预先的规划，根据当地实际情况，出台不同的政策引导，适时变通，才是区域产业经济发展的良策。

第四节　我国产业园区的发展历程

一、我国产业园区的形成

1. 我国产业集群的兴起

产业集群就是产业相关企业以及相关社会机构，自发性或被动性地，为了达到资源共享、降低风险、合作共赢的目的而在某个特定的地理空间中集聚，并随着时间的推移逐步外扩，辐射更大区域的现象。参与产业集群的企业往往相互关联、相互合作、相互竞争、互为激励，形成一种不断自我更新迭代的生态网络。

在发达国家，促进产业集群形成已经成为促进经济发展的基本意识，以集群经济带动区域经济发展早已成重要的经济策略。

我国的产业集群发展是在改革开放以后，伴随着经济市场化、国际化而逐步推进的。20世纪80年代，我国率先在广东、浙江一带出现产业集群的雏形，随后以此为契机向周边延伸扩展，带动周边产业布局。经过几十年的发展，目前国内已形成了一批具有典型特色的产业集群，其中相当一部分在国际市场上也有一定的影响力，成为地区经济发展的重要推动力。

我国产业集群主要呈现以下两个主要特征：

（1）分布广

根据国家发改委对产业集群的统计口径，我国部分省市自治区（不包括北京、上海、山西、湖南、贵州、西藏、宁夏、内蒙古、青海以及港、澳、台等）2007年的统计结果显示（表1-5），约有产业集群2000个、集群企业90万户、销售收入60452.79亿元、利润4224.51亿元。

全国部分省市产业集群发展规模[①]　　表1-5

地区	集群数量（个）	集群内企数量（户）	销售收入（亿元）	利润（亿元）
海南	3	424	155.8	23.3
甘肃	4		1145	
新疆	6	540	1895.4	548.8
黑龙江	8	2000	76.5	6.3
吉林	10	2800	158.4	13.7
广西	10	1508	617.12	29.34
云南	11	26268	1164.76	82.23
江西	14	1881	349.2	23.9
天津	17	5921	944.57	54.3
陕西	19	7284	1778	176.28
辽宁	19	10511	791.7	
重庆	23	2400	2692.7	134
四川	39	3236	671.4	54.9
福建	49	7652	5513	248.06
广东	64	101500	6122.94	449.88
安徽	140	19000	1348.48	99.38
河南	143	62700	2749.4	
江苏	155	76171	13434.85	771.31
湖北	206	10700	4354	284.23
山东	220	68000	10663.6	706.4
河北	238	179000	6575.37	518.2
浙江	601	308400	15826	

① 中国产业集群发展报告课题组. 中国产业集群发展报告 [M]. 北京：机械工业出版社，2009：7.

总体来看，市场经济发达、市场机制健全的地方，产业集群更加容易出现。在我国，集群比较成熟的地区主要是珠江三角洲、长江三角洲与环渤海经济带。

20世纪70年代末，我国改革开放以深圳先行试点，随后以点带面，带动了珠三角地区的发展。珠三角地靠香港、澳门和台湾地区，拥有得天独厚的地理优势，可以吸收大量的外商直接投资，而后依靠地区廉价劳动力大力发展外向型的加工业。为了规避风险，减少信息成本，这些外商投资大多倾向于扎堆抱团，尤其是投资方向相同或相关的外资企业，这就使得珠三角地区的产业带有明显的地区集聚的特点。

长三角地区的产业集群主要分布在上海、南京、苏州、无锡、杭州、宁波等地，除了上海以外，其他地区多数产业集群都是由传统的中小民营企业发展壮大起来的。长江三角洲地区的产业集群发展与珠江三角洲地区不同，是以地区产业园区为主形成的。

浙江是改革开放初期民营经济发展最为突出的地区，现已成为中国产业集群发展最为迅猛的省份，"一镇一品、一县一业"的集群成长模式已成为浙江经济最突出的特点，比如绍兴的轻纺产业、海宁的皮革产业、嵊州的领带产业、永康的五金产业、诸暨的袜业等。这些产业集群积极迎合国家建设特色小镇的倡议，纷纷建立特色小镇，融入研发环节，提升产业动力，以点带面，现已成为浙江经济发展和建设先进制造业基地的重要依托。

苏州、无锡的发展主要得益于邻近上海的地区优势，乡镇企业积极为上海产业发展配套，先后建立了一批不同规模的产业园区。这些园区根据自身特点及市场需求，积极调整产业机构，也取得了不菲的成就。自国家开始实施长三角一体化发展战略以来，这些园区充分发挥带动能力及更新机制，逐渐完善了自己的产业构成，形成了许多很有竞争优势的产业集群，比如苏州的高科技产业集群、宁波的服装产业集群等。

环渤海地区：环渤海地区是继长三角、珠三角之后又一产业集群密集和发展比较成熟的地区。以山东的产业集群为例，私营企业和有限责任公司是山东省产业集群的主要构成部分。环渤海的河北、北京、天津等地也涌现了一批产业集群，例如河北清湖的羊城产业集群、辛集的皮革产业集群、胜芳金属玻璃家具产业集群、北京的中关村高科技产业集群等。其中，北京的中关村可以看作为中国高科技产业集群的代表，发展比较早[①]。

（2）门类全

我国产业集群几乎覆盖了国民经济中的大多数行业，以第二产业中的制造业为

---

① 吴利学，魏后凯，刘长会. 中国产业集群发展现状及特征 [J]. 经济研究参考，2009（15）：2-15.

主。纺织、服装、制鞋等传统初级加工制造业的产业集群数量最多,约占我国总数的24.8%。生物、电子信息技术、新材料、文化创意等高新技术行业产业集群的数量也从无到有,取得了一定的发展(表1-6)。

我国产业集群的行业及区域分布[①] 表1-6

行业门类	行业名称	产业集群(个)	比重(%)	主要分布区域
制造业	纺织业	87	16.2	浙江、江苏、福建、广东、山东
	纺织服装、鞋、帽制造业	46	8.6	浙江、广东
	非金属矿物制造业	39	7.3	山东、河北、福建、广东
	专用设备制造业	38	7.1	浙江、江苏
	金属制品业	32	6.0	广东、浙江、江苏、山东
	农副食品加工业	29	5.4	
	工艺品及其他制造业	27	5.0	
	皮革、毛皮、羽毛(绒)及其制品业	23	4.3	东南沿海、河北、河南、重庆
	交通运输设备制造业	23	4.3	
	电气机械及器材制造业	23	4.3	东北、陕西、湖南、湖北
	通用设备制造业	22	4.1	
	化学原料及化学制品制造业	18	3.4	
	木材加工及木竹藤棕草制品业	17	3.2	浙江、福建、广东
	文教体育用品制造业	13	2.4	浙江、福建、广东、湖北
	家具制造业	12	2.2	广东、福建
	印刷业和记录媒介复制业	10	1.9	
	塑料制品业	10	1.9	
	医药制造业	7	1.3	天津、西安、东北、上海、北京

---

① 根据国家发改委《中国产业区的发展概况与经验总结》整理。

续表

行业门类	行业名称	产业集群(个)	比重(%)	主要分布区域
制造业	有色金属冶炼及压延加工业	7	1.3	京津唐、东北
	仪器仪表及文化办公用机械制造业	6	1.1	东北、陕西、湖南、湖北
	黑色金属冶炼及压延加工业	6	1.1	京津唐、东北
	食品制造业	4	0.7	辽宁山东、江苏、广东、福建
	通信设备、计算机及电子设备制造业	4	0.7	北京、上海、深圳、南京、成都
	饮料制造业	3	0.6	
	造纸及纸制品业	3	0.6	广东、浙江、江苏、山东、福建
	石油加工、炼焦及核燃料加工业	3	0.6	山东、江苏、浙江、广东
	橡胶制品业	2	0.4	
	废弃资源及废旧材料回收加工业	1	0.2	
批发零售	批发业	2	0.4	
农林牧渔	农业	19	3.5	
总计		536	100	

浙江是我国产业集群最为密集的地区。据浙江省经贸委调查，2003年浙江省工业总产值在10亿元以上的制造业"块状经济"有149个，工业总产值合计1万亿元，约占全省总量的50%。其中，较典型的有温州鞋革和服装、萧山化纤、海宁皮革等。目前，这些"块状经济"已经成为浙江省乃至全国的专业生产加工出口基地。

广东带的产业集群种类也很齐全。据统计，"十一五"之前广东省经济规模达到20亿元的专业镇有160多个。在这些专业镇中，以工业产品为主的专业镇大约占了90%以上。早在2003年，这些专业镇所创造的工业总产值占广东省的份额已接近1/3。

此外，在"十一五"之前，福建省已初步形成了60个不同规模的"准集群"。较典型的有泉州晋江和莆田的鞋业、厦门和漳州的视听产品等。江苏省产业"集群化"推进也较为迅速，现已形成各类"准集群"约上百个，较典型的有昆山制造[①]。

---

① 吴利学，魏后凯，刘长会. 中国产业集群发展现状及特征[J]. 经济研究参考，2009（15）：2-15.

中国正在走供给侧改革的道路,通过深化改革,对外开放,逐步引进具有世界先进水平的现代制造业以及跨国公司的研发机构,加大产业结构中的研发比例,缩减专业化水平低的制造业环节,促进我国产业结构的螺旋上升,从而提高我国产业结构在国际分工中的地位和竞争力。中国不仅要走现代制造业集中的道路,还要成为高薪技术产业集中的重要基地,去"低粗滥",走"高精尖"道路为产业改革的重要方向。

目前,我国的国家级经济技术开发区已集聚了一批电子信息、精细化工、生物技术、光机电一体化、现代农业及环保产业等领域的高新技术产业群。国家级经济技术开发区以引进国际先进技术,鼓励自主高新技术研发,孵化高新产业为目的,成为中国技术创新的中心地区。截至2008年末,国家级经济技术开发区共有高新技术企业4116家,实现工业产值21566亿元。高新技术产品进出口额达2341.49亿美元,占国家级经济技术开发区进出口总额的60.7%。

不可否认,园区经济在中国整体经济发展中起到了十分积极的作用。园区内的产业由集中到集聚,通过极化效应和扩散效应,以"增长极"的模式带动区域经济发展。不仅如此,产业园未来还需担负起中国技术创新和产业改革的重要责任,在对外出口、土地开发、吸引就业以及城市化进程中扮演重要角色,带动中国向"强"国方向发展。

2. 我国产业集群的形成因素

在经济特区和国家级高新技术产业区的带动下,我国先后建立了一大批经济开发区、工业园区、民营工业园区和许多专业性的工业园。这些园区的发展为国家合理调整经济布局、改善投资环境、发展外向型经济、提升产业能级创造了有利的条件,对经济发展起到了非常积极的带动作用。

"园区经济"实质上是在划定的区域内,精心营造一个优良的环境,招商引资发展经济,集中地显示出产业集群现象。所谓产业集群是指在某一特定的地域,集中了大量的具有产业关联的企业以及相关的服务、管理和科研等支撑机构,在此特定空间范围内共享包括专业人才、市场、技术和信息等诸多产业要素,从而使产业和企业间产生效应,并形成强劲、持续的竞争力,因此获得经济和外部经济的双重效益的现象。

在我国,根据产业集群的形成方式来分,可以将产业集群分成自主组织型产业集群和政府组织型产业集群两种类型。

自主组织型产业集群:市场是主要的驱动力量,产业集群是在市场规律作用下由企业主动集聚生长起来的。比如珠三角地区的产业集群是在外商资本驱动下形成的外向型加工业集群,浙江温州的产业集群是在当地企业家和工商业带动下发展起来的特色产品产业集群,北京中关村则是依托密集的国家高科技资源形成的高科技产业集群。这些产业集群都是在市场力量的驱动下自发形成的,当地政府只是在产业集群的雏形出现后才加以引导。

中国产业集群的整体动因都是抓住了中国改革开放的良好机遇,充分利用市场不断扩大和开放不断深化的大好时机,实现了空间集聚和产业分工合作,从而形成了产业集群并在其中不断发展壮大。

我国自主组织型产业集群的集聚机制主要有以下特点:

一是产业集聚区内生产和销售的规模很大,在同类产品中占有较大份额。比如浙江有52个"块状经济"的工业园区,其产品在国内市场的占有率达到30%以上,有56种以"块状经济"形成的产品居全国第一。[①]

二是产业集聚使专业化分工获得了空前发展。在珠三角地区,计算机、家电产业集群已形成。在这里,每个企业只做一个部件,甚至一个部件的某个环节,各企业专业化程度高,分工合作。类似彩电、复印机等技术含量较高、零部件较多的产品,通常不是一个厂直接生产,而是几个厂在同一区域分工协作,即使是为其配套的零部件供应商也不是一家,而是若干家联合供应。高度专业化分工+高效有机的协作网络,为产业集群内的企业提高质量但降低成本提供了切实可行的方法,成为此类产业集聚的重要优势。

三是分工深化大大降低了生产成本,同区域内的大量采购和销售大幅度降低了销售成本。珠三角地区作为电子产业的集聚区,彩电、计算机、手机等电子产品的零部件的采购成本远比其他区域要低得多。

四是产业集群加速了技术交流,人力资源的利用也更加灵活高效。由于地理邻近,信息交互频繁,一旦有新技术或新的管理方法诞生,企业间就会相互学习、传播,从而在很短的时间内带来集群企业整体的提升。由于地理邻近且产业相关,不同企业间,专业人才和熟练工人在技艺交流方面也能更加频繁,从而激发技术的提高和创新,而且人才供给上也更加具有选择性和流动性。

五是产业集群促进了外部服务体系和配套设施的发展。产业集聚带来了庞大的人群,产生了大量的服务型需求,从而促使外部服务业或配套设施整体发展。

这种自主组织型产业集群的生长过程,基本上都是市场与产业互动的结果。一般是先在某个地方出现某个产品的集中生产,随着规模的扩大,为了展销的便利,会自发形成展销市场,待市场成熟,产生影响力之后,会进一步带动产业的集聚,

---

① 刘澎. 现代工业园区的产业集群现象研究 [J]. 中国城市经济, 2004 (02): 58-61.

如此形成良性循环。而整个产业也会在一轮一轮的循环过程中自我更新，构建合理的产业结构，带动区域经济发展。

政府组织型产业集群：中国的很多产业集群形成之初，是企业的自发行为，但产业集群的雏形出现后，地方政府往往都会积极扶持，统筹规划本地产业集群的发展。

地方政府的重要作用主要表现在以下方面：

一是提供各种优惠政策吸引投资，促进企业发展。地方政府通常会因势利导，在土地、税收等方面，制定相应的优惠政策，为产业集群的发展创造宽松的环境。

二是完善基础设施，优化投资环境，增强招商引资的吸引力。

三是建立产业园区，鼓励企业"进区入园"。政府作为园区建设的推动者、园区政策的制定者以及园区运行的管理者，必须站在国际产业发展转移的制高点，契合国家产业战略布局，深刻把握本地产业优势，解放思想，更新观念，有规划、有计划地引入和淘汰企业，因势利导的实现本地产业集群的垂直和水平整合，以园区为极点，构建区域产业集群。

四是建立交易市场，扩大市场规模。

五是举办产品博览会与商贸会，扩大对外影响力，统筹区域整体发展，实施区域整体营销，创建地域品牌。

六是引导与支持企业技术升级，进而促进产业集群的产品升级。

七是促进产、学、研结合发展，为产业集群的发展创造源源不断的创新动力。

借鉴国际上的先进经验，我国政府在推进产业集聚策略方面，先设立经济技术开发区，然后以各项优惠政策推动第一批核心企业聚拢，由此以点带面地推动产业园的发展。一般具有如下基本特征：

政府在产业发展方面提供的制度安排具有系统特征。对于几乎每个经济技术开发区，政府都会制定一系列系统性的优惠政策，包括项目的支持领域、布局规划安排、资金的支持方式、财政政策的倾斜、海关优惠政策及人才的激励政策等。以此种模式为社会创造一个宽松、开放的政策环境，激发社会资源的更高效流入，构建更合理的资源配置。尤其是之前我国的产业发展整体呈现的是开放型和外向型的特征，优惠政策能够解放束缚，刺激融资更快地进入，产业更快地发展。苏州工业园区建设就是政府组织型产业集群的一个成功范例。

另外，高新技术产业整体呈现出集中强度大、创新能力强、网络化程度高等特点。而其中的网络化特征要求高新技术产业的发展必须嵌入国际高新技术产业链，必须主动迎接国际产业转移，构建网络化的产业链。因此，为了顺应世界高新技术发展的要求，我国政府管理部门对产业发展的统筹安排也具有网络化特征，使高新技术企业群在地理空间上形成以开发区为中心的动态网络结构,在产品配套上形成上下左右的产业联盟。

北京电子信息产业集中在中关村科技园、电子城科技园、亦庄科技园等园区,形成了一个网络化基地。中关村科技园在高新区中保持领先地位,形成了以计算机及软件研究、开发、生产、营销为主的产业格局,此前就造就了联想、方正、同方等国内重量级企业;电子城科技园形成了以通信、计算机(软件)、显示器、彩色显像管、新型元器件等为主的综合性的电子高科技园区;亦庄科技园区,建成了北京最大的移动通信产业基地,也是国内第一个形成完整产业链的现代通信业基地。[1]

二、我国产业园区的发展历史

1979年,我国第一个工业园区在深圳蛇口建立,1984年,国务院正式批准深圳经济特区。在中国经济发展初期,经济发展的资源大多数还集中在计划经济成分手里,而市场经济的崛起和发展,和这些年特区、工业园区、开发区、高科技园区等一些园区的发展密不可分。同时,这些园区的发展为我国向社会主义市场经济转变提供了重要支持。

可以说,城市化历史进程和产业园区的发展密不可分。产业园区带来就业机会,人口集中带来生活配套,基础设施逐步完善,进而带来城市发展,城市进一步扩张。所以,产业园区在中国的发展、改革开放和城市化发挥了极为重要的历史作用。[2]

在城镇化的过程中,从模式来看,产业园区也经历了发展的三个阶段(表1-7)。[3]

产业园区发展的三个阶段　　　　　表1-7

发展阶段	特点
企业自建设园区	政府支持,大型企业进驻并自主开发,通过其行业影响力,带动上下游企业加入园区建设。 这种大型企业自建设园区只是为自己的产业链升级和完善作整体配套,对区域、对经济发展的推动作用微乎其微

---

[1] 朱文渊,周绍森. 中部地区产业集群的形成与政策建议[J]. 嘉兴学院学报,2005(01):131-137.
[2] 罗祎. 我国产业园区发展中的套牢问题研究及治理对策[D]. 成都:西南交通大学,2012.
[3] 赵沛楠. 产业地产进入新的发展高峰[N]. 上海:建筑时报,2012-10-25(001).

续表

发展阶段	特点
工业地产	以政府开发为主导，规划各种开发区、工业园，示范带动区域经济全面发展。由具有较强资金实力和开发经营能力的企业开发，推动当地第二产业的发展，也受到了各地方政府的欢迎。但是由于企业需求的变化与政府可持续发展的需要，工业地产的弊端开始暴露
产业园区	现在已经没有园区会像以前一样无序开发和经营。早期，几乎所有园区都采取卖地，随便建厂房出租、出售这样的模式进行开发。而进入2010年，新开发立项的工业园区都是以产业为主导，充分响应国家政策，积极配合各地方政府进行产业转型和升级。如联东U谷，以专业产业园区运营商为定位，注重整体配套服务，在行业内占据了龙头地位

产业园区发展的转折，也体现了三个方面的变化：

首先，仍然注重制度政策的意义。 温家宝总理关于天津新区建设特别强调，它是经济体制改革的综合配套实验区，不仅仅是北方经济中心，而且是京津冀城市带经济中心。深圳也是一样，要在制度上进行创新，引领深圳在经济全球化中占据有力的发展领域、有力的分工领域，形成符合国际惯例的能够承载世界大国的商业资本运作的区域。这些变化都是在继承原有政策的基础上的创新，不是简单的资本优惠，也不是简单的市场化改革，而是和国际市场对接，应对经济全球化的深刻的体制化改革。

第二，由专业机构顶层设计。 目前我国的产业园区的发展已经走过了原来由政府挑大梁，管委会一家说了算的阶段，开始逐步走向需要专业化的策划机构对其进行全盘设计的阶段。政府在园区建设中的职能越来越和专业的策划机构分离，政府提供顶层设计建议和优惠政策扶持，专业机构进行具体的统筹规划设计，专业事交给专业人解决。

第三，注重环境友好发展，进一步提高土地资本承载力。 坚持科学发展观才能建设美丽中国。对于政府而言，要求产业园发展必须与城市化进程相结合，符合科学发展规律，注重生态环境友好，而且要求在单位土地面积上有更大的资本承载能力，以实现高效发展，集约发展。

从我国产业园区发展阶段来看，大体可以分为试验探索期、高速发展期和二次创业期。

1. 第一阶段：试验探索期（1984~1991年）

这一时期是我国工业园区建设的艰难创业和试验探索期，所设立的工业园区类型包括国家级的经济技术开发区、高新技术产业开发区、保税区和台商投资区等，园区的主要功能是发展工业、吸引外资，主要目的就是要使它们成为探索我国现代产业的试验园区。

我国工业园区的建设是从经济技术开发区开始的，最先设立的国家级经济技术开发区是大连经济技术开发区（1984年4月），此后至1988年陆续设立了14家。1984年10月，上海市批准设立的上海星火开发区（现改名为上海星火工业园区），是我国第一个省级开发区。1985年7月，我国第一个省级高新技术产业开发区在深圳挂牌成立，1988年国务院批准建立了我国第一个国家级高新技术产业开发区——北京新技术产业开发试验区，并于1991年在26个智力资源相对密集的大中城市批准建立了国家级高新技术产业开发区（简称高新区）。1987年12月国务院批准在广东设立了沙头角保税区，1991年又增设了天津和广东福田2个保税区。此外，为吸引台资和外国投资，还于1989年5月批准设立了厦门海沧、杏林和福州三个台商投资区，1990年6月批准设立了上海陆家嘴金融贸易区。[①]

这一阶段的工业园区发展尚处于试水阶段，园区多选址于远离母城的地方，发展基础薄弱，且初始投入不足，交通环境不健全等，整体发展条件非常差。因此，这一阶段的国家级工业园区即使竭尽全力，总体发展仍不尽如人意。以经济技术开发区为例，从经济总量上说，14个国家级经济技术开发区1991年总共实现工业产值145.94亿元，税收7.90亿元，出口11.4亿美元，合同利用外资额8.14亿美元，截至1991年底，累计利用外资总额13.77亿美元。从引进项目的实际情况看，劳动密集型为主，中小企业为主，技术含量低，技术转让或技术转移很少发生。

尽管如此，这一阶段对后来工业园区的发展也具有十分重要的积极意义。一方面，利用国家的优惠政策，各工业园区完成了"原始积累"，具备了加速发展的物质基础；另一方面，摸着石头过河也为后来建区的基本模式和对外经济合作的基本章法积累了经验；更重要的是各经济技术开发区通过大胆实践和相互借鉴，逐步统一认识，在"技术窗口、管理窗口、知识窗口和对外政策窗口"发展宗旨的基础上，确立了更为务实和更加准确的"以发展工业为主、以利用外资为主、以出口创汇为主"的三大发展方针。保税区、高新技术产业开发区等园区的发展也在探索中走上正轨。

2. 第二阶段：高速发展期（1992~2000年）

我国工业园的高速发展期是伴随着改革开放发展起来的，现有的各类工业园区在这一阶段基本都能找到原始雏形。从层级上看，上至国家级、省级，下至地市县级，各个层级的工业园区全面铺开；从地域上看，从沿海到内地，基于地域特色产

---

① 罗祎. 我国产业园区发展中的套牢问题研究及治理对策[D]. 成都：西南交通大学，2012.

业优势发展出了各类产业的工业园。据相关统计，这一时期，国家级的经济技术开发区增至43家，国家级高新技术产业开发区增至53家，15家保税区和14家边境经济合作区建设全部启动，并批准设立了出口加工区16家，其他类型开发区21家。

这一时期，我国工业园区的经济总量呈现超速增长的态势，一方面引进外资的数量出现跨越式增长，同时引进的项目也从传统的低水平加工制造向中高端产业转型。工业园区的"极"作用日益显现，逐渐成为我国科技成果转化和培育科技企业的主要基地、人才等创新要素汇聚结合的中心和经济发展中最具活力的增长点与外商投资的最大热点，有力地促进了我国产业结构的调整和国民经济的发展。

到2000年，53个国家级高新技术产业开发区实现技工贸总收入9209亿元、工业总产值7942亿元、实现利税1057亿元、出口创汇185.8亿美元，分别是1991年的105倍、112倍、89倍和103倍，完成工业增加值1979亿元。一大批高新技术企业迅速崛起，1991年高新区内年产值上亿元的企业还只有7家，到2000年已增加到1252家，联想、四通、方正、华为等已经成为国内乃至海外知名的高新技术大企业。[①]

3. 第三阶段：二次创业期（2001年至今）

"二次创业"的概念在1994年就已被多次提出，但真正提上日程是在2001年，我国工业园发展问题凸显之后。

到2000年，我国工业园区经过近十年的高速发展后，成效显著，但问题也很明显，比如众多工业园圈地卖地、开而不发，产业同质化严重，缺乏区域结构规划，园区产业关联度低，集聚经济效应不明显，且重视经济效益而轻视技术创新，导致园区发展后劲不足等，这些问题已经严重制约了工业园区的继续发展与壮大。

2001年9月在武汉举办的国家高新区市长座谈会上，科技部提出了高新区二次创业的设想，标志着我国工业园区的发展全面进入了第三个阶段。

2005年8月，温家宝在第四次国家高新技术产业会议上指出："国家高新开发区的建设，正步入一个崭新的发展阶段，正面临着第二次创业。"这为国家高新区的"二次创业"明确了"四位一体"的定位，即高新区要"努力成为促进技术进步和增强自主创新能力的重要载体，要成为带动区域经济结构调整和经济增长方式转变强大的引擎，成为高新技术企业走出去参与国际竞争的服务平台，成为抢占世界高新技术产业制高点的前沿阵地"。[②]

---

① 国家高新技术产业开发区十年建设和发展情况 [J]. 中国高新技术企业，2001（03）：11-13.
② 沈伟国，陈艺春. 我国高新区二次创业阶段发展论与评价体系研究 [J]. 科学学与科学技术管理，2007（09）：27-30.

三、我国产业园区发展中的主要问题

1. 中国产业园区培育产业集群中的主要问题

自改革开放以来,我国产业园的发展取得了非常大的进步,但是也存在非常多的问题,具体概括为以下四个方面:

(1)产业定位不清

近年来,我国的产业园发展非常迅猛,以园区经济带动区域经济成为常见策略。尽管如此,我国的产业园区仍然停留在以量取胜的阶段,产业园完成了大量企业集聚的任务,在打通产业结构方面仍然还有很长的路要走。目前我国的很多园区都存在定位不清、整体缺乏功能分区、同质化严重等问题,园区之间没有从大区域、大产业角度规划产业分布,不利于资源更高效地配置,不能形成区域核心竞争力。

(2)产业链多而短,产业关联度不高

一个成功的产业集群,对外必然有良好的产业定位,能与城市整体的产业相匹配;对内,能够从产业生态的高度招商引资,构建企业间的关联性和渗透性,充分发挥集聚效应。如上海张江科技园,重点发展生物医药和电子信息产业,信息技术又集中在集成电路和软件领域,因此园区内引入了大量的芯片设计公司、硅片制造公司、光掩膜和封装测试企业以及相关的配套和设备供应公司,在园区内构成了集成电路产业链。

(3)技术创新严重不足

我国的许多产业园区或产业集群的发展还停留在以模仿为主的阶段,企业之间同质化严重,以低价竞争赢取市场,企业缺乏核心技术,创新能力不足,产业结构的总体层次、水平还较低;有些有创新能力的园区也主要是靠吸引一些高新技术企业入园以引进高新技术,但未有强烈的可持续性的机理、机制,导致创新能力的持续性缺乏,而且园区对高新技术研究与开发的各方面支持力度不够,技术原创性较差。

(4)产业配套服务业薄弱

我国的大多数产业园区发展产业集群时存在"顾此失彼"的现象,往往只注重发展核心产业本身,而忽略整个集群发展的配套设施,例如金融、营销、教育和培训等。须知这些配套服务往往是刺激可持续创新的重要因素和保障,尤其是金融和教育培训,是创新的核心动力。

2. 国内产业集群现状及问题

"产业集群"一词最早来源于迈克尔·波特在1990年出版的《国家竞争优势》

一书。现在的产业集群已经成为工业化进程中的普遍现象，工业发达国家几乎所有竞争力强的产业都以产业集群的方式承载。我国经过三十多年的发展，产业集群已经初具规模，集群经济在国家整体经济中的影响力已不容小觑。从东部沿海到中西部地区、从城市到乡镇、从高新技术行业到初级制造业，集群经济都是以点带面地向外辐射，带动发展。尤其是对地方县域经济的影响，产业集群的带动效应则更加明显。

例如浙江省目前已形成了成百上千个专业村、专业镇，其中产值超亿元的就有500多个，大约占了浙江工业产值的一半。广东省各种产业的集聚现象也十分明显，据初步估计，在240多个建制镇中，传统产业领域已形成一定规模的专业镇就接近60个。①

在我国现阶段，产业集群不再是少数地区的特殊现象，已成为中国城区发展和产业布局的重要模式和发展趋势，越来越多的地区产业发展趋向于集群化。但我国的产业集群基本上是自发形成的，且长期以来没有完整的理论进行指导，因此发展中出现了诸多问题，这在一定程度上影响了我国产业集群的发展。

（1）园区经济严重依赖外资企业，却难以实现技术外溢效应

中国走过了三十多年的产业园建设之路，各级开发区始终将吸引外资作为园区发展的重要手段，试图通过引进外资企业，实现技术外溢效应，以达到提升技术水平，带来技术创新的目的。但是实际结论显示，中国的制造业一直只扮演了世界加工厂的角色，一直处于产业链的下游。主要原因：一是因为这些外资企业一般从整合全球资源的角度出发，对其所主导的产品，在价值链上会进行重新分工和调整。越来越多的生产环节被再次细分和分配，许多生产企业往往只专注于某一细小环节，在区域内无法构成整体技术层面上的输出。另一方面，外资企业一般都将微笑曲线最有利润和技术含量的两端——设计与营销掌握在自己手里，而只将产业链最低端的加工生产对外输出，核心技术研发仍然在本国进行，这也是导致很难产生先进技术外溢的原因。另外，尽管有一些外资企业在园区内投资设备制造业，但由于中国本土企业技术、管理水平与外资企业差距较大，无法与这些外资企业的生产网络相衔接，导致绝大多数外资企业的生产供应商依然由外资企业提供，即使是能够进入该产业链的本土企业，也大多位于产业价值链的最低端，难以实现技术外溢。

因此，中国目前大部分园区的现实情况是：外商企业限制技术引进与扩散，没有在本土进行创新的动机与利益激励，而本土企业在技术和人力资源上相对落后，还不具备吸收技术溢出的能力。

---

① 吴利学，魏后凯，刘长会. 中国产业集群发展现状及特征 [J]. 经济研究参考，2009（15）：2-15.

（2）高度依赖核心大企业，产业集聚效应不明显

我国的很多园区的政策规划都偏重核心企业，在资源和政策上更多地向核心企业倾斜，认为留住了核心企业就是留住了"核心"，而忽视了中小企业也是园区创新动力和产业生态的重要组成部分，导致中小型企业发展艰难。

广州、天津、大连、宁波、北京和深圳的园区调研数据显示，园区内产值亿元以上的企业的各项经济指标均占全区总量的75%以上，深圳国家级高新技术产业开发区甚至达到90%。[①]园区过度依赖大企业带来诸多问题：一方面，难以构成大、中、小企业共同发展的产业网络，企业间关联度低，产业集聚效应不明显；另一方面，过度倾斜大企业，小企业萎靡不振，导致大企业的产业环境也受到影响，从而发生迁移，而一旦大企业迁移，园区就会呈现空心化；另外，大企业受制于内部体制，创新动力不足，过度依赖大企业，导致小企业创新得不到有效的扶持，园区的整体创新持续性缺乏。事实上，国外的多数产业园区都是由数量众多的中小企业构成的，例如在2000～2002年间，硅谷地区创建的公司就有23800个。

园区企业外资化、大型化，严重制约了中小型企业的发展，也减少了培育中国本土国际性企业的机会。苏州工业园区负责人曾发出这样的感慨，认为苏州工业园区"最大的遗憾就是没有培养出像华为这样的世界级企业"。

（3）园区政策使用不当，造成资源浪费和"候鸟企业"现象出现

自20世纪90年代以来，我国的园区发展整体呈现急剧扩张的趋势，但是其动因不是技术扩张，而是盲目追求GDP带来的土地和资源浪费，整体并未体现出生产效益的提高。整个土地开发强度偏低，且存在大面积空置现象，"占而不用"的现象比较普遍。也有一些园区，由于前期规划缺乏统筹考虑，用地分散、不连续，一方面造成基础设施重复建设，另一方面也使园区企业彼此之间缺乏联系，最终导致园区整体活力不足。

另外，优惠政策的片面实施导致了"候鸟企业"现象。为了吸引投资，许多园区用极其优厚的条件吸引企业入驻，一再降低土地出让价格和税收标准，增加各种奖励资金，一方面直接造成了土地利用率低下，圈地占地成为常见状态，另一方面，直接导致入驻企业为了追寻最优惠政策而出现"候鸟"式的迁移，最终导致了财政税收的损失和资源的浪费。

（4）园区主导产业定位不清，发展前景不明朗

从目前我国园区的发展情况来看，除北京、上海等发达地区将服务业作为其重点发展的支柱产业外，其他园区，特别是中西部地区仍然以装备制造业以及低水平

---

① 余厚新. 临港产业区产业选择及发展布局研究［D］. 天津：天津大学，2010.

的加工制造作为其重点发展领域。以电子信息产业为例,虽然以此作为主导产业的省市就有21个,但电子信息行业R&D投入水平整体偏低,三资企业的投资强度远低于全行业平均水平。大部分园区内的电子信息行业仍以低附加值的加工组装等环节为主。2008年,以进料与来料加工贸易方式出口的电子产品额占行业出口的81.82%,一般贸易仅为14%。因此,园区发展的电子信息高新技术产业仅仅是电子信息高新技术"加工"产业而已。从经济基础、研发环境等条件看,除少数地区具有发展高新技术产业的基础和优势外,大部分园区提出了与自身条件不相符的产业发展计划,前景充满不确定性。①

金融危机之后,中国园区经济作为中国经济的核心力量,肩负着"保增长,扩内需,调结构"的重大使命。一方面,中国城市化进程还远远落后于发达国家,城乡二元结构的经济特征使未来中国在相当长的一段时间内依然要通过劳动密集型产业解决大量农村剩余劳动力的问题,也就是说,中国的产业园未来仍然有一大部分需要进行低水平的加工生产制造;另一方面,信息经济时代到来,中国园区如何抓住机遇,抢占第五次工业革命的高地,顺利进行现有产业的换代与升级也面临前所未有的挑战;同时,需求能力决定国际地位,在欧美发达国家在未来很长的时间内以低消费作为经济发展的主要特征的前提下,中国需要降低外需依赖度,扩大内需,转出口为进口是本轮产业升级中的关键任务。未来园区要向科技含量高、经济效益好、资源消耗低、环境污染少的方向转型,嵌入国际产业生态圈,带动中国经济腾飞。

3. 当前产业园区的问题与原因分析

(1) 重房产,轻产业

很多企业仍对园区采用传统的房地产开发模式建设,以高容积率导向下的高建设率、大体量建筑面积作为盈利策略,忽视良好的环境可给园区带来更高的附加值,最终导致园区密度过大,品质差,空置率高。

(2) 投机迹象显现

工业用地一般价格较低,许多开发商借机以工业项目立项,低价获得土地,待土地收入囊中以后,再申请土地用途变更,开发商用或住宅项目,或收而不发,待周边基础设施成熟,土地价格上涨以后,二次转让以获取高额的土地升值收益。此种现象导致园区土地利用低效。但是从市场来看,由于住宅地产受到国家调控的影响,不少投资力量开始向工业地产转移,此种投机趋向有愈演愈烈的趋势。

---

① 曹为军. 出口退税对商品出口贸易的影响 [D]. 南京: 南京财经大学, 2010.

（3）园区用地低价出让

一线城市工业扩张较快，工业用地稀缺性明显，所以工业用地价格普遍上涨。而二线城市或较不发达地区，为了吸引投资，普遍采用降低土地价格的方式，进行所谓的招商引资。

（4）只招商，不择商

由政府主导开发建设的园区，虽然在初始阶段有产业规划，但在具体的招商过程中，出于政绩和招商等的压力，存在不少违背产业规划，降低门槛进行招商引资的行为，最终造成园区产业混乱，不成体系，最终导致土地资源的闲置和浪费。

（5）园区政策履约难

为吸引企业入园，部分园区管理者会在招商阶段"画大饼"，作出各种没有保障性的承诺。在企业入园后，再以各种理由违约，造成入驻企业利益受损，园区公信力下降，制约园区的持续发展。

（6）忽视环保，工业园区成污染重灾区

园区管理缺乏长远考量，在园区环境监管上松懈懒怠，甚至与企业形成利益同盟，放任其污染环境的行为，造成地方生态环境严重受损。

总体来说，中国产业园区开发还存在着规划不清、执行不严、量多质差等问题，资源浪费和粗放发展的园区比比皆是。集群效应薄弱，产业结构趋同，产业关联性低，研发能力不强，创新环境建设滞后，环境保护意识淡薄等问题越来越凸显，扼住了园区发展的咽喉。

第2章

中国的产业园区发展的政策及建议

第一节 土地利用及区域规划政策

一、当前土地政策特点及问题

1. 产业用地政策分析

目前我国的产业园区用地主要有工业用地、商业商务用地、科研用地以及混合用地和创新用地等,针对不同性质的用地有不同的政策及指标要求(表2-1)。

当前中国产业园区的主要用地性质　　表2-1

M		工业用地	工矿企业的生产车间、库房及其附属设施等用地,包括专用铁路、码头和附属道路、停车场等用地,不包括露天矿用地
	M1	一类工业用地	对居住和公共环境基本无干扰、污染和安全隐患的工业用地
	M2	二类工业用地	对居住和公共环境有一定干扰、污染和安全隐患的工业用地
	M3	三类工业用地	对居住和公共环境有严重干扰、污染和安全隐患的工业用地(需布置绿化防护用地)
	M4（上海）	工业研发用地	各类产品及其技术的研发、中试等设施用地

续表

A			公共管理与公共服务设施用地	行政、文化、教育、体育、卫生等机构和设施的用地,不包括居住用地中的服务设施用地
	A3		教育科研用地	高等院校、中等专业学校、中学、小学、科研事业单位等用地,包括为学校配建的独立地段的学生生活用地
		A35	科研用地	科研事业单位用地
B			商业服务业设施用地	各类商业、商务、娱乐、康体等设施用地,不包括居住用地中的服务设施用地以及公共管理与公共服务用地内的事业单位用地
	B1		商业用地	各类商业经营活动及餐饮、旅馆等服务业用地
		B11	零售商业用地	商铺、商场、超市、服装及小商品市场等用地
		B12	批发市场用地	以批发功能为主的市场用地
		B13	餐饮业用地	饭店、餐厅、酒吧等用地
		B14	旅馆用地	宾馆、旅馆、招待所、服务型公寓、度假村等用地
	B2		商务用地	金融、保险、证券、新闻出版、文艺团体等综合性办公用地
		B21	金融保险业用地	银行及分理处、信用社、信托投资公司、证券期货交易所、保险公司以及各类公司总部及综合性商务办公楼宇等用地
		B22	艺术传媒产业用地	音乐、美术、影视、广告、网络媒体等的制作及管理设施用地
		B29	其他商务设施用地	邮政、电信、工程咨询、技术服务、会计和法律服务以及其他中介服务等的办公用地

（1）工业用地为当前产业园区的主要用地性质。

工业用地作为中国产业园区的主要用地性质,具有土地价格低廉等优势。国家层面对其出让、转让、最低价格约束、土地集约利用、产权分割以及开发强度及指标等,都有一系列的政策。

1）工业用地出让、转让政策：工业用地必须采用招标、拍卖、挂牌出售的方式出让。2006年8月31日，国务院出台《国务院关于加强土地调控有关问题的通知》(国发[2006]31号)，明确规定："工业用地必须采用招标拍卖挂牌方式出让，其出让价格不得低于公布的最低价标准。"但是，国家并未就工业用地的转让出台明确的规定。

2）工业用地出让最低价格政策：规定十五个等级最低价标准。2006年12月23日，国土资源部发布实施《全国工业用地出让最低价标准》(国土资发[2006]307号)(以下简称《标准》)的通知，明确规定：

(a) 为贯彻落实《国务院关于加强土地调控有关问题的通知》(国发[2006]31号)精神，加强对工业用地的调控和管理，促进土地节约集约利用，根据土地等级、区域土地利用政策等，统一制定了《全国工业用地出让最低价标准》。

(b) 工业用地必须采用招标拍卖挂牌方式出让，其出让底价和成交价格均不得低于所在地土地等级相对应的最低价标准。

2006年制定的《标准》总体上涵盖了各项成本费用，包括"五通一平"的土地前期开发成本，目的之一就是为了推行用地"五统一"模式，推动各地熟地出让，提高土地利用效率。

全国工业用地出让最低价标准　　　　　表2-2

单位：元/m²（土地）

等级	价格	代表区域	等级	价格	代表区域
一等	840	上海：黄浦、静安等九区	九等	204	重庆：北碚
二等	720	北京：朝阳、东城等主城区 上海：浦东新区	十等	168	
三等	600	广州主城六区 深圳主城四区	十一等	144	
四等	480	重庆：大渡口、江北、九龙坡、南岸、沙坪坝、渝中	十二等	120	
五等	384	北京通州、天津塘沽	十三等	96	
六等	336	北京：大兴、昌平、顺义 重庆：渝北	十四等	84	
七等	288	北京：门头沟、房山	十五等	60	
八等	252	重庆：巴南			

2009年5月11日，国土资源部发布《国土资源部关于调整工业用地出让最低价标准实施政策的通知》（国土资发［2009］56号），着眼于适当调整《标准》实施政策，而非标准本身的调整，主要内容有：

第二条：对各省（区、市）确定的优先发展产业且用地集约的工业项目，在确定土地出让底价时可按不低于所在地土地等别相对应《标准》的70%执行。优先发展产业是指各省（区、市）依据国家《产业结构调整指导目录》制定的本地产业发展规划中优先发展的产业。用地集约是指项目建设用地容积率和建筑系数超过《关于发布和实施〈工业项目建设用地控制指标〉的通知》（国土资发［2008］24号）所规定标准的40%以上，投资强度增加10%以上。

第三条：以农、林、牧、渔业产品初加工为主的工业项目，在确定土地出让底价时可按不低于所在地土地等级别相对应《标准》的70%执行。

3）工业用地集约节约政策：

土地节约集约利用包含四个方面的内容：土地投入强度、土地产出效益、土地使用强度、土地生态效益。

2008年1月3日，国务院发布《国务院关于促进节约集约用地的通知》（国发［2008］3号），对工业用地的节约集约利用也作出相应指示：

第八条：鼓励开发利用地上地下空间，对现有工业用地，在符合规划、不改变用途的前提下，提高土地利用率和增加容积率的，不再增收土地价款；对新增工业用地，要进一步提高工业用地控制指标，厂房建筑面积高于容积率控制指标的部分，不再增收土地价款。

紧接着，当月31日，国土资源部关于发布和实施《工业项目建设用地控制指标》的通知（国土资发［2008］24号），从投资强度、容积率、建筑系数等五个方面就工业用地的节约集约利用进行深化：

（a）工业项目投资强度控制指标应符合表2-3的规定。

（b）容积率控制指标应符合表2-4的规定。

（c）工业项目的建筑系数应不低于30%。

（d）工业项目所需行政办公及生活服务设施用地面积不得超过工业项目总用地面积的7%。严禁在工业项目用地范围内建造成套住宅、专家楼、宾馆、招待所和培训中心等非生产性配套设施。

（e）工业企业内部一般不得安排绿地。但因生产工艺等特殊要求需要安排一定比例绿地的，绿地率不得超过20%。

鼓励多层厂房建设：对适合多层标准厂房生产的工业项目，应建设或进入多层标准厂房。

投资强度控制指标　　　　　表2-3

地区分类 行业代码	一类 市县 等别	一类 第一、二、 三、四等	二类 第五、 六等	三类 第七、 八等	四类 第九、 十等	五类 第十一、 十二等	六类 第十三、 十四等	七类 第十五等
13		≥1935	≥1555	≥1125	≥780	≥660	≥590	≥440
14		≥1935	≥1555	≥1125	≥780	≥660	≥590	≥440
15		≥1935	≥1555	≥1125	≥780	≥660	≥590	≥440
16		≥1935	≥1555	≥1125	≥780	≥660	≥590	≥440
17		≥1935	≥1555	≥1125	≥780	≥660	≥590	≥440
18		≥1935	≥1555	≥1125	≥780	≥660	≥590	≥440
19		≥1935	≥1555	≥1125	≥780	≥660	≥590	≥440
20		≥1555	≥1245	≥900	≥625	≥520	≥470	≥440
21		≥1815	≥1450	≥1055	≥725	≥605	≥555	≥440
22		≥1935	≥1555	≥1125	≥780	≥660	≥590	≥440
23		≥2590	≥2070	≥1505	≥1035	≥865	≥780	≥440
24		≥1935	≥1555	≥1125	≥780	≥660	≥590	≥440
25		≥2590	≥2070	≥1505	≥1035	≥865	≥780	≥440
26		≥2590	≥2070	≥1505	≥1035	≥865	≥780	≥440
27		≥3885	≥3105	≥2260	≥1555	≥1295	≥1175	≥440
28		≥3885	≥3105	≥2260	≥1555	≥1295	≥1175	≥440
29		≥2590	≥2070	≥1505	≥1035	≥865	≥780	≥440
30		≥2070	≥1660	≥1210	≥830	≥690	≥625	≥440
31		≥1555	≥1245	≥900	≥625	≥520	≥470	≥440
32		≥3105	≥2485	≥1815	≥1245	≥1035	≥935	≥440
33		≥3105	≥2485	≥1815	≥1245	≥1035	≥935	≥440
34		≥2590	≥2070	≥1505	≥1035	≥865	≥780	≥440
35		≥3105	≥2485	≥1815	≥1245	≥1035	≥935	≥440
36		≥3105	≥2485	≥1815	≥1245	≥1035	≥935	≥440
37		≥3885	≥3105	≥2260	≥1555	≥1295	≥1175	≥440
39		≥3105	≥2485	≥1815	≥1245	≥1035	≥935	≥440
40		≥4400	≥3520	≥2575	≥1760	≥1470	≥1330	≥440
41		≥3105	≥2485	≥1815	≥1245	≥1035	≥935	≥440
42		≥1555	≥1245	≥900	≥625	≥520	≥470	≥440
43		≥1555	≥1245	≥900	≥625	≥520	≥470	≥440

容积率控制指标　　　　　　　　表2-4

行业分类		容积率
代码	名称	
13	农副食品加工业	≥1.0
14	食品制造业	≥1.0
15	饮料制造业	≥1.0
16	烟草加工业	≥1.0
17	纺织业	≥0.8
18	纺织服装、鞋帽制造业	≥1.0
19	皮革、毛皮、羽绒及其制品业	≥1.0
20	木材加工及竹、藤、棕、草制品业	≥0.8
21	家具制造业	≥0.8
22	造纸及纸制品业	≥0.8
23	印刷业、记录媒介的复制	≥0.8
24	文教体育用品制造业	≥1.0
25	石油化工、炼焦及核燃料加工业	≥0.5
26	化学原料及化学制品制造业	≥0.6
27	医药制造业	≥0.7
28	化学纤维制造业	≥0.8
29	橡胶制品业	≥0.8
30	塑料制品业	≥1.0
31	非金属矿物制品业	≥0.7
32	黑色金属冶炼及压延加工业	≥0.6
33	有色金属冶炼及压延加工业	≥0.6
34	金属制品业	≥0.7
35	通用设备制造业	≥0.7
36	专用设备制造业	≥0.7
37	交通运输设备制造业	≥0.7
39	电气机械及器材制造业	≥0.7
40	通信设备、计算机及其他电子设备制造业	≥1.0
41	仪器仪表及文化、办公用机械制造业	≥1.0
42	工艺品及其他制造业	≥1.0
43	废弃资源和废旧材料回收加工业	≥0.7

4）工业用地产权分割政策：中央对工业用地的产权分割没有明确的规定。但是各个省（市、区）根据各自地方状况不同，出台了一些规定。

浙土资办〔2009〕143号关于印发《浙江省土地登记实施细则》的通知：

（a）房地产建设项目（包括商品房、拆迁安置房、经济适用房等）竣工后，当事人应当持原土地权利证书、有关房地产建设项目验收证明材料以及有合法依据的每套房屋的建筑面积等，以宗地内房屋基本单元为单位申请土地使用权变更登记。

（b）按照国土资源部的《土地登记办法》的有关规定，土地等级以宗地为基本单元。宗地是指土地权属界限封闭的地块或空间。

（c）除房地产建设项目（包括商品房、拆迁安置房、经济适用房等）竣工后，宗地内可以以房屋基本单元为单位申请土地使用权（分割）变更登记，其他建设项目土地进行分割登记办证缺乏依据。

上海市于2011年出台了《关于委托区县办理农转用和土地征收手续及进一步优化控制性详细规划审批流程的实施意见》（沪规土资地〔2011〕1023号），禁止工业用地产权分割转让。

加强工业项目土地出让合同、房地产登记的监管。

（a）各区县政府应力求从源头做好监督管理。土地管理部门应在新签产业园区土地出让合同或对原有合同签订补充合同中明确：用地单位建造的工业厂房和配套设施仅供其生产使用，土地、房屋不得分割转让；区县规土部门或园区管委会在园区控制性详细规划实施方案、《建设工程规划许可证》审批中，对用地单位规划方案严格审查，避免出现易于分割转让的建筑形态；区县政府作为责任主体，应整合计划、产业、规土和环保等部门，对园区项目规划、审批、建设、登记各个环节加强管理，不得出现园区房地产分割转让的情形。

（b）在具体房地产办理中，根据土地出让合同，登记机构对产业园区中已出让的土地不得将宗地分割办理登记；产业园区中出让土地上的房屋竣工后，房屋应以幢为基本单位办理登记；产业园区中同宗土地房屋进行转让时，不得分宗、分幢、分层、分套、分间办理转移登记；登记机构核准登记的，应在房屋土地登记簿和房地产权证的附记栏内注记"土地、房屋不得分宗、分幢、分层、分套、分间转让"。

（2）创新用地是近年来新型产业园区的主要用地性质。

2014年国土资源部部长姜大明在全国国土资源工作会议上表示："今后将逐步调减东部地区新增建设用地供应，除生活用地外，原则上不再安排人口500万以上特大城市新增建设用地"，并称："中央要求中国东部三大城市群发展要以盘活土地存量为主"。东部三大城市群，是指京津冀、长三角、珠三角三大城市群。自此以后，各大城市相继在工业用地转型政策上思考与整合，诞生了"M0创新产业用地",为各地工业用地转型提供了有力的依据。

2015年和2016年,国土部先后颁布了《关于支持新产业新业态发展促进大众创业万众创新用地的意见》和《产业用地政策实施工作指引》。在这两个政策中,国土部提出了"对于现行国标分类中没有明确定义的新产业、新业态类型,市、县国土资源主管部门可结合现有土地供应政策要求和当地产业发展实际需要,主动向同级城乡规划、产业主管部门提出规划用途的建议意见,促进项目落地"以及"新业态项目土地用途不明确的,可经县级以上城乡规划部门会同国土资源等相关部门论证,在现有国家城市用地分类的基础上制定地方标准予以明确,向社会公开后实施",并且还提出了"兼容性混合功能用地"。这两个政策作为中央政府层面对新产业用地的态度和工作指引,为各大城市的创新型产业用地政策定了基调。

相比传统工业用地,创新型用地具有以下特点:

(a)单位土地开发强度更大。M0用地容积率最高能做到6.0,在深圳市城市更新项目案例中最高能做到7.2,而一般的工业用地容积率基本在1.0~2.0之间,只有少部分能做到3.0,这样的改变让各大城市稀缺的土地资源得到更为集约化的利用。

(b)用地形式更多样化。M0用地可以配置一定比例的商业办公(C2)、配套型住宅(R0)和公共服务设施用地。相比于传统工业项目中行政办公及生活服务设施用地面积不得超过总用地面积7%的要求,更符合当前城市发展的规律和企业转型发展的诉求。

(c)土地使用更为灵活。部分城市规定M0用地中商业办公和配套住宅类允许分拆进行不动产登记、销售、转让,分割转让比例不超过49%。一方面提升了土地使用的灵活性,同时也杜绝了企业肆意分割改造,产业用地"房地产化"的趋势。

基于这些内容,新型产业用地对于城市产业发展具有如下功能:

1)高效集约利用土地,提高土地产出能效。

传统工业用地的利用模式往往较为粗放,造成实际产出效益较低。M0创新产业用地通过严把产业准入门槛,严格限定产业投资强度、亩税、亩产出等关键指标的下限,保证土地利用效率的长效提高。

2)集聚新型产业功能,推动产业转型升级。

M0创新产业用地通过界定产业准入类型、提高容积率,集聚研发、创意、设计、中试、无污染生产等新兴产业功能,适应新时期产业发展需求,推动构建以"高新软优"为特征的现代产业体系,推动产业转型发展。

3)提高配套服务比例,完善综合服务体系。

传统工业用地公共配套比例较低,难以满足产业发展所需人才的生活需求,企业留人难、引人难。M0创新产业用地通过提升服务配套比例(居住、商业等公共配套建筑面积最高可达30%），针对性地解决产业片区配套欠缺、吸引力不足的痛点。

（3）混合类用地在新型产业园区用地中发挥弹性作用。

混合用地是指土地使用功能超出用地兼容性规定的适建用途或比例，需要采用两种或两种以上用地性质组合表达的用地类别。混合用地可以满足生产和个人的多元生产生活需求，以多功能的土地使用及多样化的空间布局，对一定范围内的土地进行综合性开发。

随着园区产业结构的调整，以电子信息服务、物联网、文化创意等为代表的新兴生产性服务业，通常既有核心技术产品研发、生产的第二产业特征，又有办公、服务、贸易的第三产业特征。这些企业的用地需求由传统产业的单一功能转变为生产基地、研发中心、展示中心、人才公寓甚至交易中心等综合化功能。混合用地的多层次、多功能的特点，可以为园区产业转型提供支撑。

混合用地也对提升土地二次开发的效率具有重要作用。为了更好地利用园区的有限用地，加强新增优质企业的导入和产业更新换代，实行用地混合，尤其是产业与物流、产业与商务等配套功能的兼容，将为盘活企业低效利用土地，实现"腾笼换鸟"探一条新路。

混合用地增加了土地开发的弹性，有助于城市配套功能和未来新产业新业态的加速导入。混合用地的应用将提升园区的区域城市功能和活力，促进土地高效利用，是园区实现集约发展、绿色发展的重要保障。

混合用地的利用主要有以下几种思路和方向：

1）以"用途引导"为核心实现用地混合

根据园区产业发展及转型需求合理规划混合用地比例。具体来说，是根据产业结构调整、社会经济发展转型、亩均产出效益等需求，对现有土地利用情况进行评估，筛选低效用地。在符合规划、安全、环境和卫生的前提下，通过不同用途土地的混合利用和建筑的复合使用，鼓励业主二次开发，提升土地产出效率。同时，综合考虑区域环境、产业发展等因素，合理规划，引导用途、功能混合。根据不同园区的产业导向，主要施行工业与物流仓储（M+W）、工业与商务办公（M+B）、工业与物流仓储和商务办公（M+B+W）、商务与商业（B1+B2）等几种用地混合方式。

2）以"弹性开发"为核心实现用地混合

在保证工业用地比例的基础上，通过缩小单一用途土地占比、增加混合用地等方式，为未来产业项目的落地预留空间。

3）以"产城融合"为核心实现用地混合

科学统筹区域混合用地的规模、结构、布局和开发强度，促进产业融合、布局优化和转型发展，加强各功能片区有机适度混合、各项功能互惠互利，鼓励文化、产业、居住等多功能的综合开发以及个别产业门类的综合业态开发，限制单纯的住宅开发或工业厂房建设项目。鉴于不同园区的差异性，对于依托城区的园区，未来生活居住配套和高端商业主要依靠城镇，实施工业与商务办公（M+B）、商务与商业（B1+B2）、居住与商业（R+B）、康体与绿地（B32+G）等用地混合方式，从而加强功能互补，形成紧密连接的产城融合区；对于相对比较孤立的园区，单独设置居住用地以及单一性质的商业服务业设施用地，并适当实施商务与商业（B1+B2）、居住与商业（R+B）的用地混合方式（表2-5）。

用地混合引导表　　　　　　　　　　表2-5

用地性质	居住用地	商业用地	商务用地	娱乐用地	康体用地	一类工业用地	二类工业用地	三类工业用地	一类物流仓储用地	二类物流仓储用地	道路与交通设施用地	绿地与广场用地
居住用地												
商业用地	√											
商务用地	√	√										
一类工业用地	×	○	○	×	×							
二类工业用地	×	×	×	×	×	√						
三类工业用地	×	×	×	×	×	×	√					
一类物流仓储用地	×	○	○	×	×	√	√	×				
二类物流仓储用地	×	×	×	×	×	√	√	√	√			
道路与交通设施用地	○	○	○	○	○	○	○	○	○	○		
绿地与广场用地	×	×	×	×	○	×	×	×	×	×	○	

国内主要城市对于推进混合用地的使用各自出台了相关政策与规定：

上海市规划和国土资源管理局、中国（上海）自由贸易试验区管理委员会在2014年出台了《关于中国（上海）自由贸易试验区综合用地规划和土地管理的试点意见》。意见明确提出综合用地的概念，即土地用途分类中单一宗地具有两类或两类以上使用性质（商品住宅用地除外），且每类性质地上建筑面积占地上总建筑面积比例超过10%的用地，包括土地混合利用和建筑复合使用方式；鼓励公共服务设施用地、工业用地、仓储物流用地根据业态需求，进行土地混合开发和建筑复合利用，进一步提高土地利用质量和效益。

此外，2015年，上海市规划和国土资源局制定了《上海市加快推进具有全球影响力科技创新中心建设的规划土地政策实施办法（试行）》，鼓励土地节约集约混合利用，适应产业结构调整、产业融合发展的需求，在自贸区开展的混合用地试点基础上，探索规划编制的弹性控制与土地混合利用的引导，明确合理比例，针对产业转型发展、科技创新特点，允许产业类工业用地配套科技创新。

2. 国内产业园区土地利用政策模式及相关法律法规

（1）苏州工业园区：中外合作＋政企运行

随着我国产业园区经济的快速发展，一些园区或地方政府也在土地利用政策方面探索出了较为成功的经验。苏州产业园是中国和新加坡两国政府合作的项目，土地发展由新加坡和中国财团合资成立的中新苏州产业园区开发有限公司（CSSD）负责运行。在园区正式启动前，就以新加坡专家为主，苏州专家协同，借鉴新加坡在城市管理、经济建设和公共行政方面的现代化管理方式，发展了以高新技术为先导，现代产业为主体，第三产业和社会公益事业相配套的现代化经济，先后编制了园区的概念规划、首期开发区总体规划，设计了土地开发的进度和用地面积分配情况。同时，国务院和苏州人民政府赋予园区管委会的权限也使得其在利用土地的增值功能引进投资方面拥有了许多便利。现已经建设成为与经济发展相适应的高水准的产业园区。

（2）杭州滨江高新技术产业园区：体制合并+多规合一

杭州市滨江区由浦沿、长河、西兴三镇与高新区合并而来，定位国家级高新开发区，既享受国家特殊的优惠政策，同时又享受"办事不过江，收入归滨江"的特殊政策，两套政策叠加，使滨江区具有高效、完善的公共政策体系和高度支撑的社会体系，推动着产业集聚的形成和快速发展以及产城融合的自然发展。

近年来，滨江区通过制度创新、管理创新、技术创新、模式创新，将"土地利用总体规划、城市规划、产业规划"三规合一，把城市规划与产业规划有机融合，促进产城一体化发展,走出了一条具有高新区特色的土地节约集约利用之路。

(3)上海浦东开发区:统一规划+土地批租

自成立以来,上海浦东开发区选择了统一规划、统一设计和标准化土地使用规划方法,以鼓励建造不同类型的道路系统和市政设施,并避免浪费土地资源。此外,在开发方面,正在采用现有和实征的组合,以实现土地租赁的发展。具体程序如下:对于规划的城市范围内的土地,将通过集体土地所有权偿还给单位,集体土地将按目前土地补偿标准的30%转换为国有土地。在预先申请后,土地用途和使用权将保持不变,只需缴纳赔偿费用的70%用于完成搬迁。

这一方法可以有效地控制建筑用地占据大量资金,缩短土地的供给周期,但它加速了耕地的减少,损害了农民的利益,目前这一方法已被禁止。事实上,仍有余地探索土地规划模式,例如在实行土地预征之后,允许农民在土地上工作,直到项目开始。与此同时,正在采用不同的补偿办法,以确保农民在土地实征阶段的利益。

3. 产业园区土地利用的问题及分析

(1)产业园区土地利用不足

产业园区是区域经济发展的支柱,因此,合理的规划和培育产业园区建设将促进区域经济发展。今后,产业园区将成为中国经济发展的重要驱动力,主导中国未来的经济进程。

产业园区的健康和可持续发展,与有效的土地使用政策密不可分,但全国范围来说,产业园区在土地使用方面仍存在以下缺陷:

1)土地使用规模大,土地使用效率低

产业园区是许多产业的聚集地,它们一般需要成片的土地来发展建设,然而受到政策和开发周期等因素的影响,只能分阶段进行,使大量土地无法使用,从而使大量土地资源闲置,造成资源浪费。

2)开发产业园区占用耕地

由于产业园区对土地的需求很大,但城市地区的建设密度很高,因此无法提供充足的产业园区用地,因此,大部分工业区都是在郊区,既拥有便利的交通又能获取廉价的土地,但这种格局势必形成对耕地的侵占。

3)任意改变用地性质

政府在招商引资的需求的驱使下,对园区的土地管理存在部分缺位,导致一些开发商随意改变土地的用途。

(2)用地以新增建设用地为主,旧城改造用地为辅

由于旧城改造成本很高,土地所有权复杂,效率低,规模小,且难以成片发

展,加之"退二进三"的城市发展概念,大多数产业园区都是在距母城约30～50km的独立区域开发的。这些开发区的各种市政设施及配套都要新建,为了开发区与主城区的联系,通常会修建高速公路或快速干道。这些开发区的建设用地大多是占用农用地,然后通过征用把集体土地转为国有土地,统归开发区管委会管理。也有的开发区依托老城区,充分利用原有的各种基础设施,但一般较少,如深圳高新科技园、武汉经济技术开发区等。各地开发区的建设大多是选择类似城市新区或新兴产业基地的建设方式,是一种外延式的扩张。

(3)用地由政府开发整理,向企业提供熟地

开发区一般都成立负责基础设施建设和土地整理的开发公司。管委会将征用的土地承包给开发公司进行基础设施建设,实行土地"三通一平"或"七通一平",把生地变为熟地,然后由管委会把土地出让给企业。

(4)土地廉价作为各地开发区招商引资的优惠政策

开发区为吸引投资往往会进行恶性竞争,各地开发区使出浑身解数,不惜突破国家土地、税收法规及相关政策,不断推出低地价、低税收等各种优惠政策,最终导致国有土地资产大量流失。

4. 建设用地政策瓶颈分析

(1)征地:贪大求洋,闲置浪费,土地有效利用率低

具体实践中,县级政府常常是先征上一大片土地,圈起来后,再去招商引资,"等米下锅"。"先征后用"带来了一些具体问题:一方面,大征地大拆迁,土地征收后,长时间得不到有效利用,容易诱发征地安置矛盾突出,影响社会稳定。另一方面,建设项目业主在使用土地时,为降低取得土地成本,按唯我所用的原则挑选土地,将不好利用的边角地留给政府,造成了土地资源的闲置浪费,使得有效利用率下降。

(2)供地:行政干预严重,市场机制缺位,难防资产流失

工业项目土地供应国家早有明确的政策规定,国土资源部21号令《协议出让国有土地使用权规定》:"协议最低价不得低于新增建设用地有偿使用费、征地拆迁补偿费及有关国家规定应当缴纳的有关费用之和;有基准地价的地区,协议出让最低价不得低于出让土地所在级别基准地价的70%。""在公布的地段上,同一地块只有一个意向用地者的,市、县人民政府国土资源行政主管部门方可按照本规定采取协议方式出让。""两个或者两个以上意向用地者的,市县人民政府国土资源行政主管部门应当按照《招标拍卖挂牌出让国有土地使用权规定》,采取招标、拍卖或者挂牌方式出让。"

现实中，这条红线屡遭践踏、逾越。譬如出让土地综合价金，根本不经地价评估，而是采用行政会议甚至是领导现场办公方式决策。再譬如付款方式，一企一策，五花八门。有的视其投资大小确定，投资越大，地价越低，付款期限越长；有土地出让综合价金一年付清的，也有三年付清的；有的以优惠的工商税、所得税抵冲土地综合价金；还有的以工业用地搭配商业用地方式给予优惠。

二、规划对土地利用的重要作用

1. 规划政策对产业园区发展的影响

改革开放以来，我国的产业园建设取得了突飞猛进的发展，但政策限制对产业园区产生的消极影响仍然十分明显，包括土地规划不合理、容积率审批不合理等，都成为限制后期产业园发展的重要瓶颈。

2. 产业园区土地规划作用

产业园区是大量企业的聚集地，随着园区的发展，企业逐步聚集，在土地的扩容、土地性质的配比方面都会有新的要求，如不预先规划并按计划供地，后期很有可能出现因土地资源紧缺而限制园区发展的情况。

（1）建立园区土地利用管理体制

园区土地利用的管理体制有政府主导、企业主导、政企分开以及无为而治等形式。政府主导是早期园区土地管理的主要形式；企业主导是市场经济的产物，这种模式对于提高土地利用效率以及土地收益起着相当大的作用。但不管是单一由政府主导还是单一由企业主导，都存在一定的弊病。所以，目前鼓励政企分开模式，成立园区管委会和园区开发公司两种机构，各展所长，行使管理权。

（2）重视生态用地的安排

产业是园区的核心，人才是产业的核心。产业园区要体现"以人为本"的精神，良好的人居环境才能吸引人才，激发人的创新思维，因此，产业园区必须重视生态用地的安排，创造优美的园区环境。

3. 政府在规划中的职责

地方政府应该结合本地区的交通条件、经济基础、资源优势及工业发展方向等综合因素进行整体分析，顶层决策，科学判断，合理布局。同时尽量避免以下问题：一是规划审批权力下放，上级政府对下级政府监管失控；二是土地利用规划修改频繁,弹性大,刚性减弱;三是在地方政府招商引资饥渴的背景下,政府围拢业主转,规划围拢项目转,以致规划管理失控。

三、土地利用政策建议

1. 强化政府对土地的宏观调控与统筹安排

在我国,很多产业园存在两种情况:一是产业园小而全,没有好的项目引入使得土地闲置;二是好园区预留发展不够,有项目的单位无法进入,导致土地资源利用率低下。因此,有必要强化高层政府对于各级地方政府土地利用的宏观调控,从区域土地资源可持续利用和产业协作的角度出发,整体布局、统筹安排、因地制宜。

(1)注重通过土地产权机制的创新实现土地资源优化配置

目前在中国,产业园区建设中的土地需求主要是通过征用农民集体所有的土地来满足的。但是土地被征用以后,有相当一部分被闲置或者因为企业本身的问题无力开发,导致土地利用率低下,必须通过土地产权机制的创新实现土地资源优化配置。

(2)注重通过多元化的土地经济手段调控土地资源利用方向

土地市场的供给和需求决定土地资源的基本流向,而合理的土地经济手段(如租赁、股份、债券、地价、地税等)能够有效地调节土地资源的利用方向,达到优化土地资源配置的目的。

(3)法规的制定和完善

目前以政府为主体的园区建设资金主要来源于财政资金、银行贷款、土地基金。设立产业园区之初,政府无偿划拨一笔财政资金或低息银行贷款作为启动资金,在运行过程中主要靠开发区出让土地取得收益,进行园区建设和滚动式开发。创新融资模式,民间资本、企业资本或其他国外各种基金,以参股形式进行园区经营。由于产业园区经济在国民经济中有着特殊的地位和作用,因此政府必须制定一系列法规和政策规范产业园区投资,促进园区经济健康、可持续运行。[①]

2. 如何盘活产业园区用地

政府应根据入园企业的实际情况,将园区的土地划分为不同的类型,通过一些合理的土地经济手段促进土地资源优化配置。对一些高风险、实力相对较弱、持续

---

① 张志民,蔡威. 初探工业园区发展中土地利用的若干问题[J]. 四川建筑,2008(03):21-22+25.

发展能力不强的企业采取只租不卖的供地方式，在园区的一部分土地上建设标准厂房并将厂房出租给企业，这样就由政府掌握了土地经济杠杆，进而掌握了土地利用的主动权。对于一些综合实力很强、风险小、发展成熟的大型跨国企业，园区管委会可以考虑将一部分土地完全出让，以促进企业的长期发展。[①]

（1）积极实行土地回购和土地置换

土地回购是指在法律允许的范围内，收购方通过给予被购方合理的补偿后获取被购方的土地使用权，收购方可以是政府或者园区管委会，也可以是第三方土地使用者，土地回购能够有效提高土地资源的配置效率。

土地置换是通过以地换地的形式，变换地块位置而不改变地块使用权人，包括将一些不能独立利用的零星土地集中整理后统一安排使用。土地置换主要针对占地面积大但土地利用率较低、地均效益较低的企业，通过土地置换盘活宝贵的土地资源。

土地调整主要针对获取土地后暂时不能开发的企业，对其暂停供地，将原有地块提供给其他继续开发建设的企业。对于停止供地的企业，可由政府与其协商，在企业有开发能力时优先安排用地。

土地缩减是针对只能部分开发其所获取土地的企业，在调查论证的基础上，收回一部分已经出让的土地。这样，一方面能够为别的企业增加用地来源，也可以刺激企业的开发建设速度。

（2）整合开发区资源，实现土地集约化利用

行政区域的限制导致各开发区分属于不同的利益主体，进而造成产业结构雷同，不利于产业生态的形成以及产业的整体发展。因此，应从整个大区域社会经济发展的角度考虑，统筹协调发展。对辖区内开发区进行整体规划、统一招商、明确分工。

（3）建立完善的开发区土地利用评价指标体系，合理布局产业用地

目前国内有些开发区自行制定了评价指标体系，但都是综合评价体系，从土地利用的角度，在技术层面制定土地评价指标体系还属空白（国土资源部制定的《我国开发区土地利用评价指标体系》正在酝酿中）。[②]

开发区利用评价指标共由三类七项组成：三类为土地开发进度评价指标、土地投入与产出评价指标及产业用地效益评价指标；这三类指标可细分为七项，即土地开发率、土地批租率、土地建成率、土地投入产出指标、土地收益指标、产业用地效益指标和产业用地比较效益指标。利用土地技术指标，对入园项目进行筛选、过

---

① 王莉. 高科技园区土地集约利用评价及政策研究——以南京市徐庄软件园土地利用为例［D］. 南京：南京农业大学，2013.

② 刘春华. 我国工业园土地集约利用技术经济分析［D］. 赣州：江西理工大学，2010.

滤，根据项目用地要求，合理布局项目用地。[①]

（4）完善产业园区土地价格评估体系，促进土地流转

目前，我国产业用地出让正在试行招标、拍卖、挂牌出售方式，逐渐进行市场化操作。建立完善的产业用地价格评估体系，可以促使土地操作更加规范化。特别是土地二级市场的流动，对于一些改制企业或转让资产的企业，其土地资产必须进行量化，完善整个产业用地价格评估体系，从一定程度上讲，也是促进资本市场的进一步规范化。[②]

（5）探索产业园区土地开发模式，提高产业园区运营效率

我国产业园区土地大多采取集体土地—国有土地开发模式，考虑到农村经济的稳定，可以采用土地股权化的开发模式。由村委会成立集体土地股份制公司，政府在不转变土地性质的条件下，与股份制公司达成租用集体土地协议或以集体土地入股等多种合作开发形式，开设产业园区。政府以出租的形式为企业提供土地。此种方式，政府在征用土地方面可以节省大量资金，用于园区内基础设施和服务配套设施的建设，提高园区整体运营效率。

（6）创新灵活产业园区政策的建议

近年来，以信息技术为代表的新兴产业发展迅速，物联网、云计算、移动互联网、节能环保等新兴产业逐渐成为产业园的主导产业。这些新兴产业和生产性服务业一般都是知识密集型的、以技术和服务为核心竞争力的、以中小型为主的智慧型产业。它们一般要求进驻配套完善的产业用房，不需要单独供地，喜欢以租为主，以减少成本投入。

但是，当前政策对此种产业发展模式的支持力度还有待加强。一是在土地供应方面，此类产业用房项目一般归类为"市场化的标准厂房项目"，园区开发主体需通过公开土地招标、拍卖、挂牌出售的方式取得，成本高且拿地不确定性大；二是若将此类产业用房项目定性为"实体产业项目"，又面临建成后用房一律无法分割转让的困境，与新兴产业和生产性服务业发展需求不太吻合。

深圳在这方面已开展了有益的突破和尝试，新出台的《关于优化空间资源配置促进产业转型升级的意见》等"1+6"政策体系，对不同产业用地供给方式实行差别化管理，提出建立"以房招商"、"租售结合"等新机制，扶持创新型中小企业发展（表2-6）。

[①] 杨志，赵铁政，周桂峰. 省级高新技术产业开发区的空间效益研究——以唐山高新技术开发区为例 [J]. 现代城市研究，2007（01）：41-45.

[②] 陈伟文. 开发区土地利用若干问题的探讨 [J]. 内江科技，2006（01）：7+12.

创新土地供给政策的几种模式　　　　　　　　　　　表2-6

创新模式	创新内容
对新类型产业和生产性服务业等产业用地实行差别化用地政策	在当前工业用地"带产业项目"出让和"市场化标准厂房"项目公开招标、拍卖、挂牌出售等两种类型出让方式的基础上，创新设立介于实体项目和市场化标准项目之间的新供地类型，即由园区开发主体建设的、用于发展新兴产业和生产性服务业的产业用地项目。将此类项目用地列入当前"带产业项目"出让供地方式范畴，采取"带产业项目"出让方式
支持园区开发主体在用"以房招商"、"租售结合"来发展新兴产业和生产性服务业	采取"带产业项目"出让方式的同时，允许此类项目用地根据产业特点和要求实施厂房分割转让，以加快产业招商步伐，促进产业集聚
支持园区开发主体在自建产业用房的基础上，建立相应的开发绩效后评估制度	为保证上述创新政策的实施效果，一方面在确定试点园区名单时应选择具备实力较强、有相应开发经验等条件的园区开发主体；另一方面，在后续保障方面应建立起相应的开发绩效后评估制度，由市土地、产业等部门联合，每隔一段时间对项目的开发进度、城市功能、经济产出、产业集聚、土地集约利用、节能环保等方面进行综合评估，对难以符合政策预期目标的、对推进新兴产业和生产性服务业不力的，可取消开发主体继续开发的权利

3. 产业园区存量工业用地二次开发的规划土地政策

一是明确开发主体具有回购二次开发土地和厂房的优先权。园区开发主体作为园区的产业推动者，应对这些存量资源的盘活有优先权。对明确实施二次开发的区域，严格控制该区域范围内土地和房产交易行为，同时明确二次开发主体的优先回购权。二是出台支持园区开发主体回购存量工业用地的政策。对于那些在满足生产经营用地后有结余的工业用地，鼓励开发区开发主体进行回购重新利用。建议在政策上允许企业分割土地，允许企业以协议转让的方式将土地直接转让给园区开发主体，以避免土地二次招标、拍卖、挂牌出售的时间耗费，同时应研究减免土地增值税、开发区回购土地的有关税费。

4. 产业园区城市规划弹性控制制度

城市发展日新月异，城市产业发展、城市建设、市场环境等的变化会带来产业园规划的调整。因此，为了适应产业园的不确定变化，可以引入城市规划中的"白地"概念，在产业园区内试点实行城市规划弹性控制制度，对园区内暂时难以确定功能的土地"留白"，待有具体项目进驻时通过招标方式确定土地使用性质及功能，避免现在多次调整造成资源浪费。

第二节 财政及税收政策

一、当前财政政策的问题

1. 各地面临的主要问题

"园区今后靠自己融资将走向必然。"华南师范大学经济研究所所长刘志铭指出,尽管政府通过竞争性财政扶持资金和合作方政府投入部分资金支持各地产业转移工业园的发展,但这部分资金有限且不平衡,加之受当前国家收紧银根等金融政策影响,园区和企业融资贷款、放大使用资金等困难较多,各地基础设施建设资金缺口仍然较大。

2. 财政政策支持瓶颈

目前为中小科技企业服务的风险投资实力仍然有限。园区以社会资本为主的多元化风险投融资体系还未切实建立起来,国有出资公司承担了园区大部分的风险投资项目。

在创业担保方面,以政府资金为主导会对社会资本产生"挤出效应",不利于多元化的风险创投体系的培育。目前,对处于初创期的园区科技企业,其融资担保、项目资助仍以政府性的财政专项出资为主。

而银行对本地中小科技企业的支持不够。因风险大、成本高、收益不确定等因素影响,银行对本地中小科技企业的融资支持还未切实开展起来。

没有充分利用证券资本市场的直接融资渠道。证券资本市场作为直接融资渠道对处于市场扩张阶段的科技创新型企业来说,不仅可以一次性获得大额资本,而且通过增发、配股等还拥有了再融资和长期融资的能力。更重要的是,证券市场为风险创投资本提供了退出渠道,有利于风险创业投资的良性循环运营和多元化风险投融资体系的建立。

3. 税收征管存在的问题

产业园区的建设无疑是地方经济增长、财政增收的一个亮点,也是地方税源一个新的增长点。产业园区地方税收征管中面临的主要问题有:

一是税款征收入库进度相对滞后。特别是通过与国税增值税发票开具情况比对,发现生产销售环节税收入库与企业实际生产经营情况明显不符。

二是土地使用税、房产税征管不到位。由于园区部分企业无土地使用证、房产证，账面不能据实反映土地面积及房产原值，使"两税"在征收时缺乏计税依据。特别是部分企业拥有大量闲置的土地及房产，对交纳"两税"有抵触情绪。

三是个人所得税管理存有较大差距。特别是年所得12万元以上高收入者个人所得税的申报管理工作难以展开。

二、税收优惠的作用

1. 科技税收政策保障

（1）现行生产型增值税加重了高技术产业发展的负担。由于高技术产业资本构成普遍较高，而目前我国实行的生产型增值税对固定资产所负担的税款不予抵扣，增加了固定资产投资大、原材料耗用少的高新技术企业的实际税负，在一定程度上挫伤了企业技术创新投入的积极性。

（2）税收激励优惠不能充分发挥作用。现行科技税收优惠政策尚不完善，使得企业享受税收优惠成本高，税收激励作用难以有效发挥。

（3）区域性税收优惠政策不利于高新技术产业的创新成长。现行税收优惠政策的区域导向突出，而产业导向薄弱。现行政策只允许国家高新技术产业开发区内的高科技企业或经过省级认定的高新技术企业享受优惠政策，而忽略了对非高新技术企业的科技创新项目的鼓励。[①]

2. 税收优惠政策的意义

产业园区不仅是地方政府加大招商引资力度的有效载体，更是拉动地方经济增长，实现产业工业化、规模化的重要举措，在地方经济中占有举足轻重的地位。因此，加强产业园区的税收征管对促进地方经济持续、稳定和健康发展，具有十分重要的现实意义。利用税收优惠政策吸引投资、吸引企业"筑巢"是国际通行做法。

3. 国内有示范意义的地区的做法

深圳特区、上海浦东新区的高速发展与税收优惠政策密不可分。税收优惠政策对深圳特区以及上海浦东新区初期的发展起到至关重要的作用。

以上海浦东新区的发展为例，自2009年5月1日起注册在洋山保税港区内的纳税人

---

① 凌荣安，林崇谦. 高技术产业的税收优惠政策导向分析[J]. 广西商业高等专科学校学报，2005（04）：35-38.

从事海上国际航运业务取得的收入免征营业税；上海浦东新区内，在2008年1月1日之后完成登记的国家需要重点扶持的高新技术企业可以享受一定的企业所得税优惠政策。

为了促进产业结构升级，支持新兴产业发展，行业性税收优惠政策是必要的。但同时我们也应该重视区域性税收优惠政策。实践经验表明，区域性税收优惠政策的实施，可以增强该地区的"磁场力"，可以吸引生产要素在该地区集聚。

三、未来财政政策的建议

1. 产业园区未来税收优惠的走向

2012年7月，国务院发布《"十二五"国家战略性新兴产业发展规划》，其中即提出要对战略性新兴产业予以各项鼓励和引导政策。

最近，由国家发改委牵头，会同财政部开始研究对战略性新兴产业所覆盖企业进行全面税收优惠的有关政策和实施办法。具体涵盖流转税、所得税、消费税、营业税等各个税种和环节，改变了之前以企业所得税按规定减免的单一现状。在制定相关配套政策的过程中，改变仅在技术转化环节给予税收优惠的局面也被提出，在研发环节予以相关企业配套税收优惠的政策成为可能。

2. 构建支持自主创新的园区财政政策体系

（1）财政政策工具的选择

财政、税收和金融政策作为自主创新的激励型和引导型政策，其政策目标是帮助园区发展及激励创新主体的创新欲望，为技术创新活动营造良好的外部环境。同时，财政、税收和金融政策工具在组合运用方面，要始终围绕支持优势产业、支持中小科技企业、创新优化体制机制等方面，实施有针对性的差别激励，才能确保自主创新的有效进行。

发挥财政政策体系功能的前提是适应区域经济运行特点和创新产业发展规律，这样才能最大限度地发挥政策的统筹调控作用。由于技术创新体系中各个活动主体在不同阶段需要不同的政策支持，所以财政政策工具必须适应不同创新形态、创新阶段、创新周期进行技术创新全过程的组合运用，根据不同情况分别从企业创新环境或市场机制培育入手进行调节，来促使区域自主创新能力的提升。根据不同创新形态下的政策重点选择，自主创新分为原始创新、集成创新、引进吸收再创新三种形式。针对自主创新的三种不同形态，财政支持的政策目标、政策手段和政策类型要有所区分、各有侧重。

（2）推动支持自主创新的财政支出政策的完善

在公共财政框架下，财政支出管理的基本原则是公共取向原则、更广泛覆盖原则和绩效原则。政府公共支出始终要定位在市场机制不能有效发挥作用的领域进行资源配置和引导，一旦市场调节机制培育成熟，政府公共支出就要逐步退出，让市场充分发挥资源调节作用。

财政支出政策根据科技创新体系的支出对象，分为直接扶持和间接扶持两种。

直接扶持的政策作用对象是处于产业技术创新主体地位的企业和个人；而间接扶持的作用对象，是服务于技术创新体系的科研机构、平台、孵化器、科技中介机构、创投公司、担保公司等。

同时，从财政支出管理的基本原则和对市场机制培育的角度出发，财政资金针对不同的扶持对象，在扶持期限长短上还要体现出差别。

1）财政与科技的关系

在相同的科技资源条件下，政府采取不同的资源利用政策，就会形成不同的资源利用效率。

2）拓宽财政对科技创新的间接投入范围

首先，要加大对科技载体的基础设施建设的投入力度；其次，以资金、政策和制度来培育专业性的技术创新平台；再次，财政可以扶持成立区域金融合作协会和各类科技产业或企业协会，以便相互合作交流。

3）优化财政资金的投入结构

财政对企业技术创新投入的资金，在分配结构上，可以重点突破，选择优势产业重点扶持，使有限的投入得到更有效的利用。

（3）加强财政科技支出的管理机制建设

1）要建立对园区产业规划和产业布局的动态分析和指导机制。

2）探索建立促使科技资金产业投向决策程序科学化的管理机制。

3）规范科技发展资金的使用机制。

4）建立科技资金使用效果的评效机制和预算反馈机制，切实提高科技经费的使用效益。

5）完善科技企业孵化器的补贴管理机制。

（4）争取有利于自主创新发展的税收政策

税收减免的优惠政策可以增加企业在创新活动中的税后投资报酬率，对企业自主创新具有普遍的激励效应。园区应充分利用国家有关部门赋予园区"先行先试"的优惠政策及相关权限，结合下一步税改方向，针对园区经济发展特点和存在的问题，积极向上争取对区内高新技术产业税收政策实行"三转变、三完善"，实行轻重有别的产业税收政策和灵活的税收激励政策，以更好地优化园区科技产业的自主创新环境。

金融引导政策主要是通过财政政策的资源导向作用，对风险投资业、创业担保行业和银行业等社会资本投向技术创新的行业进行引导激励。这对处于技术初创和市场拓广阶段的中小企业来说十分重要。园区支持自主创新的金融引导政策设立的着眼点主要有：

1）健全风险投资与创业担保的社会投融资体系。

2）加大对创投基金设立和投资业务的激励。

3）鼓励银行加大对技术创新型中小企业和风险创投企业的贷款融资。

4）拓宽风险创投资本的退出渠道。

3. 促进我国风险投资发展的税收政策

风险投资对于培育高新技术企业成长十分重要，而建立健全支持风险投资发展的税收优惠政策，对于促进我国风险投资的成长壮大又十分必要。

（1）从改革企业所得税看

1）允许接受风险投资资金的企业在计提折旧时采取加速折旧的方法，缩短固定资产折旧年限。尤其是高新技术企业，此方法可以支持其技术发展和设备更新，能加快风险投资的回收。

2）允许以风险投资的损失直接抵减其他投资的资本利得。

3）对风险投资者实行再投资减免。如果风险投资者将其从风险投资中取得的收益再用于风险投资，这部分用于再投资的收益应当免征所得税。

4）适当降低风险投资企业的所得税边际税率，或实行所得税适当减免。

（2）从增值税转型改革看

高新技术企业增值税转型可以分两步走：第一步，允许高新技术企业新增加的用于生产所需的机器、设备、交通运输工具等固定资产以及厂房、实验室等生产用建筑，分期分批抵扣增值税，以鼓励企业更新设备。第二步，对于企业购入的专利、特许使用权等无形资产，允许按合同价的一定比例进入当期增值税的进项税额，以加大技术创新力度。

（3）从个人所得税的改革看

可以从风险投资使用者和提供者两个角度促进风险投资。

1）对创业者（资金使用者）的所得实行税收优惠。由于风险投资收益具有很高的不确定性，使风险经营者的收益亦具有很高的不确定性。为了保护风险投资者的利益，可以对风险投资所取得的收益，在每年年末按实际收益适用税率预交个人所得税，然后按5年内每年的平均收益，选择适用的边际税率，计算投资者在这5年内应该缴纳的税款。

2）对风险投资者（资金供应者）实行税收优惠。一是改革单一税率征税的方法，实行多税率调节。可以按照风险投资者收入额与投资额的比例，分别设置税率。二是允许风险投资者按投资比例计算的亏损冲抵其他所得。三是对科技人员从高新技术企业获得的转让专利技术及非专利技术成果所得、特许权使用费所得，由本人申请，经税务部门批准，可给予应纳税额减征30%所得税的优惠。[①]

（4）从营业税的改革看

为了体现高新技术企业作为技术创新的主体地位，带动传统产业的改造，可以对高新技术企业对外转让专利技术或非专利科技成果、特殊使用权等所获得的收入免征营业税。

第三节　产业园区制度及法律保障

一、产业园区制度及法律保障的作用

1. 从科学技术的支撑作用看产业园区的法律制度保障

自1985年以来我国颁布了大量有关科技成果产生、管理、保护、转化应用等方面的法律法规，如《科学技术进步法》、《国家技术监督局科技成果管理办法》、《科学成果鉴定规程（试行）》、《农业技术推广法》、《促进科技成果转化法》等。

我国现行的科技法律制度表现出明显的经济至上性，而忽视了生态效益。如《科学技术进步法》中规定："为了促进科学技术进步，在社会主义现代化建设中优先发展科学技术，发挥科学技术第一生产力作用，推动科学技术为经济建设服务，根据宪法、制定本法。"这其中只有单一的为经济建设服务的立法目标。在环境危机日益严重的情况下，必须按可持续发展的要求，对我国现行科技法制注入生态化理念，使之成为促进可持续发展战略实现和产业园区发展的有力工具。

科技成果转化为现实的生产力，实现商品化需要巨额资金投入，而我国现实国情是科技投入资金整体不足，用于成果转化的则更少，使得许多新的科技成果不能

---

① 苏明，杨良初. 我国高新技术园区财税政策存在的问题与对策建议[J]. 经济研究参考，2004（38）: 2-14.

形成生产效益。

《促进科技成果转化法》中虽有关于国家财政投入、税收优惠、信贷支持风险基金、信息服务、成果价值评估的规定，但缺乏操作性。因此有必要制定"科技投入法"、"风险基金法"、"成果推广法"等相关单行法律以配合《促进科学技术成果法》的贯彻和实施，为产业园区发展提供技术支撑的法律保障。[①]

2. 从增强市场竞争力看产业园区的法律制度保障

如何发挥企业产品和服务价格方面的竞争力，法律制度的保障作用主要体现在以下几个方面：

一是环境成本内部化的法律机制的健全。增加不采纳清洁技术和循环经济的企业产品的成本，完善环境收费制度，扩大资源补偿的征收范围，提高收费标准，使其真实反映出自然资源的稀缺性和实际价值，使遵循3R原则的产业园区的企业产品的价格优势体现出来。

同时，借鉴国外一些行之有效的做法，建立诸如环境资源税制度、环境审计制度、延伸生产者责任制度等，使企业的外部经济内部化，相对地降低产业园区的企业产品的价格，进而降低产业园区产品的生产和销售价格（表2-7）。

政府给予企业优惠政策分类　　　　表2-7

政策名称	具体内容
企业融资政策	在贷款利率、还贷条件以及折旧等方面实行优惠政策
企业技改的政策支持	利用专项资金、财政资金或专项基金对环保产业和有明显污染削减的技术改造项目进行贴息
园区企业税收优惠政策	在税收优惠方面，对产业园区的企业在征收营业税、增值税和城市建设维护税方面给予优惠，对产业园区的产品给予财政补贴等
园区企业税收优惠政策	对园区企业实行税前还贷还债，或者免征营业税等

二是人才引入机制的健全。企业的竞争归根到底是人才的竞争，而我国现下仍有许多限制人才流动的不合理的法律法规，如户籍制度、档案制度等。地方政府应结合产业园区的发展需要，大胆进行制度创新，形成一套规范化、体系化的完备的人才引进机制。

---

① 王干，万志前，钟书华. 我国生态工业园区的法律制度保障[J]. 科技与法律，2003（02）：79-83.

三是金融扶持的制度完善。企业发展需要大量资金的支持，除了企业的自有资金外，国家和地方制定了许多有利于产业园区发展的金融政策和法律法规。主要有以下几个方面：

（1）投资公司和政策性银行应优先向产业园区的成员提供贷款资金；

（2）支持有良好发展前景的产业园区的成员以发行股票和债券等方式进行资金筹措；

（3）地方政府可设立产业的发展基金，资助产业园区的发展；

（4）健全风险投资机制等。

3. 从政府作用看产业园区的法律制度

在成功的园区中，政府的作用主要是：把园区的开发事业纳入地方经济发展战略中；简化规划、许可证的发放及园区开发相关的法规，分担园区的集资；提供技术支持、技术转让与培训；给予必要的激励——税收减免、发行工业开发公债；推行奖励办法，推动园区之间的信息交流等。

政府在产业园区的发展过程中将扮演三种角色：监督与管理者、消费者（政府采购）、服务的提供者。

（1）政府作为管理和监督者，必须充分利用法律法规和必要的经济手段对产业园区的成员的行为进行监督。同时，也必须以法律制度的形式将政府的职责确定下来，以做到有法可依，防止行政权的扩张行使。

（2）政府作为消费者，主要是政府采购的行为。政府采购产品的政策导向对支持一个行业的发展是非常重要的。政府应通过预算控制、招投标等形式，引导和鼓励政府部门、企事业单位优先购买国内产业园区的产品和服务。政府集中采购目录和采购限额标准也应该向产业园区的产品倾斜。

（3）政府的本质是服务者，这是现代行政的要求。应该尽快制定我国的《情报公开法》，使政府提供准确的信息资料、充分的法律规章和透明的规则程序，最大限度地减少人为因素的影响。完善投资项目的审批制度，简化政府的审批程序。

二、产业园区制度及法律保障的改革建议

1. 加大产业园区体制改革建议

产业园区发展的重大产业项目布局，开发区管委会与所在地区级管理权限的划分问题，开发区管委会对建成区如何实施城市化管理的问题等，都是实际工作中出

现的亟待解决的问题，需要加强管理体制、运行机制建设方面的政策支持。

目前产业园区的管理体制、运行机制都不适应新形势下产业园区发展的需要，急需改进、创新和完善（表2-8）。

体制改革建议图[①]　　　　　表2-8

改革对象	改革内容
园区管理体制和运行机制	建立以省市委、省市政府领导为组长的共建产业园区领导小组，加强省市共建协调工作，定期召开联席会议，及时帮助协调解决园区管理体制和产业园区发展过程中遇到的具体困难和问题。加强产业园区重大产业项目布局、土地、电力、天然气、交通运输等公共资源、能源和交通运输保障和协调工作，建立完善省市共建产业园区管理体制和运行机制
产业园区审批权限的改革	进一步完善上下联动、责权统一的审批机制，赋予产业园区相应的审批权限，提高办事效率。进一步支持产业园区在公共财政体制、耕地保护等方面的改革创新
产业园区管委会和行政区管理部门的职权分工	通过试点，在实践中进行探索和创新，及时、合理解决产业园区管委会与所在地区级管理权限的划分问题、园区管委会如何对建成区实施城市化管理的问题、园区管委会与行政区划管理部门工作如何协调的问题

2. 产业园区改革突破口

（1）推进改革创新

首先，理顺园区和政府的关系，适度扩大园区经济和部分社会管理权，进一步扩大园区行政审批权和财税自主权，减少审批环节，赋予园区更大的自主权，提高决策效率。

其次，调整区划布局。根据经济社会发展需要，调整、完善现有区划布局，有效整合发展要素资源，增强辐射力和带动力。

再次，创新管理模式。按照"减少层级、精简机构、理顺关系、提高效能"的原则，建立行政区与园区一体化的管理体制。

（2）健全相关制度

第一，建立财税管理体制。实行税收属地化管理，园区享有同级财政管理权限，建立一级财政，健全财政管理机构和运行机制，建立事权与财权相统的财政收入分成机制，明确财政收支范围，为园区建设发展提供有效保障。同时，园区要建立相应的统计机构，与经济发展部门合署办公，配备专门的编制和人员。

[①] 纪尽善. 加快西部地区工业园区发展与承接产业转移问题研究［J］. 经济界，2010（05）：18-23.

第二，完善金融服务体系。创新审批方式，扩大国有和股份制区级支行授信规模、审批权限，促进银行对区域经济的信贷投放。

第三，实行灵活用地政策。采取"开发公司开发—政府回租—倾斜性市场化运作"等方式运作，即园区内的土地，经过开发公司统一开发后，由政府根据整体规划和产业导向的要求低价出租或优惠出售给一些重要的研发机构、孵化企业和重点企业。对不同性质的用地，在用地方式和出租或批租价格上区别对待，并实行"前期低、后期高"的出租价格调节，以利于优胜劣汰，促使一部分缺乏技术或市场的项目适时退出。

第四，创新人才吸引机制。积极探索建立具有足够吸引力和凝聚力的人才政策。结合实施多种形式的创业者资助计划，为高层次、高科技人才提供廉价房。对具有大学以上学历的人才，可采用初期一定年限内低房租的办法，吸引他们从事智力劳动和各项配套服务工作。

第五，落实公共服务政策。对企业、机构的开办、迁入及后续服务工作，一方面要"内引外联"，做好园区现有企业的招商服务工作，特别是针对鞍钢、三冶等重点国有企业的增效工作，园区招商处成立专门部门为这些重点企业全程服务，通过以商招商、以商养商、以信安商，更好地为现有企业服务；另一方面，按照"谁引入、谁服务"的原则，均实行一包到底的"一站式"服务。

（3）深化人事改革

第一，实行岗位聘用。打破身份界限，破除论资排辈，全员实行岗位聘用制。本着"公开、公平、公正"的原则，对内竞争上岗，对外公开招聘。实行层层聘任制，园区领导班子成员由区委聘用，内设机构和直属单位人员由园区自行聘用。

第二，实行档案管理。打破原有身份界限，对聘用人员按照聘用身份管理并享受相应待遇。对聘用人员的原档案和聘用档案实行不同管理方式，原档案身份保留不变，原档案符合职级或职称晋升条件的，正常晋升职级或参加申报评审，聘用档案实行动态管理。

第三，实行绩效考核。建立岗位分类考核和职级分层考核相结合的绩效考核体系，将考核结果作为职务升降、待遇高低和人员进出的主要依据。对园区和商贸城现有招商地块进行科学的划分，在此基础上确定相应的招商地块，按项目进行板块"填空"，每年年末按各板块"填空"情况进行考核，直到填满为止，使考核更具针对性和实战性。同时根据招商引资类岗位和综合管理类岗位的不同特点，实行不同的绩效考核办法和指标动态管理，每年根据工作重心的变化，对考评内容和赋值权重进行重新调整和完善。

第四，实行科学激励。认真落实分配自主权，在国家政策指导下，建立起按劳分配和按绩分配相结合的岗位绩效工资制。保留档案工资，执行聘用岗位工资。实行以岗位工资和绩效工资为基础的分配制度，逐步试行年薪制、协议工资制、项目工资制等多种薪资形式。受聘期间，按所聘岗位享受相应的政治、经济、生活福利待遇，社会保障待遇根据人员性质按有关规定执行。对业绩突出人员，可按照政策规定的条件录用为事业单位人员或调任公务员。

第四节　其他政策建议

一、政府合理引导，避免盈利模式单一

传统产业园以土地运营和园区增值服务盈利，土地运营具体包括土地增值、租金收入、商业地产、住宅地产等，增值服务主要包括产业技术性服务、产业发展性服务、生活配套性服务、园区运营性服务等。

现代产业园区与传统产业园区有着明显的区别。在产业发展导向方面，传统产业园区以土地、交通等要素的低成本为导向，目前的新兴产业园区则以技术创新和环境为导向；在开发模式方面，传统产业园区过度依赖土地经营，难以获取土地持续增值收益，而新兴产业园区则属于以开发主体多元化、土地价值多元化为特征的综合开发模式。

二、出台政策吸引高端人才入园

同高薪技术企业一样，产业园区的核心竞争力也是人。因此，政策应该帮助新兴产业园从构建产城一体化的理念出发，在园区内构建产业、服务和居住三大功能板块。产业板块是研发商务的重要基础，服务板块是产业板块的重要支撑，居住板块对产业板块和商务板块形成高端人才支撑，它们之间最终将形成相互增益的形式。

三、进一步提高政府的服务水平

在政务环境方面，强化服务职能，提高办事效率。对企业实行"一站式"服务和并联式的"联合许可制"，进一步减少行政审批事项，简化行政审批程序，提高

行政办事效率；在法制环境方面，要研究制定园区建设和管理的地方性法规，明确园区的法律地位，依法调整各类主体的权利、义务关系，使园区的建设与发展走上法制化、规范化轨道。要强化行政执法部门依法办事的意识，严格限制行政执法部门单独对入园企业进行检查和征收各种规费，凡事先未对企业规范性告知就一律不得进行行政处罚，为企业创造一个公平发展的法制环境。

政府应将促进产业联系作为服务企业的重点，充分发挥自身的信息资源优势，为企业提供信息服务；通过市场化的方式发展为企业服务的中介机构和服务体系，创造支持企业创新发展的良好环境；通过制度创新帮助创业者向专业化发展，促进企业间的劳动分工和提高企业竞争力；积极营造有利于企业家创业和创新的文化氛围。

应进一步完善产业园区发展考核评价体系。园区发展指标设计方面，在重视招商引资数量、产值、出口总值、增加值等数量指标的基础上，要更加重视创新能力、内在竞争力、投资密度、经济密度、发展可持续性等质量指标。此外，政府的其他服务工作也必须跟上，如加强配套设施建设，解决园区企业员工出门难，子女上学难等问题。

四、学习国外先进管理经验

规划实际上就是在宏观层面上把握园区的未来发展方向，合理配置区内各种资源。发展园区经济必须坚持规划先行的原则，以规划引导产业的发展。特别注意：要合理布局和科学选择主导产业，防止出现盲目建设和严重的产业同构现象。

我国产业园区的许多不顺应发展之处，可以借鉴外国先进经验进行改革（表2-9）。

可供借鉴的国外经验[①]　　　表2-9

借鉴方面	特征
增强园区的独立性	进一步解除管制，减少由沟通和协调所带来的信息传递过程，增强园区独立性
减少园区的责任范围	减少工业园的责任，使工业园的管理者变得更加专业化，许多责任可以移交给政府部门或者由社会力量来解决，从而更加适应快速多变的商业环境

---

① 周红，郭颖，李晓宇. 新加坡工业园区管理体系的分析及对中国的启示[J]. 特区经济，2009（08）：88-89.

续表

借鉴方面	特征
调整竞争格局	在一定的区域内进行园区的产业重组，调整和限制园区的数量，减少恶性竞争
鼓励商业发展模式	商业模式能使园区开发商更加充分地利用金融市场，减少对政府的依赖，并且更容易与其竞争对手建立合资模式企业。这样，通过兼并和收购，开发商可以在园区行业内建立更好的工业组织结构
中央政府和地方政府的作用应该重新定位	在建立政府和企业伙伴关系方面，地方政府更加具有优势。园区作为执行产业政策的工具和生产交流的集中地，现在正在经历两方面作用下的重组，一方面是全球价值的一体化，另一方面是水平方向的管理分权。在建立基础性市场制度和亲商政策方面，中央政府效率更高；而在利用园区培养产业集群方面，地方政府能够更好地发挥作用

五、加大对配套协作的扶持和培育力度

一方面，积极支持中小企业进入龙头企业的供应网络，鼓励建立最终产品与零部件产业的战略联盟，帮助协作配套企业做好与龙头企业相衔接的质量、标准、管理等工作，促进龙头企业与中小企业相互依存与协同发展。

另一方面，通过扶持和奖励措施，将上、下游配套协作企业吸引和迁移到产业园区，租赁标准厂房，就近配套生产。

培育龙头企业。一是围绕龙头企业，培育一批主业突出、产业关联度高、核心竞争力强的大公司、大集团。二是引导社会资源向龙头企业集聚，推动龙头企业建立产品标准中心、研发中心，形成一批专业化配套企业。三是增强龙头企业的技术创新能力，加强与科研院所和大专院校的合作，积极引进或共同开发新技术、新工艺和新产品。四是实施品牌战略，培育一批知名企业。

六、破解用工难、融资难

破解用工难。建立有利于人才引进、成长的引进机制、使用机制，加大人才引进力度和专业技术人才的培养力度。提高企业员工素质，充分发挥各类职业教育机构和农村劳动力培训工程的作用。

破解融资难。完善以商业银行为主导、多类型银行金融机构构成的现代银行体系，支持地方金融机构跨区经营，支持城市商业银行、农村商业银行引进战略投资者、改制重组上市。

大力引进股份制银行设立分支机构，力争有条件的县市全部开设小额贷款公司。继续推进政银企合作，选择一批成长型中小企业，进入政银企合作笼子，引导各类金融机构加大对企业的支持力度。鼓励和支持企业、自然人等出资组建各类中小企业信用担保机构，探索建立政策性担保、商业性担保、互助性担保的分类管理体制，推进再担保体系建设，破解园区企业融资难问题。

第3章

长三角产业园区的现状调研和总结

第一节 选择长三角产业园作为调研对象的基本理由与趋势理解

一、长三角发达的产业现状

长三角城市群包括上海市、浙江省、江苏省、安徽省的26个城市[①]，是国际公认的六大世界级城市群之一，与美国东北部大西洋沿岸城市群、北美五大湖城市群、日本太平洋沿岸城市群、英伦城市群、欧洲西北部城市群等全球五大城市群齐名。

1. 国家战略高地

2016年发布的《长三角城市群发展规划》中，将长三角定位为中国经济最具活力、开放程度最高、创新能力最强、吸纳外来人口最多的区域之一，"一带一路"与长江经济带的重要交汇地带。事实上，长三角城市群已经是中国第一大经济区，是中国综合实力最强的经济中心、亚太地区重要的国际门户、全球重要的先进制造业基地，战略地位不言而喻。

---

① 长三角城市群：出自2016年发布的《长江三角洲城市群发展规划》，具体名单为：上海，江苏省的南京、无锡、常州、苏州、南通、盐城、扬州、镇江、泰州，浙江省的杭州、宁波、嘉兴、湖州、绍兴、金华、舟山、台州，安徽省的合肥、芜湖、马鞍山、铜陵、安庆、滁州、宣城。

2. 人才吸附力大

长三角城市群总人口达到1.5亿，占全国的11%。常住人口与户籍人口差值约为2000万，是全国人口流入最多的区域之一，人口吸引力和支撑力都非常强。

长三角拥有近300家国家工程研究中心和工程实验室，超过300所普通高等院校，包括中科大、复旦、交大、南大、浙大等顶尖高校，每年高校毕业生高达16万。此外，长三角一直以来都是全国高校毕业生就业首选地之一。

3. 经济实力强劲

2016年，长三角GDP总量达到14.7万亿，占全国约五分之一，而区域面积只占全国的2.2%。此外，GDP增速平均值超过8.4%，高于全国平均水平的1.7%。人均GDP是全国平均水平的近2倍，地均GDP超出全国平均水平9倍。

工信部发布的全国百强县中，长三角地区有超过30个，榜单前十中7个县位于长三角，前四名均位于江苏省，昆山市连续13年位列第一。

4. 产业发展潜力足

（1）先进制造业全国领先

长三角地区零部件企业数量和产量占全国比重均超过40%，生物医药产值接近全国的30%，集成电路产业规模占全国比重将近50%，造船产量占全国的2/3，工业互联网、人工智能等新兴领域发展均走在全国前列。

（2）产业创新优势明显

长三角既聚集了一大批国内顶尖的科研院所，又拥有众多外资研发中心和本土企业研发总部，还有密集的天使投资、风险投资。中国科技部发布的2016~2017年综合科技创新水平指数排名中，上海、江苏、浙江、安徽在全国各省市中分别排名第二、五、六、十五位。

二、长三角的产业变化

伴随着中国经济进入新常态，长三角的产业格局也发生了深刻变化。长三角城市群经过多次升级转变，已上升成国家战略。上海这座国际大都市的影响力，正拉动着长三角经济产业加速增长。随着阿里巴巴的成功上市，杭州成为新的创新创业之都，此后，中组部、国资委确定的全国四个未来科技城之一的杭州未来科技城（海创园）也落户杭州，并形成了杭州城西科创大走廊，同时集聚了阿里巴巴、海康威视、恒生电子等一批知名的科技型上市企业，形成了杭州城西全域数字产业。此外，以云栖小镇、梦想小镇为首的特色小镇，也成为全国试点单位，引领中国特色小镇发展浪潮，成为中国产业经济发展的新增长极。

长三角的发展深刻影响着中国产业发展格局，并将引领中国产业与经济发展进入下一个增长阶段。

1. 长三角一体化上升成国家战略

2018年11月5日，国家最高领导人习近平在首届中国国际进口博览会开幕式发言中提到，将支持长江三角洲区域一体化发展并上升为国家战略，着力落实新发展理念，构建现代化经济体系，推进更高起点的深化改革和更高层次的对外开放，同"一带一路"建设、京津冀协同发展、长江经济带发展、粤港澳大湾区建设相互配合，完善中国改革开放空间布局。

2018年7月，《长三角地区一体化发展三年行动计划（2018-2020年）》正式下发。计划明确，到2020年，长三角地区要基本形成世界级城市群框架。具体来看，三年行动计划覆盖了交通能源、科创、产业、信息化、信用、环保、公共服务、商务金融等12个合作专题，并聚焦交通互联互通、能源互济互保、产业协同创新、信息网络高速泛在、环境整治联防联控、公共服务普惠便利、市场开放有序等7个重点领域，形成了一批项目化、可实施的工作任务。

南京大学长江产业经济研究院院长刘志彪认为，长三角一体化是破除生产要素流动的障碍，以市场经济为基础相互开放，开放是生产要素的流动，流动是长三角一体化的过程。他说，这样来看，其实长三角一体化更适合在大范围开放，长三角一体化示范区根本的定位应该是在对内开放的基础上，牢记习总书记的教导，建设有世界影响力的科技创新中心。

长三角一体化发展，最重要的是要"接轨上海"，充分利用上海独具的人才优势、金融高地优势、品牌集聚优势、市场高地优势和开放高地优势。2019年4月10日零点起，长三角铁路实施新的列车运行图，苏州至上海增开"工作日早高峰高铁"，实现了苏州至上海"一小时通勤"路线；浙江嘉善到上海，高铁20分钟可达，据此，可以将更多的浙江企业的研发机构设在嘉善，或者直接在上海开设"浙江企业上海联合研发中心"。

此外，2019年4月12日，在"推动高质量发展调研行"采访活动中，上海市松江区副区长、G60科创走廊联席会议办公室主任高奕奕透露，国家发改委正在编制的长三角一体化发展规划纲要中，已经将G60科创走廊纳入其中。

G60科创走廊沿线是中国经济最具活力、城镇化水平最高的区域之一。自2016年启动建设以来，G60科创走廊从最初的1.0版松江"一廊九区"到2.0版沪嘉杭，再迈向3.0版"一廊一核多城"，覆盖松江、嘉兴、杭州、金华、苏州、湖州、宣城、芜湖、合肥九城，覆盖面积约7.62万km²，成为长三角更高质量一体化发展协同创新的重要平台。高奕奕还表示，目前，长三角已有不少城市，如绍兴、衢州、常州等正在申请加入G60科创走廊。

G60科创走廊将在深化产业集群布局、加强基础设施互联互通、推进协同创新、推动品牌园区深度合作和产融结合、推广科创走廊"零距离"综合审批制度改革成果等方面发力，建成长三角地区具有独特品牌优势的协同融合发展平台。从更高层面看，G60科创走廊将扮演长三角更高质量一体化"引擎"的角色，成为区域内"中国制造"迈向"中国创造"的主阵地。

2. 杭州城西科创大走廊

从长三角一体化发展的动向看来，重心南移趋势明显，环杭州湾经济区在其中异军突起。2018年5月28日，浙江省人民政府新闻办举行新闻发布会，通报浙江省大湾区大花园大通道建设情况。环杭州湾经济区是建设重点，将构筑"一港、两极、三廊、四新区"的空间格局。其中杭州城西科创大走廊就是三廊中的一廊。

（1）空间结构

杭州城西科创大走廊产业集聚区总面积302km²，是全省15个省级产业集聚区之一，以文一西路为主轴，东起浙江大学紫金港校区、西至浙江农林大学，全长约33km。

科创大走廊呈"一带、三城、多镇"的空间格局。"一带"就是东西向联结主要科创节点的科技创新带、快速交通带、科创产业带、品质生活带和绿色生态带；"三城"就是浙大科技城、未来科技城、青山湖科技城；"多镇"就是科创大走廊沿线分布的具有不同功能的特色小镇和创新区块，目前已经建设或规划了梦想小镇、云制造小镇、紫金众创小镇等近20个特色小镇。同时，周边诸多高校、研究院、高科技企业等聚集，构成高端要素。

（2）六大产业方向

为实现推动经济高质量发展的目标，发挥杭州在信息建设方面的先发优势和巨大潜力，未来将聚焦创新驱动和结构优化，加快培育人工智能、虚拟现实、区块链、量子技术、商用航空航天等未来产业（表3-1）。

杭州未来六大产业方向[①]　　　　　　　　　　　表3-1

产业领域	产业方向	建设项目	依托平台
人工智能产业	人工智能硬件、人工智能软件、人工智能系统	浙江大学云机器人计算系统项目，浙江工业大学工业机器人协同创新中心项目、光启全球未来谷总部项目	未来科技城、西湖区留下街道及三墩镇
生命科学产业	生物技术药、高端制剂药、保健食品、化妆品、高端医疗器械	年产1万吨中药饮片生产线扩建项目，干细胞和再生医学产业项目，新一代智能胰岛素项目，九统（杭州）医药科技有限公司总部经济建设项目，九洲健康养生综合体项目，花房生命保健品开发生产销售项目，鑫富科技整体迁建项目，25万m²医药产业孵化园，人福医药新建中医院及康养中心项目，农镇一号全球农业产业创新中心（农业硅谷）	未来科技城、临安天目医药港
新能源汽车产业	混合动力、纯电动两大系列整车，高密度高可靠性动力电池、高效驱动电机系统、整年电控系统等领域	西子联合电梯部件产业园项目，年产35万台汽车无极变速器CVT项目，年产5万台电动工业车辆整机及车架建设项目，余杭智能电网产业基地项目，万马创新产业园，临安年产万台电动车项目	未来科技城、青山湖科技城、临安市锦城街道、西湖区三墩镇
新材料产业	3D打印材料、电子与微电子材料、光通信材料、高分子新材料、高性能金属材料和生物医用材料、新能源材料、光电材料、高性能土木工程材料	年产5万吨医用聚丙烯新材料生产线建设项目，3D打印材料、热传导技术等研发、生产、销售项目，基于一类新型导热复合材料的LED散热解决方案（杭复新材料）	青山湖科技城、未来科技城
科技服务业	科技金融、科技咨询、科创孵化等配套服务	中国移动杭州研发培训中心，中国电信创新园，菜鸟网络科技总部项目	未来科技城
新金融产业	互联网金融、第三方财富管理	阿里巴巴网络银行，西溪谷互联网金融小镇，创投小镇，梦想小镇天使村，青山湖资本小镇，浙江互联网金融资产交易中心项目	西溪谷、未来科技城、青山湖科技城

（3）交通规划

未来城西科创大走廊将形成以杭州城西综合交通枢纽为核心，以道路网、轨道网、地面公交网为支撑，联动物流基地和片区客运枢纽的"一核三网多心"综合交通体系，形成"内畅外联强枢纽"的现代综合交通发展格局，实现"15分钟进入高速网、30分钟到达杭州主城区中心、1小时通达杭州东站和萧山国际机场两大门户"的目标。

---

① 一文看懂城西科创大走廊[J]. 杭州（周刊），2018（41）：14-17.

科创大走廊按照标准国际化、布局均衡化、设施现代化、风貌特色化的导向，重点推进国际化功能服务配套，加强优质省市级公共服务设施覆盖，完善基础性公共服务设施布局，系统性提升整体建设和服务品质，致力打造产城功能融合、人文自然相谐的生活品质之城。

3. 以阿里为中心的全域数字产业

G20之后，杭州作为"创业之都"的综合实力和个性特色逐渐鲜明起来，与北京、深圳形成了国内创新创业的"角力之势"。杭州城西科创大走廊目前以阿里系为代表，集聚了阿里巴巴、阿里云、北斗导航、数梦工厂以及众多的准独角兽企业。该区域是中国目前互联网＋、人工智能＋等产业最前沿，是抢占世界科技、产业制高点的主阵地。目前国之重器的芯片制造、导航系统、无人驾驶等研发项目都在该区域进行了布局。杭州已形成移动互联网、云计算、大数据为代表的新一代信息技术优势产业新格局。

4. 以浙江为起点的特色小镇产业园区

作为产城融合的表现之一的特色小镇，发源于浙江。

2013年12月10日，习近平总书记在中央经济工作会议上的讲话中首次用"新常态"来概括我国经济发展进入新阶段。相应地，我国城镇化也进入了中后期，城市发展方式亟待转变。在这种环境下，浙江提出的非镇非区的多功能创新空间新含义的"特色小镇"模式，得到了中央领导的肯定，特色小镇的培育上升为国家行动。

2014年10月17日，浙江省省长李强参观"云栖小镇"，首次公开提及"特色小镇"。2015年4月22日，浙江省政府出台《关于加快特色小镇规划建设的指导意见》，明确浙江版特色小镇规划建设的总体要求、创建程序、政策措施、组织领导等内容。2016年1月初，李强在绍兴、宁波调研特色小镇建设后说道："在新常态下，浙江利用自身的信息经济、块状经济、山水资源、历史人文等独特优势，加快创建一批特色小镇，这不仅符合经济社会发展规律，而且有利于破解经济结构转化和动力转换的现实难题，是浙江适应和引领经济新常态的重大战略选择。"要全力推进特色小镇建设，把特色小镇打造成稳增长调结构的新亮点、实体经济转型发展的新示范、体制机制改革的新阵地。随后，全国各地特色小镇建设规划蜂拥而至。

特色小镇是具有一定产业特色，一般是新兴产业，如私募基金、互联网金融、创意设计、大数据和云计算、健康服务业，或其他智力密集型产业，配合优美的自然生态环境、人性化的交流空间以及高品质的服务设施构建的宜居宜游、能产能办的中小企业聚集社区。特色小镇不是传统的行政区划的概念,它可以是一个小城市,一个村庄,或者是城市内相对独立的街区。

浙江是特色小镇的诞生地,是在新经济发展模式下的有益探索。它既符合经济规律,又具有鲜明的产业特色,而且创新动力充足,符合国家整体发展战略,在产业培育和容纳上具有里程碑意义。

第二节　长三角产业园的分类及特点

一、长三角产业园的当前分类

长三角的产业园区按照园区开发和使用的主要参与主体及其主导权分类,主要有以下六种类型:超级企业总部型、政府主导型、学校主导型、企业主导型、房地产开发商主导型、产业园区演变的结合体。

1. 超级企业总部型

企业总部是企业或企业集团的中心,是其下属业务单位的总指挥。国内外许多实力雄厚的企业都拥有着自己独特的经营文化和企业特色,并将这些作为企业的重要财富进行发扬,运用各种公关手段宣扬自己的文化,总部就是企业的一支广告,担负着诠释与宣传企业文化以及向社会公众表达、展示企业理念和文化精神的任务。

这种大型和特大型的企业总部,一般建筑面积大于1万m^2,建筑成组布置,或以多个功能楼的形式分散布局,形成独立的园区。超级企业总部除了办公功能外,一般还具有完善的配套服务设施。这种总部一般只需要容纳企业内部的员工办公及生活以及预留企业自身的发展空间,形态一般较自由。

此外,企业总部往往能够以自身强大的产业集聚能力吸引相关产业,形成产业集群,拉动区域经济产业发展。杭州城西科创大走廊就是在阿里巴巴总部(淘宝城)的拉动下,集聚了恒生、龙软等企业及一批产业园形成的。

阿里巴巴总部位于杭州市余杭区文一西路,自2013年12月签订战略合作协议以来,杭州市与阿里巴巴集团围绕电子商务产业集聚区、互联网金融产业集聚区、云计算和大数据产业集聚区、跨境电子商务产业集聚区、智能物流产业集聚区及"信用杭州"诚信体系"五区一体系"展开合作，推进了一大批战略合作项目建设，为杭州信息经济保持中高速发展提供了有力支撑。

2014年全市电子商务主营业务收入867.5亿元，阿里巴巴占全市总量一半以上。"阿里系"企业去年1月至11月的营业收入占全市信息软件与技术服务行业的65.1%，对行业增速的贡献率高达74.6%。

阿里巴巴充分发挥龙头企业的带动作用，与市级有关部门共同推动了云栖小镇、梦想小镇、西溪谷、杭州云谷等信息经济创新发展平台的建设，特别是依靠创新平台吸引了众多创新要素。在阿里巴巴集团的带动下，云栖小镇吸引了富士康、英特尔等大企业，集聚了200多家涉云企业，打造了云产业生态立体化、融合型的"双创"环境。阿里巴巴与富士康共同建设的"淘富成真"，将云计算、大数据、互联网营销平台与设计、研发、供应链管理等优势相叠加，利用互联网带动众创、众包、众扶、众筹，让创客点子与市场需求快速对接，半年时间就支持孵化了200多个创业项目。

不仅如此，阿里巴巴在提升城市美誉度和影响力上不遗余力。全球女性创业者大会、云栖大会等极具国际影响力的大会的召开，让世界进一步了解杭州，也让杭州更好地走向世界。

2. 政府主导型

政府主导型产业园是由地方政府出面，包办规划设计、土地一级开发以及招商引资，实际上就是政府代行开发商的职能，将政府和开发商的角色合二为一了。大部分以城市+高新区/经开区冠名的产业园区都属于这一类。

这种模式的上限很高，由于地方政府主导的产业园区最容易解决的问题是审批、拿地与基建这些本身就是和地方政府打交道的任务，所以如果地方政府的规划、招商和运营能力比较强的话，这些园区就有着非常强大的影响力与盈利能力。上海张江国家自主创新示范区、苏州工业园区等就是这种模式的典范与标杆。

但政府主导模式的下限也比较低，在规划、招商和运营的能力不那么强势的地方园区，烂尾现象就时有发生了。因此有很多地方政府选择与企业合作，自己只保留决策权、审批权与税收，将规划开发建设运营的任务交给合适的开发商打理，市场化运作。

苏州工业园区成立于1994年2月，位于苏州古城区东部。1994年，外经贸部批准苏州市开发公司与新加坡开发财团组建合资公司从事园区内的土地开发经营，合资期限30年；园区开发主体为中新苏州工业园区开发有限公司（CSSD），由中新双方财团组成，中方财团由中粮、中远、中化、华能等14家国内大型企业集团组成。公司成立时，中方财团和新方财团分别出资35%和65%，2001年1月1日开始，中、新双方在合资公司的股份分别调整为65%和35%，中方成为大股东并承担管理权。

苏州工业园的总体规划综合了世界各国兴办产业园的先进经验，累计投入2亿多元巨资，形成了严密完善的规划体系。园区从开始就采取政企合作开发，但管理主体——管委会与开发主体——CSSD分离的模式。苏州工业园集合了国际、国内大财团的雄厚资本，苏州地区政府的全面资源倾斜以及新加坡先进的城市管理经验三大优势，推动其成为中国发展速度最快、最具国际竞争力的开发区之一。

3. 学校主导型

学校主导型的产业园区以大学科技园为主，以具有较强科研实力的大学为基础，将大学的研发优势、人才优势与其他社会优势资源结合，促进科技成果转化与创新创业人才培养，打造产学研一体化的综合性服务平台。

大学科技园的作用就是在"大学"与"科技园"之间搭接起一座产学研转化的桥梁，然后通过技术创新孵化来引领所在区域的产业转型与升级。要确保大学科技园区与区域经济融合发展战略的可行性与长效性，关键在于政府、学校和园区三者之间要构建必要的经济联系，使功能属性完全不同的大学科技园和地方政府、大学校区之间能通过具体产业链的打造与构建、衍生与集聚，实现促进教育发展、推动科技创新、繁荣区域经济发展的目的。

长三角地区不仅经济产业发达，而且优质高校密集，产学研结合程度很高。在1989年全国首批国家级大学科技园建设的试点中，长三角地区便有上海交通大学科技园、东南大学科技园、浙江大学科技园位列其中。截至2009年8月，经科技部、教育部共同认定的69个国家大学科技园中，长三角共有21个，占30%。

浙江大学科技园创建于2001年，是经科技部、教育部联合批准的国家级大学科技园，也是国家高新技术创业服务中心。浙大科技园由浙江省、杭州市和浙江大学联合共建，浙江省和杭州市对科技园给予了极大的支持，创造了良好的政策环境。

（1）紧紧依托浙江大学，利用浙江大学的科技和人才优势，促进科技成果转化和高新技术企业孵化

浙江大学为加快科技成果转化、产业化，于2000年底制定出台了《关于浙江大学教职工和学生在大学科技园创办科技孵化企业的若干规定》、《关于学科性公司的改制意见》、《关于浙江大学研究生停学创业的意见》等政策，鼓励学校教师和科技人员及大学生（主要指研究生）到大学科技园创办科技型孵化企业。同时，学校还将科研基地和实验室及其他资源对科技园全面开放。这些政策和措施的出台，调动

了浙江大学教职工和学生到大学科技园进行科技成果转化的积极性。

多年来，浙大科技园积极为学校科技成果与民间资本嫁接提供全方位的服务，已创办科技孵化企业300多家，转化学校科技成果300多项。目前，已有许多高新技术孵化企业毕业出园，一批高技术成果通过大学科技园这个平台向周边地区辐射，浙大三色、图灵信息、辰光科技、科特光电等一批优秀高技术企业逐渐为区域经济发展贡献巨大的力量。

（2）积极引入民间资本，创建企业孵化的一流硬件平台和投融资服务平台

良好的园区硬件条件是成果转化和企业孵化的基础。目前浙大科技园已拥有7.2万m^2孵化场地，配套设施和服务齐全，已经成为浙江省、杭州市孵化器建设的一个亮点。

同时，浙大科技园非常注重风险投融资服务平台的建设，积极构建多元化的投融资平台。首先，浙大科技园成立"风险投资联盟"和"产业投资联盟"，与英国君信投资公司、杭州市高科技投资公司、浙大网新创投等多家海内外投资公司建立战略合作关系，并与华立科技、永利控股等多家上市公司建立产业投资联盟。其次，科技园还通过引进民间资本以及自筹资金组建了浙江大学创业投资有限公司和浙江大学科技园创业投资有限公司。另外，浙大科技园还充分利用浙江省政府和杭州市政府引导设立了风险投资资金，以增强科技园的风险投融资能力。

（3）在政府支持下，整合多方资源，强化服务能力，建立创业创新综合服务体系，加快高新技术企业孵化

浙大科技园高度注重建设科技创业创新服务体系，科技园各职能部门以成果转化、企业孵化为工作核心，强化为入园机构和企业提供优质服务，包括高技术人力资源的引入和人事代理咨询服务、工商注册及税务登记咨询服务、投融资咨询服务、科技成果转移及产业化咨询服务、各类科技计划申报及高技术项目和企业认定的咨询服务以及落实税收政策等方面的一系列服务。同时引进和新建了多家中介服务机构，在法律、财税、工商、投融资、专利申请、技术交易等方面为创业者提供良好的中介服务。杭州国家高新技术开发区的政府职能延伸到大学科技园，一批工商管理、财税等政府机构对入园企业实施一条龙便捷服务。目前科技园已初步形成了由政府、科技园管委会和中介服务机构等三方面组成的综合创业创新服务体系。

另外，浙大科技园在浙江省科技厅、杭州市科技局等的支持和企业参与下，陆续进行公共技术服务平台建设。目前已建成"浙江大学国家大学科技园光与电技术开放实验室"和"浙江大学科技园生物医药技术测试中心"两个公共技术服务平台，为信息技术、光机电一体化、生物医药、新材料、新能源和生命科学与现代农业等技术领域的孵化企业技术研发和分析测试提供服务，取得良好效果。

（4）发挥浙江大学科研优势，促进学科与科技园企业互动，推动入园企业自主创新

浙大科技园孵化器在寻求技术成果与社会资本嫁接的同时，积极推进与浙江大学优势学科的互动。浙江大学的一些优势学科，如工业自动化、电力电子、光学仪器、电液比例控制、水煤浆燃烧、信息网络、核农业等，其所属的一批省部级重点研发机构在大学科技园参股创办了20多家以科技开发和成果转化为主的高技术企业。目前，入园企业正在开发的自主知识产权的新产品500余项，申请国家专利300多项，已被批准专利近200项。计算机软件和网络、大规模集成电路设计、光机电一体化、生物医药及新材料和新能源等一批高技术产业化项目正在实施，有的取得了突破性进展，浙大科技园正在成为区域创新的源头。

（5）积极开展大学生创业教育和创业服务，推进大学生自主创业

在创业教育方面，浙大科技园与学校研究生院共同创办"浙江大学未来企业家俱乐部"和"浙江大学研究生创业素质拓展班"，吸引学校优秀研究生加盟，邀请科技园内外的创业者、专家和企业家对其进行企业管理、市场营销、知识产权等各种知识和技能的培训，提供实习、实践机会。

在推进学生自主创业方面，浙大科技园专门开辟5000m²场地，2008年12月6日与西湖区政府共建"杭州市大学生创业园（西湖-浙大科技园）"，为学生创业者提供工商代办、融资担保、投资融资、项目申报等各种服务。2007年浙大科技园成为国家首批创新基金大学生创业项目服务机构，组织申报了8个大学生创业项目，获得立项7个，每个项目获得政府无偿资助40万~80万元，立项数列全国第一。2008年浙大科技园又申报大学生创业项目8个，立项8个，立项率100%，立项率居全国第一，获得国家创新基金无偿资助280万元。该园区目前已有71家大学生创业企业入驻，大部分企业发展势头良好。

（6）"一园多点"，建立分园，加快高新技术产业辐射

浙大科技园根据"一园多点"的战略构想，积极构建科技园分园，将浙江大学的高新技术及其产业向外围辐射，推动地方科技进步及高新技术产业化。目前，浙大科技园分别在宁波、长兴和江西南昌建立了分园，并取得了显著进展。分园已有新创办企业85家，注册资本8亿元，建成成果转化与产业化场地5万多平方米，转化浙江大学科技成果30多项，为浙江大学技术转移和高新技术产业向外辐射创造了良好的平台，对促进地方科技进步和经济社会发展也做出了积极贡献。

4. 企业主导型

企业主导型是由自带产业的大型企业开发建设的产业园区。这种产业园区，由

于开发商本身就自带产业,园区的主导产业一般都与开发企业的产业一脉相承,或者是相关的产业。开发企业利用自身的产业吸引力,吸引相关产业及产业上下游入驻,从而实现对政府的经济效益和社会效益的承诺。

恒生科技园杭州园区就是企业主导型的产业园典例。恒生科技园的两大股东分别是恒生电子和鼎晖基金,由于这样一个股东结构,恒生科技园将自己的主导产业定位为软件和互联网+,其下又根据产业园所在地区的不同进行细分。位于杭州文一西路的恒生科技园杭州园区,根据杭州这样一个互联网城市的产业背景以及人才结构,将细分主导产业定位为互联网经济产业园,包括互联网金融、软件开发、工业设计文创以及电子商务。

在招商的时候,要与政府达成共同诉求,一方面要满足政府对于产值、税收的要求,一方面还要对入驻企业的产业进行把控,提高园区产业集聚度,向产业生态的目标靠拢。此外,恒生科技园在作为园区开发主体的同时,还为园区企业提供完善的服务,包括生活服务、商务服务以及专业技术服务等方面,以专业的服务留住老顾客,吸引新顾客;而服务的变现,则是恒生科技园培养专业运营服务团队的资本,同时也是其主要收入来源。

通过这样一种运作模式,恒生科技园杭州园区不仅完成了对政府的产值税收承诺,还在自己的主导产业方面几乎达到99%的产业集聚度,还培育出了多家上市企业。

5. 地产开发商主导型

开发商主导模式并不是开发商全权包办,而是开发商将园区的一部分职责肩负了起来,替政府行使建设和运营等职能的同时收取一定的费用。在这种模式下,开发商的来源往往是一些大型的专门的地产开发商,或者大型房企转型。

地产开发商,如联东、天安等,他们的传统地产开发模式与房地产开发并没有本质区别,都是利用土地开发、销售或者租赁物业获利。

由于房地产住宅政策愈发缩紧,市场也趋于饱和,因此很多房企开始转型或者向着多元化发展,而成本低、收入高的产业地产,也成为房企眼中一块流淌着奶与蜜的"应许之地"。产业地产的用地性质是工业用地,通过招标、拍卖、挂牌出售的方式拿下的价格相对商住用地要低出很多,而拿地成本恰恰就是开发商成本的主要构成部分。因此,产业地产开发商的利润空间就大了很多,即使是出租厂房或者办公楼这样资金缓慢回流的长期项目,也不会有太大的压力。

在产业园区的开发与运营中,建设者与生产者会释放大量的消费需求,这就使得商业配套与住宅配套设施在园区内成为必不可少的项目。因此,开发商会选择在产业园区开发住宅与购物中心这些房企的"老本行",从而快速回收资金甚至直接盈利。同时,土地二级开发的过程,也是土地升值的过程,对开发商而言同样有利。

企业在开发园区的时候,前期进行土地开发,中期负责建设与招商,后期负责运营和服务。而地方是园区开发建设的决策者,对基础设施及公共服务价格、质量实施监管,并设立园区管委会负责对接。

当然,对于一些资质和经验都不足的企业来说,园区的萧条甚至烂尾也是不可避免的。一个成功的园区需要的是政府和开发商共同的耕耘。

6. 产业园区演变的结合体

产业园区是产业集群的一种载体,而实际上,多个产业园区在空间上会再次集聚,呈现出多种不同形式,特色小镇就是长三角地区独特的一种产业园区结合体。

特色小镇的说法起源于浙江省,2014年时任浙江省省长的李强首次提出"特色小镇"这一称呼;2015年,浙江省两会提出"特色小镇"概念,作为工作重点;同年4月,浙江省出台《关于加快特色小镇规划建设的指导意见》(以下简称《意见》),对特色小镇的详细内容作了诠释。自此,特色小镇风靡全国。

《意见》中对特色小镇的定义为"相对独立于市区,具有明确产业定位、文化内涵、旅游和一定社区功能的发展空间平台,区别于行政区划单元和产业园区",同时还定义了特色小镇的"产业定位",要求"特色小镇要聚焦信息经济、环保、健康、旅游、时尚、金融、高端装备制造等支撑我省未来发展的七大产业,兼顾茶叶、丝绸、黄酒、中药、青瓷、木雕、根雕、石雕、文房等历史经典产业,坚持产业、文化、旅游'三位一体'和生产、生活、生态融合发展"。在规模上,要求:"特色小镇规划面积一般控制在3平方公里左右,建设面积一般控制在1平方公里左右。"[①] "所有特色小镇要建设成为AAA级景区,旅游产业类特色小镇要按AAAAA级景区标准建设。支持各地以特色小镇理念改造提升产业集聚区和各类开发区(园区)的特色产业。"特色小镇的运作方式为:"政府引导、企业主体、市场化运作,既凸显企业主体地位,充分发挥市场在资源配置中的决定性作用,又加强政府引导和服务保障,在规划编制、基础设施配套、资源要素保障、文化内涵挖掘和传承、生态环境保护等方面更好地发挥作用。每个特色小镇要明确投资建设主体,由企业为主推进项目建设。"

浙江省的特色小镇具有以下特点:

---

① 浙江省人民政府关于加快特色小镇规划建设的指导意见,浙政发〔2015〕8号。

（1）致力于高端要素的有机集聚。以杭州的梦想小镇为例，集聚了大量的创新创业者以及先进技术、风险投资等，各要素间产生了良好的化学反应，小镇半年时间就吸引了400多个互联网创业团队，4400多名创业者和300多亿风投资金，在互联网产业界声名鹊起，对小镇经济和就业起到基础性支撑作用。同时，政府对创新创业的支撑，使得小镇成为大众创业万众创新的重要平台。

（2）致力于特色产业的专业化集聚。小镇摒弃传统产业园区企业庞杂和工厂密集的形态，秉持"一镇一业"，在信息、环保、健康、旅游等现代新兴产业及茶叶、丝绸、黄酒、中药、石刻、青瓷等历史经典产业中，选择性主攻1项最有基础和优势的特色产业，并尽可能细分行业领域、防止同质竞争，确保差异定位和错位互补。比如杭州市余杭区梦栖小镇大力发展服务于高端装备制造前端的设计产业，培育以工业设计为主、兼顾智能设计与商业设计的产业集群，引进中国工业设计产业研究院、浙江工业设计城等项目，成为世界设计大会和意大利金圆规奖、中国原创设计奖、中国优秀工业设计奖的举办地。

（3）致力于多种功能的混合集聚。小镇摒弃传统工业园区的"文化沙漠"、"景观真空"现象，在集聚高端要素和特色产业的基础上，嵌入主要从产业衍生出的旅游功能，科学设计小镇形象风格，建设"高颜值"AAA级景区小镇，尤其是旅游小镇，按照AAAAA级景区标准建设；嵌入主要从产业挖掘出的文化功能，形成令人难忘的文化标识和文化印象，打造人无我有的小镇特色文化。比如嘉兴市嘉善县巧克力小镇立足巧克力生产行业，深挖与之关联的巧克力文化内涵，开发出了甜蜜婚庆、个性制作、儿童旅游等文化旅游产业。

（4）致力于政产学研的集合发力。小镇突破行政区划单元意义上的小城镇范畴，是"非镇非区"的"园区镇"、"镇中镇"，不设行政隶属体制和专门管理机构，布局在城乡接合部的集中连片物理空间中。小镇实行企业为主、政府为辅的建设模式，使浙江省138家全国民营企业500强公司等市场主体拥有独立运作空间，激励企业家发挥聪明才智来创新创业；使政府担任好"指导员"和"店小二"的角色，把交易成本降下来、服务效能提上去，形成政府"有形之手"、市场"无形之手"、企业家和员工勤劳之手携手同行的格局。比如嘉兴市嘉善县巧克力小镇、衢州市龙游县红木小镇等采用市场主体、政府服务模式，政府负责小镇规划引导、产业定位、设施配套和环境保护，让出空间使民企、国企、高校等成为小镇建设主力军。杭州市西湖区云栖小镇、湖州市吴兴区美妆小镇等采用政企合作、联动建设模式，政府负责引进大企业，并与其联手培育大产业。杭州市余杭区梦想小镇、玉皇山南基金小镇等采用政府建设、市场招商模式，政府成立国资公司和团队，并向全国乃至全世界招商。

二、长三角产业园区发展的显著特点

1. 长三角的产业集群呈现的特点及成因

长三角地区是我国产业集群最活跃的地区之一,一批具有核心竞争力的国际性产业集群正在逐步形成。如上海已经初步形成松江、青浦、张江、漕河泾的微电子,嘉定的汽车制造,宝山的精品钢材,金山的石油化工等大规模的产业集群;环杭州湾的电子信息,杭州、台州、绍兴的现代医药,绍兴、萧山的纺织,宁波、杭州的服装,台州的塑料磨具和制品等产业集群;以苏锡常为核心的电子信息,无锡、南通的纺织服装,苏州、南京的精密机械等产业集群,这种产业空间集聚的现象还在不断强化。

长三角产业集群在中国已经处于较领先的位置,但是放在国际水平来看,长三角的产业集群还处于发展的初级阶段。尤其是构成长三角产业区重要力量的传统集群,整体呈现"低、小、散"的特点。

(1)低:产业附加值低,生产要素水平低。

长三角的产业集群通常产业附加值低,通过低成本和大规模的粗放型生产模式参与市场竞争。由于企业缺乏核心竞争力,因而产品同质化严重,企业普遍缺乏创新能力。在当前劳动力价格飞速提升的环境变化之下,长三角企业生产成本被迫提高,利润大幅下降,企业生存面临威胁。因此,当前长三角产业集群迫切需要调整产业结构,促进产业升级,改变以往依靠低成本参与竞争的发展模式。

另外,长三角产业集群生产要素水平低,缺少高级技术人才和高级管理人才,企业缺乏创新能力和研发能力。目前,长三角大部分企业还属于劳动密集型企业,企业在提高产品质量和科技含量方面还有很大上升空间。

(2)小:规模小,缺乏自主品牌和创新能力。

长三角的企业大多规模小,技术低,劳动力素质低,大部分为传统产业,包括传统手工业和小规模工厂等,很多企业都以家庭为单位,技术水平和生产工具都偏低端,企业出现低水平重复竞争和无序竞争现象。

与此同时,长三角有不少企业已经发展起来,但是这些企业却缺乏知识产权的保护意识,技术流失,其他小企业争相模仿,使得整个长三角产业集群自主品牌不多,陷入同质化竞争,但整体技术水平偏低的局面。事实上,长三角产业集群生产的许多产品都是贴牌生产,不但消耗了大量的资源,而且只获得少量加工费,因而参与国际竞争的能力也不强。

(3)散:产业集群关联度低,合作水平低,且呈现地理扩散的趋势。

这一问题主要存在于政府主导的产业集群中，主要表现出以下特征：①企业关联度和合作水平低。许多当地政府部门在将产业集群的规划建设作为发展当地经济、提高政绩的重要任务来抓时，往往缺乏对集群发展的整体规划。②产业布局不合理。部分地区不善于根据国家政策引导和培育本地特色产业，跟风现象严重，造成同档次、低水平重复建设现象，未形成明确的主导产业，造成区域内产业机构趋同化，低水平重复建设严重，无序竞争现象严重。

2. 长三角产业园区今后的发展方向

（1）提升集群自主创新能力，推进产业集群品牌工程。

随着市场竞争的日益激烈，产业集群内竞争优势的获得主要应依赖于创新，对资源加以有效利用。每一个企业都存在特定的技术问题，集群企业的技术问题得到解决意味着该产业的技术问题也得到了解决。因此，技术创新对于产业集群及其内部的企业发展有着重要的作用。企业应进一步增强自主创新意识，加大自主创新资金投入，建立研发中心、设计中心和工程技术中心。此外，对于那些以贴牌为主的集群，要推动企业从委托加工（OEM）向自主设计加工（ODM）和自主品牌生产（OBM）转变。

（2）培育要素市场，促进产业集群发展。

优质充足的生产要素以及完善的要素市场对于产业集群的发展具有推动和促进作用，利于生产要素流动、集聚和优化。目前，长三角地区以往依赖低成本和低水平生产要素的发展模式已经不能维持，急需培育和完善新的要素市场。在这个问题上，政府应制定合理的土地政策，引导土地向技术水平高、核心竞争力强的企业流动，提高土地利用效率。同时，政府应完善金融体系，制定优惠政策，促使金融市场与中小企业合作，帮助中小企业解决资金问题，扶持中小企业发展。

（3）加强服务机构建设，创造良好发展环境。

政府应加强对于企业合作与共享的重视，建设相应的平台，帮助产业集群内的企业信息共享与交流合作，减少由于信息不对称等造成的成本浪费。同时，政府应重视行业协会等组织的作用与发展，积极引导商会、行业公会等组织的组建，帮助拟定行业标准、规范等，使行业行为规范化、标准化，便于市场调节与职业发展，防止企业间恶性竞争，同时发挥行业协会对外合作交流与贸易的促进作用。

（4）制定科学规划，促进集群协调发展。

最后，政府应注意合理规划产业集群，积极制定和实施产业集群战略与政策，构建区域性的产业组织体系。在上位规划阶段，就重视产业发展，将产业政策与土地政策、财政政策、税收政策、人才政策等同步考虑，合理规划，因地制宜地配置资源，避免重复性建设与资源浪费。同时，政府应通过合理手段拉动产业发展，如培育壮大龙头产业，提高专业化水平，重视产业培育等手段，同时促进国内外合作，提高长三角产业集群参与国际化竞争的能力。

第三节　长三角产业园区调研的基本情况

一、调研样本选择

为了进一步了解长三角产业园区的详细情况，我们通过实际调研和访谈的形式，收集46个产业园区的基础资料，进行数据统计与分析比较。园区选择的标准如下：

（1）国内排行前30名的产业地产商开发项目/政府主导开发的产业园区/特色小镇启动区块。国内产业地产商排行榜是根据克而瑞《全国产业地产企业白皮书》公布的榜单进行筛选的，而排名越靠前的产业地产商，越能代表中国最先进的产业园区发展水平，更能反映未来产业园区的发展趋势。

（2）园区位于长三角地区，至少也是江浙沪地区（图3-1）。

图3-1　调研的长三角产业园区分布图

（3）园区已建成并且正常运转，只有已经运转一段时间的产业园区，才能够真正发现问题，找出问题的原因，对园区的研究才有帮助。

（4）纯工业厂房和改造类项目不在研究范围内。纯工业厂房功能单一，且大多都处在产业园1.0阶段，难以反映当前产业园区的发展水平；而改造类项目，如文化创意类、厂房改造类等园区，由于干扰因素过多，且历史成因较复杂，也难以从中找出产业园区发展的特征和规律，因此不作研究。

调研的企业名录如表3-2所示。

调研企业名录　　　　　　　　　表3-2

区位 开发商	上海	浙江	江苏
启迪控股	上海多媒体谷	—	启迪科技园昆山园区
	启迪漕河泾科技园		启迪科技园苏州园区
			启迪科技园江宁园区
市北高新	市北高新园区	—	—
北科建	上海北科建虹桥创新中心	嘉兴智富城	中关村软件园太湖分园
天安数码城	上海虹口天安数码城	杭州天安富春硅谷	江阴天安数码城
	上海闵行天安数码城		常州天安数码城
联东U谷	南上海国际企业港	—	无锡总部商务园
上海临港	临港漕河泾开发区南桥园区	—	—
	临港漕河泾开发区浦江园区		
	上海临港软件园		
	临港漕河泾康桥商务绿洲		
	临港漕河泾松江园区		
张江高科	张江集电港	—	—
	张江药谷		
	浦东软件园祖冲之园		
	浦东软件园郭守敬园		

续表

区位 开发商	上海	浙江	江苏
苏高新集团	—	—	江苏医疗器械科技产业园
			苏州高新软件园
			苏州国家环保高新技术产业园
恒生软件园	—	恒生科技园杭州园区	无锡恒生科技园
			无锡恒华科技园
			常州恒生科技园
浙大网新	—	杭州浙大网新创新科技园	浙大网新无锡国际科技创新园
		杭州湾信息港	
		浙大网新银湖创新研发园	
		义乌科技创业园	
		浙大网新慈溪智慧谷	
		浙大网新舟山科创园	
众合	—	众合青山湖科技园	—
亿达中国	—	杭州北部软件园	—
新加坡腾飞	—	新加坡杭州科技园	—
政府主导	—	温州双创园	—
		浙江省海创园	
特色小镇启动区	—	宁波江北前洋E商电商园	—
		宁波江北膜幻动力小镇	

二、调研的基本框架和调研方式

1. 调研方式

（1）实地考察：通过园区实地考察，记录园区建筑形式、材料、入驻企业、内部使用情况、周边环境等；

（2）走访：通过对园区使用者及运营者的访谈，记录园区招商运营情况及使用者对园区的反馈、当地政策等；

（3）设计资料收集：通过网络收集，或者向园区开发商索取等形式，收集园区基本指标信息、建筑设计图纸、工程概预算、政府政策等资料。

通过以上方式收集的资料，都将反映在统一格式的表格中，以便统计分析和比较。

2. 调研信息基本框架

调研的信息内容基本分为项目背景、建筑及规划基本信息、招商情况、运营情况以及企业访谈纪要五个大板块，每个板块又分别包含各项表征指标及现象描述（表3-3）。

调研基本框架　　　　　　表3-3

	调研大板块	调研详细数据
1	项目背景	区位、交通、地方环境、政策、土地价格、开发主体基本信息、建设情况等
2	建筑及规划基本信息	基本经济技术指标、业态构成及面积、主导物业详细指标及立面材料、交付时装修情况等
3	招商情况	产业定位、招商模式及管控方法、招商政策、入驻企业主要来源及基本信息、去化情况等
4	运营情况	运营模式、企业扶持情况、销售单元分割及原因、盈利模式、租售比、园区黏性、未来战略调整等
5	企业访谈纪要	照片、录音、访谈记录、图纸信息（少部分有）、招商政策、企业宣传材料等

每个大板块又可详细分为多个调研条目。

（1）项目背景

项目背景的具体调研条目详见表3-4。

调研基本框架——项目背景详细内容　　　　表3-4

调研条目	调研详细内容
项目区位	所属版块
	具体地址
园区交通情况	距地铁站距离
	距最近公交站距离
	距火车站或机场距离
	是否有班车
	其他交通情况
地方主导产业	
地方针对开发的政策	
园区开发主体	园区开发主体性质
	园区开发主体背景
土地情况	用地性质
	拿地时间
	拿地单价
园区开发建设	园区开发周期及节奏
	园区建设情况
	设计年份
	建成年份
	建设资金来源

（2）建筑及规划基本信息

建筑及规划基本信息的具体调研条目详见表3-5。

调研基本框架——建筑及规划基本信息　　　　表3-5

调研条目	调研详细内容
经济技术指标	总用地面积
	总建筑面积
	地上建筑面积
	地下建筑面积
	计容建筑面积
	占地面积
	容积率
	建筑密度
	绿地率

续表

调研条目	调研详细内容			
经济技术指标	机动车停车位数（地上及地下）			
	非机动车停车位（地上及地下）			
功能细分及面积	业态构成及配套			
	建设模式	企业自建模式		
		第三方代建		
		其他补充		
	主导物业	物业类型	高层	
			多层	
			独栋	
		总体量		
		单层面积范围		
		层数		
		标准层高		
		荷载		
		立面材料		
		装修情况		
		租金及涨幅情况		
		售价及涨幅		
	配套	园区内商业面积		
		周边商业面积		
		餐饮	自营食堂面积	
			营业性餐饮面积	
		停车楼面积		
		健身休闲形式、面积、是否对外营业		
		酒店面积、经营方式、品牌		
		公寓面积、类型		
		会议面积、形式		
		展示面积、形式		
	物业	物业服务方式		
		物业费		
		物管办公面积		
		物业变更情况		
园区交付时原始装修情况				

(3) 招商情况

招商情况的具体调研条目详见表3-6。

调研基本框架——招商情况　　　　　　　　　表3-6

调研条目	调研详细内容
产业定位	
招商模式	招商方式
	招商产业管控
园区服务平台	
政策扶持	地方政策
	园区扶持
入驻企业来源	区域来源
	产业来源
入驻代表性企业信息	企业名称
	主导产业
	发展阶段
	具体使用的物业类型
	单层面积区间
	总面积
	是否二次装修
	购买/租赁
企业入驻率	
去化情况	整体去化情况
	月均去化量

(4) 运营情况

运营情况的具体调研条目详见表3-7。

调研基本框架——运营情况　　　　　　　　　表3-7

调研条目	调研详细内容
运营商	
运营团队架构及人数	
可销售的最小分割单元及原因分析	
园区盈利模式	盈利来源及重要程度
	未来盈利调整方向

续表

调研条目	调研详细内容
园区黏性表现	
园区租售分析	租售比
	自持率
	未来运营战略调整方向

（5）企业访谈纪要

企业访谈纪要的具体调研条目详见表3-8。

调研基本框架——企业访谈纪要　　　表3-8

调研条目	调研详细内容
企业基本情况	企业所处行业
	在行业内的地位
	人员规模
	员工来源及当地人才能否满足企业需求
	年销售情况
	销售范围
园区对企业的吸引力	企业入驻园区的原因
	企业对园区服务的满意程度
	园区所处地段的交通便利与否
	物流服务如何
	园区内的产业配套是否满足企业需求
	同类型企业是否达到聚集效应
	上下游产品供应链能否满足企业需要
企业未来需求挖掘	企业是否在未来搬迁
	企业未来发展扩张需求
	企业对园区服务需求的建议

三、调研的基本内容

1. 调研数据的处理方式

对于筛选出的46个产业园区，分别用以上的调研模板进行信息收集，得到的大

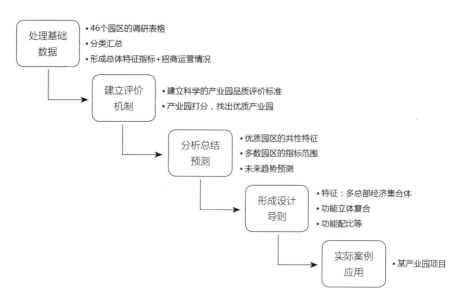

图3-2 产业园区调研数据处理流程

量信息必须通过科学的手段进行处理分析，才能够得出相对可靠的结论。我们的数据处理过程如下（图3-2）：

（1）处理基础数据

将46个产业园区的调研数据分类汇总到一张表格上，按照调研框架分为"项目背景"、"建筑及规划指标"、"招商运营情况"三个大部分进行统计。利用"探索性分析"方法找出各个产业园数据的共同特征以及数据规律。

（2）建立评价机制

建立科学的产业园区评价机制，将表象特征数据化，对以上调研的产业园区进行评价，将这些产业园区分成优、良、中、差四个等级。

（3）分析总结预测

分别对评价后的四个等级产业园区进行深入分析，找出同等级产业园区的共同特征和内在联系以及不同等级产业园区的主要差别，并分析其内在原因，得出影响产业园区的主要因素以及预测未来产业园区的发展趋势。

（4）形成设计导则

将影响产业园区的主要因素、各种特征值的主要区间以及未来产业园区的发展趋势等优化形成设计导则，引导未来产业园区的全过程开发设计。

（5）实际案例应用

将以上涉及导则在实际项目中试验，并从实践中反思设计导则的可靠性，使设计导则更优化，更符合实际需求。

2. 调研表格展示

（1）产业园区基本经济指标及各功能面积统计汇总（图3-3～图3-5）

图3-3　产业园区基本经济指标及各功能面积统计汇总表-1

图3-4　产业园区基本经济指标及各功能面积统计汇总表-2

产业园基本经济技术指标及各功能面积统计汇总（续）

地下 { **配套**：餐饮、食堂、展示、物管、运动休闲；**停车**：机动车位、非机动车位 }

					地面机动车位		架空车库+停车楼		非机动车位	
运动休闲占比	运动休闲	物管占比	物管	其他公共用房	个数	面积（㎡）	个数	面积（㎡）	个数	面积（㎡）
0.00%	0	0.91%	1000	0	199	——	0	0	0	0
0.00%	0	0.00%	0	498.6	91	——	0	0	400	——
0.00%	0	0.30%	300	0	20	——	0	0	100	——
0.00%	0	0.00%	0	0	50	——	0	0	100	——
0.00%	0	0.18%	300	0	490	——	0	0	0	0
0.64%	1252.3	0.31%	608.1	47.7	193	——	65	1301.8	——	140
0.00%	0	0.00%	0	0	751	——	0	0	377	——
0.03%	50	0.05%	100	0	230	——	0	0	120	——
0.00%	0	0.21%	500	0	720	——	0	0	1200	——
0.23%	2000	0.02%	150	0	3353	——	0	0	2829	——
0.00%	0	0.06%	30	0			0	0	0	0
0.00%	0	0.00%	0	0	50	——	0	0	0	0
0.00%	0	0.00%	0	0	81	——	447	15061.2	1489	——
0.02%	300	0.04%	600	0	1119	——	0	0	0	0
0.00%	0	0.45%	200	0	41	——	0	0	0	0
0.00%	0	0.00%	0	0	71	——	0	0	0	0
0.00%	0	0.18%	300	0	959	——	0	0	0	0
0.00%	0	0.00%	0	0	73	——	0	0	245	——
0.71%	1000	0.57%	800	0	199	——	0	0	0	0
0.00%	0	0.25%	295	451.5	223	——	0	0	0	0
0.00%	0	0.13%	220	0	689		0	0	0	0
0.00%	0	0.00%	0	0	638	——	0	0	4950	——
0.00%	0	0.22%	508.8	69.3	137	——	0	0	——	1900
0.00%	0	0.14%	300	0		——	0	0	0	0
0.12%	300	0.08%	200	0	1100	——	0	0	200	——
0.23%	712.84	0.21%	651	633.4	204	——	0	0	335	——
0.01%	100	0.00%	0	0	100	——	0	0	0	0
0.00%	0	0.00%	0	0	200	——	0	0	0	0
0.00%	0	0.13%	400	0	420		0	0	0	0
0.00%	0	1.12%	1264	8738	937	——	0	0	1395	——
1.71%	909.6	0.21%	127.9	1422.2	36		0	0	260	
1.02%	3749.2	0.23%	842.2	0	307	——	0	0	2795	1192
0.00%	0	0.00%	0	0	130	——	12000	0	100	——
0.00%	0	0.00%	0	0	200	——	0	0	0	0
0.00%	0	0.02%	200	0	2188	——	0	0	1583	——
0.00%	0	0.08%	250	0	100	——	0	0	0	0
0.00%	0	0.00%	0	0	200	——	0	0	800	——
0.00%	0	0.00%	0	0	85	——	0	0	0	0
0.00%	0	0.01%	400	0	334		0	0	0	0
0.00%	0	0.00%	0	0	100		0	0	300	

地下指标															
经济技术指标				地下配套功能（㎡）								机动车位		非机动车位	
地下面积占比	地下建筑面积（㎡）	计容建筑面积（㎡）	地下容积率	餐饮总面积	对外餐饮	食堂	商业	展示	物管	运动休闲	其他配套	个数	面积（㎡）	个数	面积（㎡）
23.64%	26000	0	0	0	0	0	0	0	0	0	0	402	——	0	0
21.79%	36680.8	0	0	0	0	0	0	0	0	0	0	729	——	2371	——
21.59%	21778.5	0	0	0	0	0	0	0	0	0	0	498	——	0	0
0.00%	0	0	0	0	0	0	0	0	0	0	0	0	0	0	0
11.44%	19380	0	0	0	0	0	0	0	0	0	0	510	——	0	0
22.34%	43490.2	0	0	0	0	0	0	0	0	0	0	351	——	——	3643
0.00%	0	0	0	0	0	0	0	0	0	0	0	0	0	0	0
14.53%	26436	0	0	0	0	0	0	0	0	0	0	0	0	0	0
50.00%	120000	0	0	0	0	0	0	0	0	0	0	0	0	0	0
12.34%	108424	0	0	0	0	0	0	0	0	0	0	891	——	1000	——
13.73%	7000	0	0	0	0	0	0	0	0	0	0	0	0	0	0
0.00%	0	0	0	0	0	0	0	0	0	0	0	450	——	0	0
2.19%	1980	0	0	0	0	0	0	0	0	0	0	58	——	0	0
21.94%	351589	0	0	0	0	0	0	0	0	0	0	9833	——	22513	——
30.67%	13582	0	0	0	0	0	0	0	0	0	0	132	——	0	0
23.73%	39645	0	0	1974	987.9	986.1	1972	0	0	0	0	704	——	2967	3785
35.59%	58898.2	0	0	0	0	0	565	0	0	0	0	69	——	0	0
20.96%	44574.1	0	0	0	0	0	0	0	0	0	0	929	——	241	——
14.29%	20000	0	0	0	0	0	0	0	0	0	0	601	——	0	0
17.53%	20877	0	0	0	0	0	0	0	0	0	0	421	——	1848	3226.4
4.01%	7000	0	0	0	0	0	0	0	0	0	0	145		0	0
9.27%	21899	0	0	0	0	0	0	0	0	0	0	391	——	3065	——
27.26%	63375	0	0	2851.5	0	2851.5	5127.1	0	0	0	0	1178	——	——	2451
0.00%	0	0	0	0	0	0	0	0	0	0	0	0	0	0	0
0.00%	0	0	0	0	0	0	0	0	0	0	0	0	0	0	0
28.33%	87220	4558.5	0.05	1510.6	0	1510.6	0	3052.7	0	0	0	2028	74764.4	3394	6828.9
35.71%	100000	0	0	0	0	0	5000	0	0	0	0	2000	——	0	0
11.72%	17000	0	0	0	0	0	0	0	0	0	0	150	——	0	0
0.00%	0	0	0	0	0	0	0	0	0	0	0	0	0	0	0
0.07%	79.6	0	0	0	0	0	0	0	0	0	0	0	0	0	0
28.83%	15349.9	0	0	0	0	0	0	0	0	0	0	331		431	
32.31%	119109.7	0	0	0	0	0	0	0	0	0	1161.6	2891	98027.2	3458	6226.1
34.53%	330000	0	0	0	0	0	4113	0	0	0	0	1519	——	500	——
0.00%	0	0	0	0	0	0	0	0	0	0	0	0	0	0	0
3.01%	26000	0	0	0	0	0	10000	0	0	0	0	0	0	0	0
23.76%	93500	0	0	0	0	0	0	0	0	0	0	900	0	0	0
36.00%	180000	0	0	0	0	0	0	0	0	0	0	2800	——	0	0
30.00%	45000	0	0	0	0	0	0	0	0	0	0	339	——	0	0
5.00%	50000	0	0	0	0	0	0	0	0	0	0	2015		0	0
18.26%	12000	0	0	0	0	0	0	0	0	0	0	1050		0	0

图3-5　产业园区基本经济指标及各功能面积统计汇总表-3

（2）产业园区招商运营政策及入驻企业黏性表现

产业园招商运营政策及入驻企业黏性表现

重点汇总条目

属性 \ 园区	
项目背景	所在城市级别
	所属版块
	拿地时间
	拿地单价
	设计年份
	建成年份
	建设资金来源
	用地性质
	园区开发主体性质（央企、开发区、民营企业）
	园区开发周期
	距地铁站
	距公交站
	距火车站
	距机场
	是否有班车
园区产品类型	孵化器
	平层办公
	独栋办公
	定制楼
	轻加工
	食堂
	商业
	是否有地下商业
	周边是否有商业
	公寓
	酒店
	会议
	展示
	休闲健身
	物管办公

招商	主导产业
	园区主导产业与地方主导产业关联
	企业入驻率
	根据主导产业招商
	产业链招商
	无控制
	控制不严
	企业来源
园区服务平台	金融
	人力
	创新
	技术支持
	创业（培训）
	政策（税收、园区政策）
	交流（沙龙、论坛）
	资源共享（信息、人才）
	基础服务（物业、咨询、法律）
	投资

地方招商政策	
园区对入驻企业的扶持方式	是否有孵化器
	投资控股
	创业培训
	技术支持
	其他
	企业黏性表现
去化情况	整体去化率
	月均去化情况
运营商	开发企业下属部门运营
	外包运营
	招商部门兼职运营
	无专业运营
	其他
运营团队	团队架构
	运营人员数量
物业服务方式	开发企业自营
	委托第三方代运营
盈利来源及所占比重	物业租赁
	物业销售
	园区服务
	企业投资
	企业税收
	未来盈利调整方向

园区租售情况	自持率
	未来运营战略调整方向
	可销售的最小分割单元
	总部办公（销售单元面积，下同）
	产学研产品
	研发办公
	标准厂房
	定制楼
	高层办公
	多层办公
	最小出租分割单元
	总部办公
	产学研产品
	研发办公
	标准厂房
	定制楼
	高层办公
	多层办公
园区分类	超级总部类
	政府主导类
	政企合作类
	校企合作类
	企业自主开发类

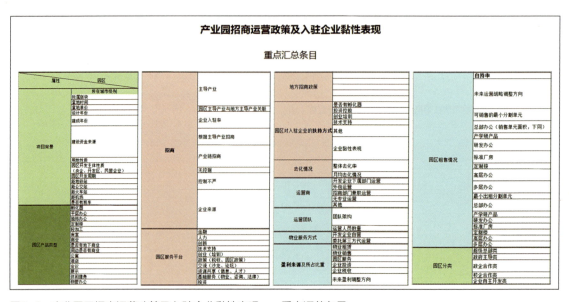

图3-6　产业园区招商运营政策及入驻企业黏性表现——重点汇总条目

图3-7 产业园区招商运营政策及入驻企业黏性表现——统计详表

四、调研数据分析

1. 地下面积占比与用地性质的关系

结论：地下面积占比与用地性质具有相关性：

（1）创新用地和工业用地：有地下建筑面积为0的情况；商办用地均有地下室。

（2）工业用地的地下建筑面积最少，创新用地的地下建筑面积最大。

（3）不同用地性质的地下面积占比范围（图3-8、图3-9）：

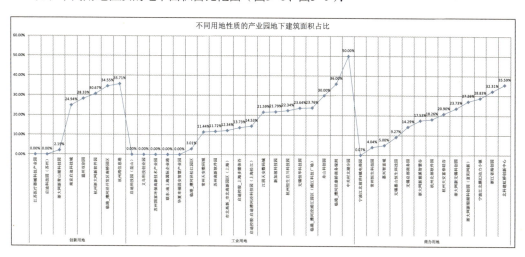

图3-8 不同用地性质的产业园地下建筑面积占比

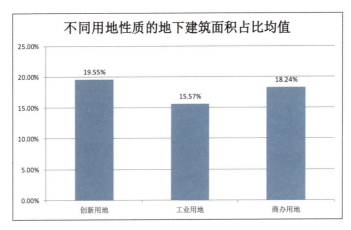

图3-9 不同用地性质的地下建筑面积占比均值

创新用地：0~35%之间，均值19.55%；

工业用地：12%~25%之间，均值15.57%；

商办用地：10%~35%之间，均值18.24%。

2. 地上办公、地上配套、地下建筑面积配比与用地性质的关系

结论：地上办公、配套与地下建筑面积的配比与用地性质具有相关性，规律如下：

（1）工业用地的办公占比最多，配套占比最少；商办用地的办公占比最少，配套占比最多。

（2）不同用地性质的研发办公面积占比（图3-10、图3-12）：

创新用地：56%~81%之间，均值64.65%；

工业用地：60%~90%之间，均值77.55%；

商办用地：31%~80%之间，均值52.56%。

（3）不同用地性质的配套面积占比（图3-11、图3-12）：

创新用地：7.5%~16%之间，均值13.89%；

工业用地：2%~28%之间，均值10.72%；

商办用地：16%~40%之间，均值21.67%。

3. 不同形态的办公建筑配比与用地性质的关系

结论：产业园的各类型办公建筑配比与用地性质具有相关性，规律如下（图3-13）：

第 3 章 长三角产业园区的现状调研和总结 | 115

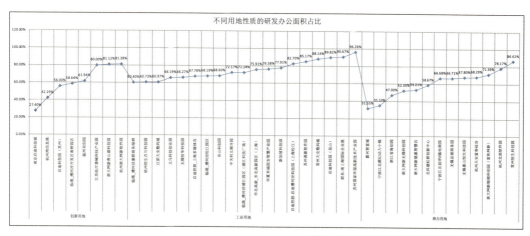

图3-10 不同用地性质的研发办公面积占比

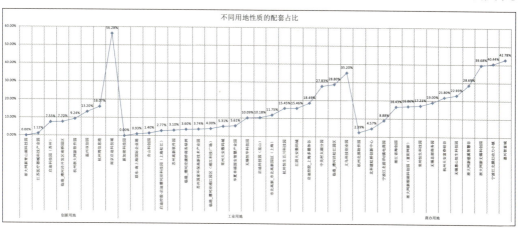

图3-11 不同用地性质的配套占比

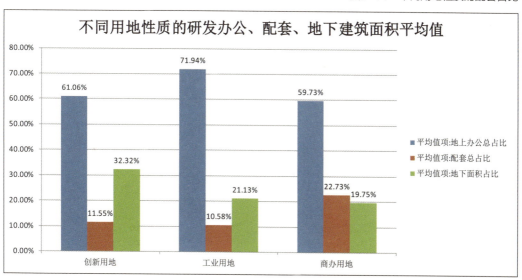

图3-12 不同用地性质的研发办公、配套、地下建筑面积平均值

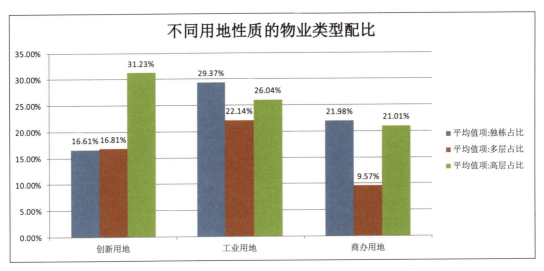

图3-13 不同用地性质的物业类型配比

（1）工业用地的独栋办公最多，创新用地的独栋办公最少；

（2）工业用地的多层平层办公最多，商办用地的多层平层办公最少；

（3）创新用地的高层办公最多，商办用地的高层办公最少。

4. 容积率、建筑密度与用地性质的关系

结论：各产业园的容积率随着用地性质的不同，呈现不同的取值趋向：创新用地容积率最高，工业用地容积率最低；各产业园的建筑密度基本为30%左右，与用地性质相关性较小。

（1）不同用地性质的容积率范围（图3-14、图3-15）：

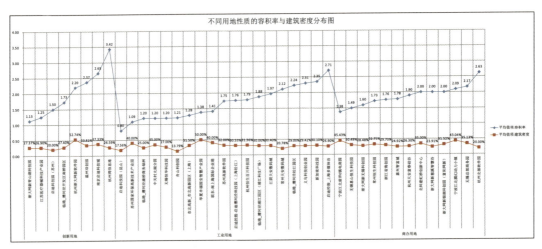

图3-14 不同用地性质的容积率与建筑密度分布图

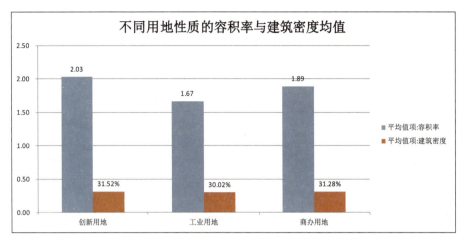

图3-15 不同用地性质的容积率与建筑密度均值

创新用地：1.13~3.42之间，均值2.03；

工业用地：1.09~2.35之间，均值1.67；

商办用地：1.38~2.17之间，均值1.89。

（2）容积率与用地性质之间不具有相关性。

5. 自持率与用地性质、开发模式的关系

结论：自持率与开发模式相关性较大，与用地性质相关性不明显。

（1）政府主导型的园区自持率均为100%；政企合作型的园区自持率为54%；企业主导型的园区自持率最低，为36%（图3-16）。

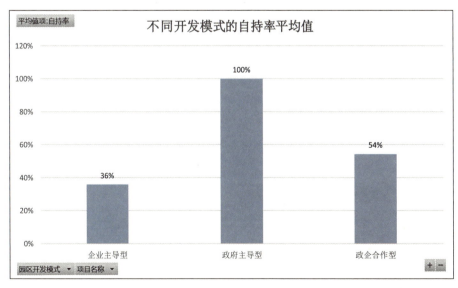

图3-16 不同开发模式的自持率平均值

（2）创新用地中，不同开发模式的园区自持率（图3-17）：

政府主导型：均为100%；

企业主导型：20%~100%；

政企合作型：50%。

（3）工业用地中，不同开发模式的园区自持率（图3-18）：

政府主导型：100%；

企业主导型：0~100%；

政企合作型：50%~75%。

（4）商办用地中，不同开发模式的园区自持率（图3-19）：

政府主导型：100%；

企业主导型：0%~100%；

政企合作型：10%~100%。

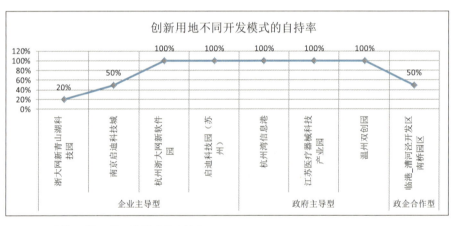

图3-17 创新用地不同开发模式的自持率

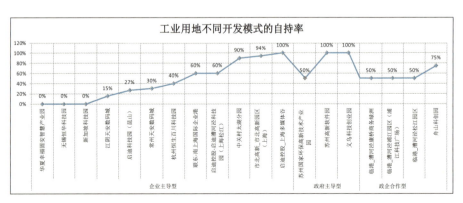

图3-18 工业用地不同开发模式的自持率

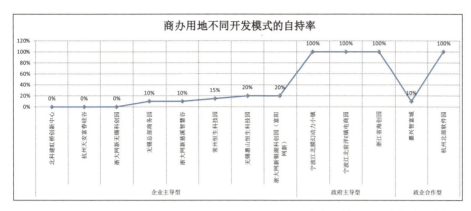

图3-19　商办用地不同开发模式的自持率

6. 容积率与城市区位的关系

结论：各产业园的容积率与园区所处的城市能级具有相关性，基本为：省会>地级市>县级市>县区（图3-20）。另外，容积率与城市区位的相关性有待分析。

图3-20　不同城市区域的园区指标平均值

7. 规律总结及趋势预测

（1）物业配比最优值：一个产业园区中，孵化器与加速器、小型企业总部、研发楼、定制偶得客户、上市企业、其他配套用房的常规占比如图3-21所示。

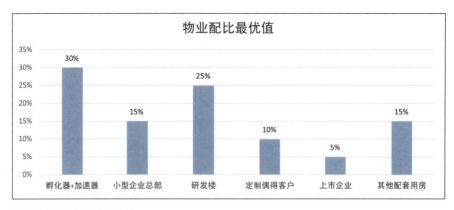

图3-21 物业配比最优值

（2）不同用地性质的产业园区办公产品中，独栋、多层平层、高层产品的配比如图3-22所示。

（3）不同用地性质的产业园区，容积率与建筑密度的平均值分别如图3-23所示。

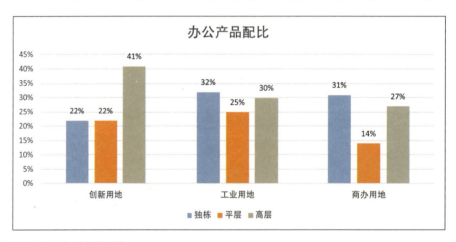

图3-22 办公产品配比

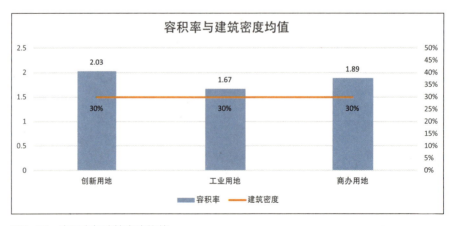

图3-23 容积率与建筑密度均值

（4）不同主体主导的产业园区，自持率均值如图3-24所示。

（5）产业园区的容积率与其所在的城市区位有相关关系，基本为：省会>上海>县级市>地级市；中心城区>市郊（图3-25）。

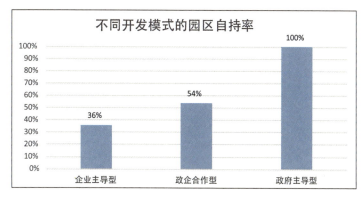

图3-24　不同类型园区的自持率均值

图3-25　容积率与城市区位的关系

（6）产业园区中各单体的基本数据范围（表3-9）。

产业园区各类型单体的数据取值范围　　　　　　表3-9

	单层面积（m²）	单栋面积（m²）	层数	层高（m）	荷载	租金	售价（元）	物业费	立面材料	装修情况
孵化器	500~6000	6000~20000	3~6	3.6~4.2	200~300kg/m²	12.5~18元/天	—	2.5元/m²/月	铝板+玻璃幕墙	简装
多层办公	1200~6000	6000~20000	3~6	3.6~4.2	200~300kg/m²	12.5~60元/天	4000~8000	2.5元/m²/月	铝板+玻璃幕墙	简装
高层办公	1200~3000	8500~60000	7~30	3.6~3.9	200~300kg/m²	30~60元/天	7000~8000	2.8~4元/m²/月	石板干挂+玻璃幕墙	公共区域精装
小独栋	200~600	800~3000	3~5	3.6~4.2	200~300kg/m²	30~40元/天	7000~8000	2.8~4元/m²/月	窗墙系统+粉刷/干挂	毛坯/简装

（7）产业园区发展的趋势：

1）自持率：企业主导型产业园区自持率逐年升高。因为开发商自持物业越多越有利于产业置换和产业集聚，更有利于园区的黏性增长，具有长期利益。

2）办公配套比：创新用地趋近20%，商办用地约28%，表现出逐年升高的趋势。

3）产业园区也在不断发展，当前大部分产业园区处于2.0和3.0阶段（图3-26）。

图3-26　产业园区不同阶段的代表及特征

第4章

制定产业园区指标评价体系

第一节 产业园区指标评价体系的建立与原则

一、制定产业园区指标评价体系的意义

产业园区的物业类型是目前所有建筑门类中最难以被界定的一个物业类型,包含的物业类型多样而复杂,使得产业园区的设计具有非常多的可能性。

目前世界上有大量的产业园区,且种类繁多,未来的产业园区建设必须从已有的案例中总结经验,分析其中的内在规律,才能得到更好的发展。因此,建立一个科学的产业园区评价体系就极为重要了。

当前的评价主要分为定性和定量两种。

定性评价主要依靠评价者的直觉、经验,分析事物过去和现在的延续状况及最新的信息资料,对事物的性质、特点、发展变化规律作出判断。定性评价一般是描述性的,但只能停留于现象的表面,难以深入分析其内在本质。

定量评价一般通过反映事物的数量特征得到对事物特性的界定,相对定性评价具有十分明显的优势,可以从事物的表象特征出发,深入发现其内在与数学规律变化,甚而可以用数学公式描述变化规律,来精确推测未来的变化趋势。

将定量评价的方法用在产业园区上,可以帮助我们从产业园区大量的指标、特征、影响因素等表象中,找到内在规律和发展趋势,以相对客观的角度和相对科学的方法分析产业园区,建立起一种科学评价体系。

本书利用产业园区评价体系对大量当前产业园区进行评价,找到评分较高的产业园区,并通过分析这些产业园区的得分点,找出优质产业园区的共同特征,据此可以推测出未来优质产业园区的必备条件、重要因素以及痛点。此外,通过评价,

更有可能发现产业园区表象特征下隐藏的经济规律和人的行为模式，由此建立产业园区真正的内在体系。

二、产业园区指标评价体系的框架

本书所建立的产业园区评价标准，是基于可持续发展的内涵，包括"绿色、健康、社会、经济、文化、智慧"等方面以及产业园区开发建设的六大体系所建立的。本章的评价体系是以中国品质园区评测委员会2015年出版的《中国品质园区评价说明》为基础进行修改、补充、完善所得。

本书的产业园区指标评价体系的建立，遵循着以下原则：

（1）定性与定量评价相结合；

（2）科学客观性与实用可操作性相结合；

（3）产业园区的硬件条件与软性内核兼顾，并关注经济效益与社会效益；

（4）考虑评价框架各部分的相互独立性，避免牵一发而动全身；

（5）选取关键性指标和具有通用性的标准。

本书中的产业园区评价体系采用与美国LEED评价体系相似的评分方法，通过对评分标准的细分形成颗粒化的得分点，可以有效提升评价的客观性和可操作性。

综合下来，标准分为三个层级，层层细分，将产业园区所有评价元素细化到每一个得分点：

第一层级为一级标准，共6个，分别为"外部环境条件"、"园区规划设计"、"建筑产品设计"、"园区运营服务"、"园区招商体系"、"园区经济效益"，是反映产业园区开发建设品质的构成要素；

第二层级为二级标准，共30个，为每个一级标准分别细分；

每个二级标准又细分成若干个三级标准，共206个。

具体分类方法如图4-1所示。

产业园区指标评价体系框架

一级标准	外部环境条件	园区规划设计	建筑产品设计	园区运营服务	园区招商体系	经济社会效益
二级标准	经济支撑 知识支撑 环境支撑 政策支持 交通联系 周边环境条件 周边设施配套	土地利用 公共空间环境 配套公共服务设施 建筑布局 交通系统	绿色认证 外观品质 室内环境品质 空间使用品质 设备设施	专业物业服务 生活服务 商务服务 专业技术服务	主导产业选择与定位 完善的招商体系 丰富的招商资源 科学的招商方法 专业化的招商队伍	知识创造和孕育创新的能力 产业化和规模经济的能力 国际化和参与全球竞争的能力 园区可持续发展的能力

图4-1 产业园区指标评价体系框架

"外部环境条件"反映了产业园区所在城市的环境背景、政策支持情况以及园区开发建设与外部城市资源设施的关联程度;"园区规划设计"反映了产业园区的土地利用情况、总体布局、经济指标以及园区公共系统设计情况等,是处于较宏观的角度来评价;"园区产品设计"反映了园区内具体建筑的产品类型、各项指标及适用情况等,是处于较微观的角度来评价;"园区运营服务"反映了园区软环境建设情况以及园区开发者与园区使用者之间的关联程度;"园区招商体系"反映了园区开发者或者政府的招商能力以及园区形成产业生态的能力;"社会经济效益"反映了园区对于区域的贡献、园区的创新创业能力以及园区未来可持续发展的可能性。

指标评价体系是基于产业园区六大体系建立的,具有对应关系(图4-2)。基本上,"外部环境条件"对应产业园区的政策体系和规划体系,"园区规划设计"

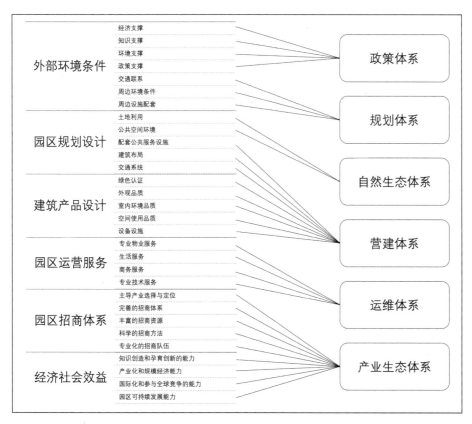

图4-2 指标评价体系与产业园区六大体系的对应关系

对应产业园区的自然生态体系和营建体系，"建筑产品设计"对应产业园区的营建体系，"园区运营服务"对应产业园区的运维体系，"园区招商体系"和"园区经济效益"对应产业园区的企业生态体系。其中各部分间因为分类的方法不同有部分交叉。

三、产业园区指标评价体系的评分标准

考虑到评价体系的客观性和可操作性，本书所采用的评价体系为颗粒化评分体系，不考虑一级指标间的权重比例，而是通过设定对应于第三级指标项的得分点和扣分点来进行评价。

评价体系第三层级共有206个指标，其中有204个得分点和2个扣分点，每个得分点为1分，每个扣分点为-1分，所以最高得分，即满分为204分。具体每个一级标准的总分如图4-3所示。

根据产业园区实际得分占总分的百分比，将园区分为"优、良、中、差"四个等级，其中等级"优"为得分占总分的80%以上，等级"良"为得分占总分的60%~80%，等级"中"为得分占总分的40%~60%，等级"差"为得分占总分的40%以下。

最后，对于本文第三章实际调研的各产业园区，使用此评价体系进行评价打分，根据得分高低对调研案例分等级进行进一步分析，统计各等级的各级标准的分别得分情况，以此推测出各等级的产业园区的特征，预测未来产业园区应具有的最重要的品质。

产业园区指标评价体系框架

一级标准	外部环境条件	园区规划设计	建筑产品设计	园区运营服务	园区招商体系	经济社会效益
二级标准	经济支撑 知识支撑 环境支撑 政策支持 交通联系 周边环境条件 周边设施配套	土地利用 公共空间环境 配套公共服务设施 建筑布局 交通系统	绿色认证 外观品质 室内环境品质 空间使用品质 设备设施	专业物业服务 生活服务 商务服务 专业技术服务	主导产业选择与定位 完善的招商体系 丰富的招商资源 科学的招商方法 专业化的招商队伍	知识创造和孕育创新的能力 产业化和规模经济的能力 国际化和参与全球竞争的能力 园区可持续发展的能力
分值	23	33	20	37	47	44

总分：204
优（总分80%及以上）：164~206
良（总分60%~80%）：123~163
中（总分40%~60%）：82~122
差（总分40%以下）：0~81

图4-3 产业园区指标评价体系各部分分值

第二节 产业园区指标评价体系的内容与条文解释

一、产业园区指标评价体系的主要内容

产业园区指标评价体系分为六个部分，三个层级。详细的条目如表4-1所示。

产业园区指标评价体系详细内容　　　　表4-1

一、外部环境条件园区	1.1 经济支撑	1.1.1 人均GDP 1.1.2 国际贸易额占GDP比重 1.1.3 高技术产业占GDP比重 1.1.4 城镇人均私有股权投资 1.1.5 城镇职工年均总收入
	1.2 知识支撑	1.2.1 全社会研发投入占GDP比重 1.2.2 千人拥有科技活动经费筹集总额 1.2.3 千人拥有直接科技活动人数 1.2.4 每千位居民理工本科以上学历 1.2.5 每百万居民的专利授权数
	1.3 环境支撑	1.3.1 每千居民当地研究生在读人数 1.3.2 城镇人均中小学教育的公共支出 1.3.3 每千人宽带接入数量
	1.4 政策支持	1.4.1 产业扶持政策 1.4.2 人才政策 1.4.3 财税政策
	1.5 交通联系	1.5.1 城际交通联系 1.5.2 城市公共交通联系 1.5.3 城市道路设施联系
	1.6 周边环境条件	1.6.1 毗邻自然景观资源 1.6.2 噪声和污染干扰源（减分项）
	1.7 周边设施配套	1.7.1 毗邻产学研机构 1.7.2 毗邻居住区 1.7.3 毗邻商业设施

续表

二、园区规划设计	2.1 土地利用	2.1.1 建筑密度 2.1.2 绿地率 2.1.3 褐地再开发 2.1.4 自然资源保护利用 2.1.5 地下空间合理利用 2.1.6 紧凑开发 2.1.7 功能混合 2.1.8 办公业态产品多样组合
	2.2 公共空间环境	2.2.1 公共空间连接 2.2.2 竖向公共空间 2.2.3 营造宜人的街道空间 2.2.4 景观设计 2.2.5 水体景观 2.2.6 减少热岛效应 2.2.7 降低地表径流 2.2.8 节水景观灌溉 2.2.9 开放社区
	2.3 配套公共服务设施	2.3.1 餐饮服务设施 2.3.2 商业服务设施 2.3.3 金融服务设施 2.3.4 会议展览设施 2.3.5 文体娱乐设施
	2.4 建筑布局	2.4.1 考虑地域特点 2.4.2 利用场地条件 2.4.3 通风和防风 2.4.4 日照采光 2.4.5 视线影响 2.4.6 展示面 2.4.7 构筑活跃的步行街道
	2.5 交通系统	2.5.1 路网结构 2.5.2 慢行系统 2.5.3 车行交通 2.5.4 静态交通
三、建筑产品设计	3.1 绿色认证	3.1.1 美国LEED认证 3.1.2 国内绿建认证
	3.2 外观品质	3.2.1 建筑造型 3.2.2 外墙品质

续表

三、建筑产品设计	3.3 室内环境品质	3.3.1 景观视野 3.3.2 遮阳 3.3.3 自然通风 3.3.4 采光 3.3.5 保温隔热 3.3.6 吸烟控制
	3.4 空间使用品质	3.4.1 空间使用效率（减分项） 3.4.2 层高 3.4.3 空间适应性 3.4.4 无障碍设计 3.4.5 共享空间 3.4.6 地下空间
	3.5 设备设施	3.5.1 空调新风系统 3.5.2 给水排水系统 3.5.3 电力照明系统 3.5.4 可再生能源系统 3.5.5 智能化系统
四、园区运营服务	4.1 专业物业服务	4.1.1 专业物业资质 4.1.2 物业三标认证 4.1.3 保安 4.1.4 标识标牌 4.1.5 风险预防 4.1.6 园区安防系统配置 4.1.7 消防设备 4.1.8 园区出入口车辆管理 4.1.9 车辆动线管理 4.1.10 人流动线管理 4.1.11 停车管理 4.1.12 智能交通检测系统
	4.2 生活服务	4.2.1 餐饮配套 4.2.2 交通服务 4.2.3 员工住宿配套 4.2.4 商业配套 4.2.5 健康配套 4.2.6 休闲娱乐设施 4.2.7 社交空间及服务 4.2.8 培训服务 4.2.9 心理辅导 4.2.10 兴趣培养

续表

四、园区运营服务	4.3 商务服务	4.3.1 金融服务	
		4.3.2 人力资源	
		4.3.3 创新服务	
		4.3.4 创业服务	
		4.3.5 政务指引服务	
		4.3.6 知识分享平台	
		4.3.7 资源共享平台	
		4.3.8 法律支持	
		4.3.9 其他基础服务	
	4.4 专业技术服务	4.4.1 公共技术服务	
		4.4.2 创新孵化服务	
		4.4.3 技术转移服务	
		4.4.4 产品展示与交易服务	
		4.4.5 信息发布与检索服务	
		4.4.6 培训服务	
五、园区招商体系	5.1 主导产业选择与定位	5.1.1 基于区域资源禀赋	5.1.1.1 区位
			5.1.1.2 交通
			5.1.1.3 自然资源
			5.1.1.4 气候条件
			5.1.1.5 土地
			5.1.1.6 教育资源
			5.1.1.7 技术创新资源
			5.1.1.8 政策环境
			5.1.1.9 人才资源供给
			5.1.1.10 本地文化
		5.1.2 基于产业基础	5.1.2.1 企业主营业务
			5.1.2.2 企业内外部关联
			5.1.2.3 企业形成和聚集的历史沿革
			5.1.2.4 企业带动性
		5.1.3 基于本地政策环境	5.1.3.1 领导思路
			5.1.3.2 政治稳定性
			5.1.3.3 财政实力
			5.1.3.4 服务意识
			5.1.3.5 招商局的工作能力
			5.1.3.6 符合政策导向
	5.2 完善的招商体系	5.2.1 按照产业类别选择招商渠道	
		5.2.2 按照区域产业基础选择招商渠道	
		5.2.3 按照招商资源选择招商渠道	
		5.2.4 按照招商成本选择招商渠道	
		5.2.5 利用信息化手段建立招商情报分析系统	

续表

五、园区招商体系	5.3 丰富的招商资源（目标行业和企业）	5.3.1 市场维度	5.3.1.1 市场的规模增长预期 5.3.1.2 市场的成熟度 5.3.1.3 消费市场分布
		5.3.2 技术维度	5.3.2.1 技术发展方向 5.3.2.2 替代性技术的风险 5.3.2.3 产品成熟度
		5.3.3 人因维度	5.3.3.1 团队成员背景 5.3.3.2 发展思路 5.3.3.3 股权关系与治理结构 5.3.3.4 内部管理
		5.3.4 产业维度	5.3.4.1 产品链 5.3.4.2 产业链 5.3.4.3 价值链 5.3.4.4 市场位置和份额 5.3.4.5 竞争对手
		5.3.5 政策维度	5.3.5.1 政策导向 5.3.5.2 政策力度 5.3.5.3 政策周期
	5.4 科学的招商方法	5.4.1 产业研究 5.4.2 产业链招商	
	5.5 专业化的招商队伍	5.5.1 招商团队的教育背景 5.5.2 技术团队与招商团队相互辅助	
六、经济效益指标	6.1 知识创造和孕育创新的能力	6.1.1 千人拥有研发人员数 6.1.2 千人拥有理工类本科（含）学历以上人数 6.1.3 企业万元销售收入中R&D经费支出 6.1.4 千人拥有科技活动经费筹集总额 6.1.5 人均规模以下科技型企业直接股权投资 6.1.6 千人享有的政府对规模以下科技型企业的创新资助 6.1.7 千人拥有发明专利累计授权数 6.1.8 千人当年重要知识产权授权数 6.1.9 单位面积新注册的实收资本500万以下科技型企业数 6.1.10 人均技术合同交易额 6.1.11 科技活动经费中海外经费的比例 6.1.12 企业利润率 6.1.13 对科研机构-企业-政府合作密切程度评价（定性）	

续表

六、经济效益指标	6.2 产业化和规模经济能力	6.2.1 单位面积营业总收入 6.2.2 单位面积的资产总额 6.2.3 千人拥有的商标数 6.2.4 新产品销售收入占产品总销售收入的比例 6.2.5 单位直接投资形成的企业总资产 6.2.6 万人拥有的上市企业数量 6.2.7 主导产业集聚度 6.2.8 主导产业首位度 6.2.9 高新技术产业营业总收入占园区营业总收入的比例 6.2.10 高技术服务业营业总收入占园区营业总收入的比例 6.2.11 高新技术企业数占区内企业总数的比例 6.2.12 高新技术产业对区域辐射和带动能力评价（定性） 6.2.13 工业增加值率 6.2.14 人均税收总额
	6.3 国际化和参与全球竞争的能力	6.3.1 高新技术产品出口额占园区出口总额的比例 6.3.2 非外商独资企业的实收海外资本占高新区全部实收海外资本的比例 6.3.3 内资控股企业高新技术产品出口额占高新区出口总额的比例 6.3.4 千人拥有欧美日注册商标数 6.3.5 千人拥有欧美日专利授权数 6.3.6 内资控股企业专利授权数占高新区专利授权数的比例 6.3.7 园区企业"走出去"程度评价（定性）
	6.4 园区可持续发展能力	6.4.1 千人拥有的大专（含）学历以上从业人数 6.4.2 千人拥有的高技术服务业从业人数 6.4.3 千人拥有的投资机构和金融机构从业人数 6.4.4 千人拥有的企业经营管理者人数 6.4.5 科技人员年均收入 6.4.6 体制与机制创新评价（定性） 6.4.7 人居环境评价（定性） 6.4.8 单位面积企业新增直接股权投资额 6.4.9 万元产值综合能耗 6.4.10 单位增加值综合能耗

二、产业园区指标评价体系特点

本书的产业园区指标评价体系是基于产业园区内核的六大体系建立的，通过产业园区所表现出的外在指标来客观反映园区各参与主体之间的内在关系，并对产业园区的开发建设具有指导意义。具体表现为：

（1）兼顾考虑政府与企业之间的关系

本评价体系不拘泥于产业园区的物理空间，而是深挖其背后各参与主体的诉求与表现，反映园区表象背后隐藏的规律和特征。外部环境条件体现园区与所在区域的关联；园区运营服务反映园区增值服务的表现以及开发商与产业之间的联系；园区招商体系表现园区以及政府对于区域产业集聚的关注度及可持续发展的能力。

（2）兼顾考虑投入与产出之间的关系

指标评价体系通过经济社会效益评价，以园区创新创业以及经济效益等硬性指标，反映园区投入与产出之间的关系，以此来作为园区未来存亡的评估标准。

（3）兼顾考虑差异性进行分类指导

指标评价体系的评价标准，选取的大多是通用性的指标，适用于各种类型的产业园区，通过横向的客观比较，得出产业园区的共同特征，作为未来开发设计的指导。

（4）定量为主，定性为辅

评价体系设置的各评价标准呈颗粒化特征，以指标数据等定量指标为主，同时辅以定性判断，如"园区规划设计"中的三级标准"营造宜人的街道空间"，就是定性评价的结果。

（5）突出重点，引导方向

影响产业园区品质的因素很多，本评价体系只选取其中最为重要的一些因素，从外在现象推导出内在联系，以此深层次引导未来产业园区的开发建设。

第三节　使用指标评价体系对调研园区进行评价

我们对本书第三章调研的产业园区，利用本评价体系进行评价打分，以此来判断当前产业园区所呈现的指标特征。

本书共对38个产业园区进行评价，评价结果如下：

一、全部园区的评分结果及特征

1. 所有园区的得分区间

经统计,38个园区中,得分最高为182分(满分为204分,占89.2%),最低为40分(占满分的19.6%)。

大部分园区得分在90~160分之间,占总分的44.1%~78.4%,即大部分产业园区评分为"中"和"良"两个等级(图4-4)。

这一情况与本书第一章中"产业园区的发展历程"中我国产业园区的表现一致,即"我国大部分产业园区还处于2.0产业园——产业主导阶段"。具体情况,还需要通过对各等级指标得分情况进行详细分析统计来推导。

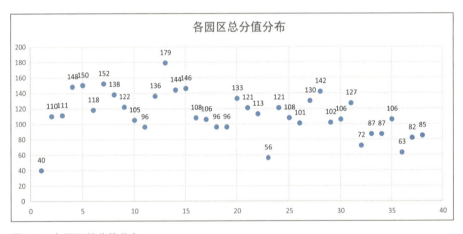

图4-4 各园区总分值分布

2. 园区各部分指标得分情况

因为指标评价体系中,各一级指标和二级指标的满分都不同,为了方便统计,我们引用"得分率"来进行统计,即"园区各等级得分占该等级满分的比例",计算公式如下:

得分率=某园区某项实际得分÷该项满分×100%

(1)一级指标得分情况

根据统计结果(图4-5),六个一级指标项中,得分情况最好的是"建筑产品设计"项,平均得分率为65.4%;得分情况最差的是"经济效益指标"项,平均得分率为40.6%。

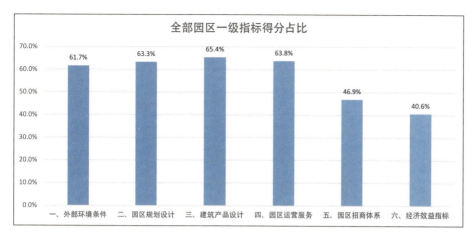

图4-5　全部园区一级指标得分情况

六个一级指标项中，可以明显看出，"园区规划设计"、"建筑产品设计"以及"园区运营服务"三项得分均较高，"外部环境条件"得分也处于及格线上，"园区招商体系"和"经济效益指标"得分稍差。

由此我们可以推测，大部分园区的物理环境及建筑设计体系水平较均衡，且完成度较高；而大部分园区的招商体系不完善，对招商工作不重视，这也可能是导致大部分园区经济效益不好的原因。

详细的原因，我们可以通过进一步对二级指标和三级指标的得分情况进行比较来推论。

（2）二级指标和三级指标得分情况

1）外部环境条件详细得分情况分析

通过对园区外部环境条件的得分情况进行统计总结，可以发现（图4-6）：

"政策支持"项得分最高，平均得分率为92.1%；其次是"交通联系"项，平均得分率为85.1%。得分最低的为"知识支撑"项，平均得分率为37.9%。

园区外部环境的好坏，是产业园区发展的先天条件。园区外部环境条件中包含城市环境条件及园区周边条件。城市环境条件包括"经济支撑"、"知识支撑"、"环境支撑"、"政策支撑"四个二级指标，这四项二级指标中，除了"政策支持"情况得分很高之外，其他三项得分均一般，"知识支撑"项得分尤其低；园区周边条件包括"交通联系"、"周边环境条件"、"周边设施配套"三项二级指标，其中"交通联系"项得分最高，得分率达到85.1%，而"周边环境条件"和"周边设施配套"项得分较低，得分率在60%左右。

由此我们可以推测，园区在选择外部环境条件时，对于城市的"政策条件"及园区选址周围的"交通联系"情况足够重视，且大部分城市都能够提供较好的政策

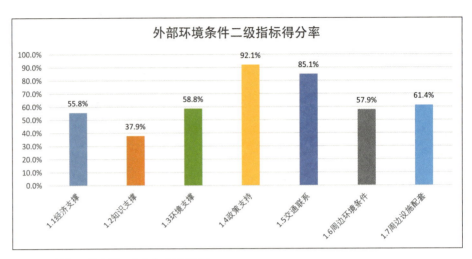

图4-6 外部环境条件二级指标得分情况

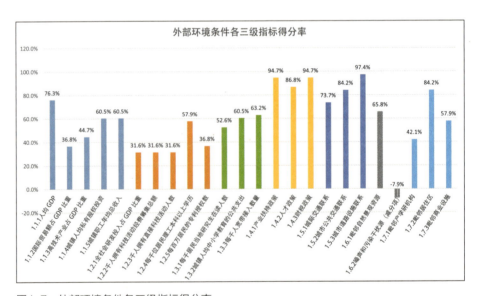

图4-7 外部环境条件各三级指标得分率

支持以及交通等城市基础设施服务。而对于园区所在城市的其他条件以及园区选址周围的环境条件和配套设施条件，可能出于各种原因不能满足。

详细分析外部环境条件下各三级指标的得分情况（图4-7），可以发现：

以下几项得分较高："1.4.1 产业扶持政策"、"1.4.3 财税政策"、"1.5.3 城市道路设施联系"，得分率都达到90%以上，"噪声和污染干扰源"作为减分项，得分率为–7.9%，即92.1%的产业园区周围没有噪声和污染干扰源；"1.4.2 人才政策"、"1.5.2 城市公共交通联系"、"1.7.2 毗邻居住区"得分也较高，得分率达到80%以上。

以下几项得分较低:"1.1.2 国际贸易额占GDP比重"、"毗邻产学研机构",低于50%。

由以上分析我们可以得出以下结论:

长三角大部分产业园区在选址时,对于外部环境条件的选择,优先考虑"政策条件",且大部分城市或区域具备满足产业园区发展的基本政策条件;其次,大部分产业园区周围的交通设施较完善,尤其是城市基础道路设施和公共交通设施,这是满足产业园区对外发展和联系的基础条件;此外,周围的噪声和污染源、是否毗邻居住区,也是产业园区选址时的重要考虑因素。

然而,当前长三角产业园区在选址时,对于周围是否具有产学研机构和商业设施,还没有给予应有的关注度。

2)园区规划设计详细得分情况分析

虽然园区规划设计平均得分较高,得分率达到63.3%,但是通过对其下各项二级指标的得分情况进行统计,可以发现,园区规划设计的各二级指标得分并不均衡(图4-8)。

其中,"交通系统"项得分最高,得分率达到94.7%;而"公共空间环境"一项得分很低,得分率只有33.6%。

进一步对其下的三级指标进行统计分析(图4-9),可以发现:

得分最高的二级指标"交通系统"项中,大部分三级指标得分都较高,只有"2.5.2 慢行系统"项得分稍低,这说明产业园区在园区的"慢行系统"打造方面还需努力。

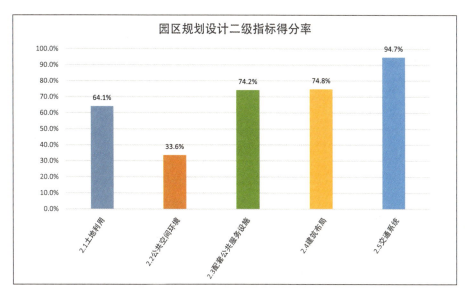

图4-8 园区规划设计二级指标得分率

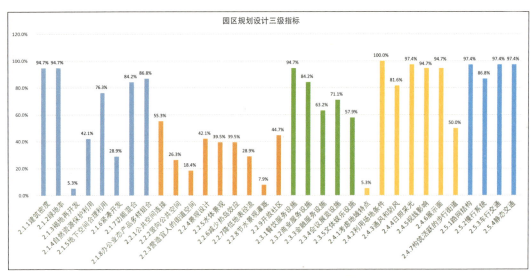

图4-9　园区规划设计三级指标得分率

得分最低的二级指标"公共空间环境"项中，各项三级指标得分都很低，尤其是"2.2.2 竖向公共空间"、"2.2.3 营造宜人的街道空间"、"2.2.7 降低地表径流"、"2.2.8 节水景观灌溉"等项，得分率不到30%，这说明产业园区在公共活动空间设计、景观设计以及调节城市微气候方面还欠缺较多。

此外，虽然"土地利用"、"配套公共服务设施"以及"建筑布局"这三个二级指标项得分也较高，但是其中仍然有得分极低的三级指标项，如"2.1.3 褐地再开发"、"2.1.4 自然资源保护利用"、"2.1.6 紧凑开发"、"2.4.1 考虑地域特点"、"2.4.7 构筑活跃的步行街道"，得分较低，而"2.1.1 建筑密度"、"2.1.2 绿地率"、"2.1.7 功能混合"、"2.1.8 办公业态产品多样组合"、"2.3.1 餐饮服务设施"、"2.3.2 商业服务设施"、"2.4.2 利用场地条件"、"2.4.3 通风和防风"、"2.4.4 日照采光"、"2.4.5 视线影响"、"2.4.6 展示面"等三级指标项，得分率均高于80%。

由此我们可以推论，长三角产业园区在园区物理空间设计方面，大部分已满足基本设计要求，设计体系也较为成熟，只是还需更多地从"使用者"需求的角度出发进行设计考虑。另外，产业园区在任务书设计上，还需要更多地考虑多功能混合以及产业园区对社会、对环境的影响，使产业园区的规划设计提高一个层次。

然而，从目前的指标体系具体条目设置来看，园区规划设计下的各条目设置都较为基础，仅满足当前设计规范，因而园区规划设计得分较高就可以理解了。但是，仅满足设计规范以及当前传统的设计规范是否符合产业园区的发展趋势与发展需求，还需要进一步研究。

3）建筑产品设计详细得分情况分析

"建筑产品设计"与"园区规划设计"类似，平均分较高，但是其中也存在一些二级指标和三级指标得分较低（图4-10）。

如图所示，产品设计的"室内环境品质"、"空间使用品质"、"设备设施"三项二级指标得分都较高，达到60%以上；而"绿色认证"和"外观品质"得分稍低。

接下来对各项三级指标进行详细分析（图4-11），可以发现，建筑产品设计的三级指标得分差异较大，大部分指标得分很高，但是也有几项得分很低的指标成为"短板"，如"3.1.1 美国LEED认证"、"3.2.1 建筑造型"、"3.3.6 吸烟控制"、"3.4.3 空间适应性"、"3.4.5 共享空间"、"3.5.4 可再生能源系统"、"3.5.5 智能化系统"，而其余得分很高的项大部分都是对于建筑设计的基本要求。

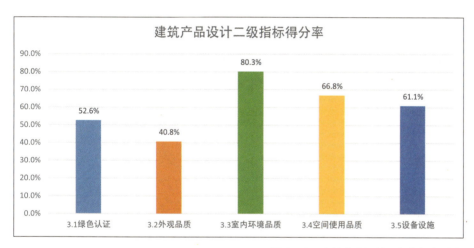

图4-10 建筑产品设计二级指标得分率

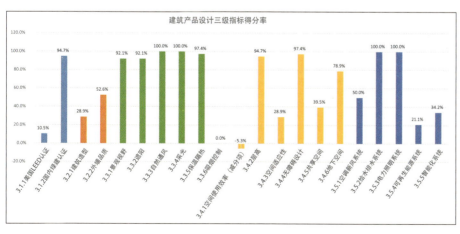

图4-11 建筑产品设计三级指标得分率

由此，我们可以推论，长三角产业园区的建筑产品设计大部分可以满足基本设计要求，但是在绿建设计、智慧园区设计、室内环境分区等方面，还需要投入更多努力。

然而，与园区规划设计类似，建筑产品设计的指标设置也较为基础，是基于当前建筑设计的基本规范设置的，并没有针对产业园区的具体需求设置相应指标项。因此，当前建筑产品设计的得分较高，也并不能说明当前产业园区在建筑设计方面没有进步空间。接下来的研究需要针对产业园区的具体空间需求及产业要求来进行，同时，也可以对当前的建筑设计规范的合理性提出改进建议。

4）园区运营服务详细得分情况分析

园区运营服务平均得分较低，得分率只有63.8%。进一步分析其二级指标得分情况（图4-12），可以发现，每个二级指标得分都较均衡，其中专业物业服务得分稍高，生活服务和专业技术服务得分最低。专业物业服务是产业园区的基本运营服务内容，生活服务、商务服务、专业技术服务相对来说是更高级别的运营服务。园区提供的运营服务越全面，则服务越专业，尤其是商务服务和专业技术服务，是推动园区内生发展的强大动力。

由此，我们可以推测，大部分产业园区仅能提供基础服务，专业运营服务水平不高。

进一步对园区运营服务的三级指标进行分析（图4-13），可以发现，各三级指标的得分情况参差不齐。

专业物业服务中的安保、消防、车辆管理等工作都得分较高，而物业三标认证、人流动线管理、智能化交通检测三项得分偏低，这三项对物业和产业园区的要

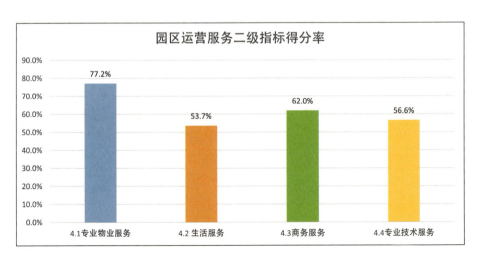

图4-12 园区运营服务二级指标得分率

图4-13 园区运营服务三级指标得分率

求较高,这说明大部分产业园区都已具备基本的物业服务,但是对于较高水平的物业服务,大部分都还欠缺。

生活服务中,餐饮配套、商业配套、社交空间及服务得分都较高,而交通服务、健康配套、心理辅导、兴趣培养等服务得分都很低。这说明大部分产业园区基本能满足使用者的生活需求,但还不够全面,且对于园区使用者的精神需求考虑不多。

商务服务和专业技术服务,整体得分都不太高,但是分数差异相对较小:知识分享平台、资源共享平台、技术专业服务、信息发布与检索服务、产学研平台等商务和技术服务都得分较低。商务服务和专业技术服务,是园区运营者对入驻企业扶持培养、提高园区产业吸引力及园区黏性的重要手段,但是从目前情况看来,大部分产业园区的商务服务和专业技术服务还需要提升水平。

5)园区招商体系详细得分情况分析

园区招商体系平均得分也不高,平均得分率仅46.9%,通过其二级指标得分情况(图4-14)可以看出,除了"科学的招商方法"一项得分较高以外,其余各项得分均不高,在50%左右。

进一步分析其三级指标得分情况(图4-15),可以发现如下现象:

主导产业的选择与定位:整体得分偏低,即大半的产业园区对于主导产业的选择与定位没有理性分析与科学依据。

完善的招商体系:招商渠道的选择方法,"按照招商资源选择招商渠道"一项一枝独秀,可以推测,大部分产业园区对招商渠道的选择较单一,仅根据招商资源的情况来选择招商渠道,招商体系并不完善。

丰富的招商资源:对于目标产业和企业的管控,可以发现,除了"政策维度",

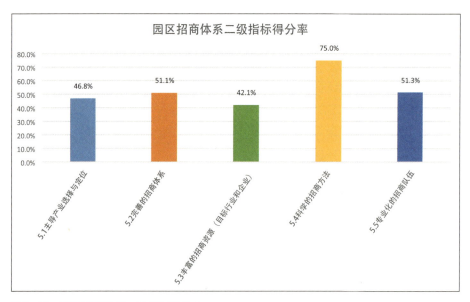

图4-14　园区招商体系二级指标得分率

图4-15　园区招商体系三级指标得分率

即符合政策导向、政策力度、政策周期得分较高以外，其余得分均很低。可以推测：大部分产业园区对于入驻企业的管控仅局限于企业是否符合政策要求，而对于企业的市场、技术、人因、产业等维度的管控，还未普及；招商管控目前还处于一个初级阶段。

科学的招商方法：科学的招商方法包括"产业研究"、"产业链招商"两个方面，得分均较高，说明目前大部分产业园区在招商时有意识地按照产业进行招商，为维持园区持续发展和形成产业集群打下了良好的基础。

专业化的招商队伍：这包括"招商团队的教育背景"和"技术团队与招商团

相互辅助"两方面，得分均不高，说明大部分产业园区在专业的招商团队构建上，还不够重视。目前大部分产业园区的招商团队都通过中介招商，或者是园区开发主体下属企业进行招商，招商目标和招商背景知识都不清晰。

科学完善的招商体系是产业园区健康发展的强力基础，对于园区企业形成闭合生态圈以及园区带动区域发展，都具有重要作用。而从现状来看，长三角大部分产业园区在招商体系方面还不健全，对于科学的招商方法和专业的招商队伍建设还不够重视。长三角地区的经济和产业结构目前正处于转型发展的关键时期，建立健全完善的招商体系是当前长三角产业园区的重要任务。

6）经济效益指标详细得分情况分析

经统计发现，大部分产业园区的经济效益指标得分都不高，平均得分率为40.6%，二级指标各项得分率也均低于50%。

具体来看各项二级指标（图4-16），得分最低的是"国际化和参与全球竞争的能力"一项，得分率为16.5%。

经济效益指标的各项设置均基于园区内部企业的盈利，由此可见，长三角地区大部分产业园区的变现能力还不强，可能大部分还是以房产销售和房产租赁为主要盈利途径。另外，长三角产业园区"走出去"的能力还稍欠缺，在参与国际化市场竞争时，还处于较低水平。

进一步分析三级指标得分情况（图4-17），可以看出，各指标得分情况差异较大，其中"千人拥有的大专（含）学历以上从业人数"一项得分最高，达到89.5%，

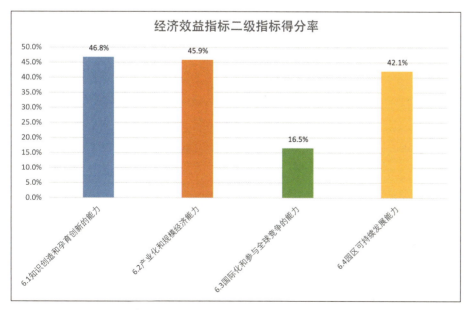

图4-16 经济效益指标二级指标得分率

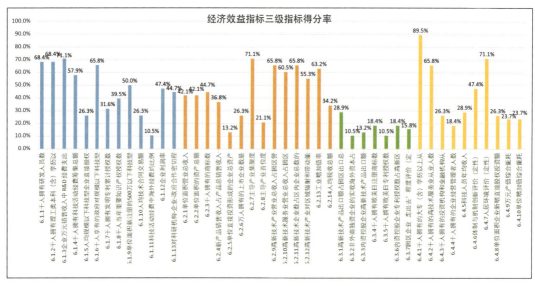

图4-17 经济效益指标三级指标得分率

说明调研的产业园区整体从业人员的教育水平较高,但是所选园区不一定能代表长三角所有产业园区。另外,有相当一部分指标的得分很低,按照其所属的二级指标来分类,分析如下:

知识创造和孕育创新的能力:科技型企业直接股权投资、发明专利授权数、重要知识产权授权数、技术合同交易额、科技活动经费中海外经费的比例,这五项指标得分最低,可以推测:长三角产业园区在企业资本扩张、创新创造能力等方面还处于初级水平。

产业化和规模经济能力:单位直接投资形成的企业总资产、万人拥有的上市企业数量、主导产业首位度、人均税收总额,这四项得分最低,而主导产业的集聚度、高新技术产业及高新技术服务业营收占园区总收入的比例、高新技术企业数比例、工业增加值率等项得分稍高。由此可以推断,长三角产业园区已经开始重视高新技术产业和高新技术服务业的发展,并且重视园区主导产业的集聚,但是发展水平还处于初级阶段。

国际化和参与全球竞争的能力:各项三级指标均较低,说明长三角产业园区在参与国际化竞争方面还处于初级阶段。

园区可持续发展能力:该项中除学历水平和人居环境评价得分较高外,其余得分均不高,尤其是投资机构和金融机构数量、企业经营管理者人数、科技人员年均收入、企业新政直接股权投资额、产值综合能耗及增加值综合能耗,这几项得分都不到30%。整体看来,长三角产业园区的创新机制和创新能力还不高,园区配套资源不足，企业扩张速度较慢，整体可持续发展能力还不高。

中国目前正处于经济产业结构转型的关键时期，中国在世界市场中所处的位置也正逐渐向微笑曲线两端转移。从以上产业园区的经济效益指标评价来看，虽然长三角地区经济产业水平在中国已经处于一个较领先的位置，但是产业园区的发展还处于初级阶段，创新能力以及参与国际竞争的能力都还需要加强，这样才能在日益激烈的国际市场中始终占有一席之地。

3. 各部分指标得分之间的关系分析

接下来，我们通过对这六大指标项中两两之间的相关关系进行分析，来发现指标体系各因素的相互影响力。

首先，指标体系的六大一级指标中，"园区规划设计"及"建筑产品设计"都属于园区的营建体系；而"园区运营服务"与"园区招商体系"都属于园区的运维体系；"外部环境条件"包含了园区政策体系、规划体系，这些都属于园区建设的先决条件；"经济效益指标"指代了园区的企业生态体系及创造的经济价值和社会价值，是园区各项建设的结果评价指标。

（1）园区规划设计与建筑产品设计的指标相关性分析

我们先分析园区营建体系下的"园区规划设计"与"建筑产品设计"的相关性。将各园区的"园区规划设计"指标与"建筑产品设计"指标这两组数据进行函数相关性分析，计算出这两组数据的相关性指数为0.76（函数相关性指数越接近0，越不具有相关性；系数越接近1，相关性越强，其相关关系如图4-18所示。由此可以判断，园区营建体系下的两个指标："园区规划设计"与"建筑产品设计"具有相关性。

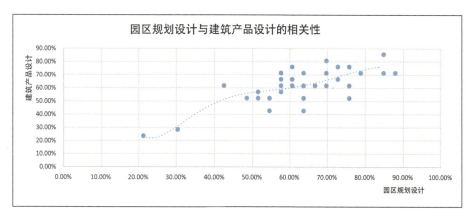

图4-18 园区规划设计与建筑产品设计的指标相关性

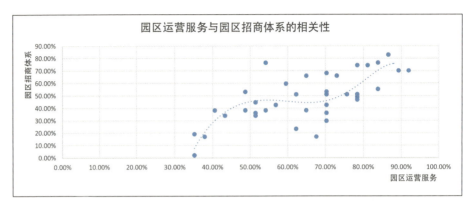

图4-19 园区运营服务与园区招商体系的指标相关性

（2）园区运营服务与园区招商体系的指标相关性分析

我们再对运维体系下的"园区运营服务"与"园区招商体系"指标进行相关性分析。对这两组数据进行函数相关性分析，其相关性指数为0.71，其关系如图4-19所示。由此我们可以判断，园区运维体系下的两个指标："园区运营服务"与"园区招商体系"具有相关性。

（3）园区其余指标体系之间的相关性分析

由于园区营建体系下的两指标具有相关性以及园区运维体系下的两指标也具有相关性，因此，我们用"园区规划设计"与"建筑产品设计"的平均数来表示园区营建体系，用"园区运营服务"与"园区招商体系"的平均数来表示园区运维体系。

我们对外部环境条件、园区营建体系、园区运维体系以及园区经济效益指标分别进行函数相关性分析，结果如表4-3所示。

园区各指标的相关性指数　　　　　表4-2

相关性	外部环境条件	园区营建体系	园区运维体系	经济效益指标
外部环境条件	—	—	—	—
园区营建体系	0.13	—	—	—
园区运维体系	0.36	0.35	—	—
经济效益指标	0.57	0.30	0.78	—

由于函数相关性指数越接近1，两组数据的相关性越强，指数越接近0，相关性越弱，因此，从表中，我们可以得知，园区运维体系与园区经济效益指标相关

性较强，外部环境条件与园区经济效益指标相关性也较强，其余指标间相关性较弱。

综上所述，我们基本可以得出以下结论：

1）园区规划设计与建筑产品设计具有指标相关性。大部分产业园区在营建方面标准较统一，园区规划设计与建筑产品设计通常不会顾此失彼，这通常取决于园区开发者在园区建设上的经济投入以及设计理念的先进性。

2）园区运营服务与园区招商体系具有指标相关性。大部分产业园区在园区运营与园区招商方面通常投入相似的精力，这通常取决于园区主导者对于园区发展的先期决策及盈利方式，披着地产外衣行房地产开发之事的产业园区，通常在园区运营与园区招商方面都表现较差。

3）园区运维体系与经济效益指标具有较强相关性，外部环境条件与经济效益指标的相关性次之，而园区营建体系与经济效益指标具有较弱相关性。这说明，决定园区经济及产业发展的因素，首先是园区招商与运营，其次是园区的政策、土地规划、选址等先期条件，而园区营建对于园区经济发展作用较弱。

4）园区营建体系与园区运维体系之间相关性较弱。这说明目前大部分产业园区的营建与招商运营结合度不高，具体表现为：园区规划设计与建筑产品设计缺少对于园区运营与招商的考虑，缺少为园区招商与运营预留的空间，也缺少对于园区建筑的通用性与共享性空间的考虑。

园区营建体系应是园区政策、规划、运营、招商、企业生态的具体落位，因此对于园区营建体系与其他体系之间的相关性和结合度的研究，应是我们对于产业园区研究的重点。目前，我们在这方面还欠缺很多。

二、不同得分的产业园区评分结果分析

1. 得分率40%以下的产业园区得分情况分析

得分率为40%以下的园区，评分等级为"差"，调研的案例中，得分为"差"的园区共4个，具体得分情况如表4-3所示。

其得分情况与平均得分统计如图4-20所示，可以看出，虽各园区得分情况参差不齐，但是具有一个整体趋势，"外部环境条件"、"园区规划设计"、"建筑产品设计"三大项得分较高，而"园区运营服务"、"园区招商体系"、"经济效益指标"三大项得分较低，其中"园区招商体系"和"经济效益指标"低于整体得分水平。

得分率40%以下的园区的一级指标得分情况　　　　表4-3

	上海某产业园	无锡某产业园	苏州某产业园	杭州某产业园	平均值
一、外部环境条件	21.7%	47.8%	87.0%	39.1%	48.9%
二、园区规划设计	18.2%	69.7%	30.3%	66.7%	46.2%
三、建筑产品设计	30.0%	80.0%	30.0%	80.0%	55.0%
四、园区运营服务	35.1%	35.1%	37.8%	35.1%	35.8%
五、园区招商体系	19.1%	2.1%	17.0%	2.1%	10.1%
六、经济效益指标	2.3%	13.6%	31.8%	0.0%	11.9%
总分	19.6%	34.3%	35.3%	29.9%	29.8%

此外，从图中我们可以发现，无锡某产业园与杭州某产业园整体得分情况较相似，虽然外部环境条件、园区物理环境都不错，但是园区运营服务和招商体系水平较低，导致经济效益得分很低；而"上海某产业园"（图4-21），园区载体老旧，物理环境得分较低，且外部环境得分也较低，所以虽然园区运营服务和招商服务得分相对其他几个园区不低，但是依然难以避免最终经济效益很低。

由此我们推测，园区经济效益与其他几项的相关性如下：

（1）产业园区的经济效益与园区的招商体系直接相关，与园区的外部环境、规划设计、建筑产品设计、运营服务都具有相关性，但不具有直接因果关系。

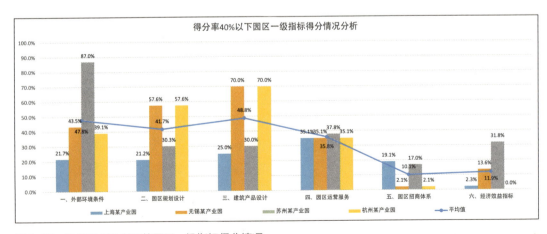

图4-20　得分率40%以下的园区一级指标得分情况

图4-21 "差"园区代表——上海某产业园——得分率19.6%

（2）产业园区的外部环境条件、规划设计、建筑产品设计，其中单独的某一项水平高，并不意味着产业园区的经济效益好，即产业园区的经济效益好坏并不由园区的外部环境、物理环境、载体质量决定。

（3）若产业园区的招商体系水平低，则产业园区的经济效益一定不好。

2. 得分率40%~60%之间的产业园区得分情况分析

得分率为40%~60%的园区，评分等级为"中"，调研的案例中，得分为"中"的园区最多，共18个，具体得分情况如表4-4~表4-6所示。

得分率40%~60%之间的园区一级指标得分情况-1　　　　表4-4

	上海中关村创新中心	上海虹口天安数码城	上海临港软件园	临港-漕河泾康桥商务绿洲	慈溪智慧谷	嘉兴智富城
一、外部环境条件	87.0%	78.3%	91.3%	91.3%	69.6%	39.1%
二、园区规划设计	78.8%	63.6%	75.8%	90.9%	75.8%	87.9%
三、建筑产品设计	70.0%	75.0%	65.0%	95.0%	85.0%	85.0%
四、园区运营服务	48.6%	48.6%	70.3%	43.2%	62.2%	70.3%
五、园区招商体系	38.3%	53.2%	42.6%	34.0%	51.1%	51.1%
六、经济效益指标	36.4%	47.7%	31.8%	15.9%	31.8%	20.5%
总分	54.9%	57.8%	58.3%	53.4%	58.3%	55.9%

得分率40%~60%之间的园区一级指标得分情况-2　　　表4-5

	义乌科技创业园	舟山科创园	杭州北部软件园	常州恒生科技园	常州天安数码城	启迪科技园（昆山）
一、外部环境条件	47.8%	30.4%	91.3%	39.1%	47.8%	87.0%
二、园区规划设计	60.6%	60.6%	75.8%	60.6%	75.8%	87.9%
三、建筑产品设计	60.0%	75.0%	80.0%	80.0%	85.0%	75.0%
四、园区运营服务	51.4%	64.9%	54.1%	78.4%	70.3%	62.2%
五、园区招商体系	44.7%	38.3%	38.3%	51.1%	36.2%	23.4%
六、经济效益指标	38.6%	29.5%	40.9%	43.2%	29.5%	34.1%
总分	49.0%	47.5%	57.8%	57.4%	53.4%	55.4%

得分率40%~60%之间的园区一级指标得分情况-3　　　表4-6

	启迪科技园（苏州）	江阴天安数码城	无锡恒华科技园	无锡恒生科技园	无锡总部商务园	中关村太湖分园	平均值
一、外部环境条件	91.3%	73.9%	52.2%	39.1%	39.1%	34.8%	62.8%
二、园区规划设计	69.7%	69.7%	75.8%	63.6%	75.8%	75.8%	73.6%
三、建筑产品设计	70.0%	85.0%	60.0%	70.0%	80.0%	75.0%	76.1%
四、园区运营服务	56.8%	67.6%	40.5%	78.4%	51.4%	51.4%	59.5%
五、园区招商体系	42.6%	17.0%	38.3%	48.9%	34.0%	36.2%	40.0%
六、经济效益指标	34.1%	18.2%	25.0%	43.2%	9.1%	22.7%	30.7%
总分	55.9%	48.0%	45.6%	56.4%	43.6%	46.1%	53.1%

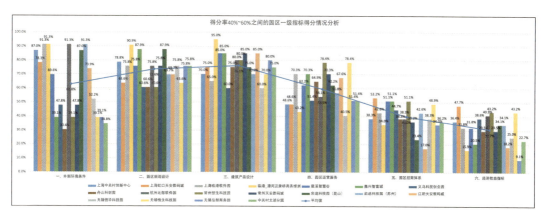

图4-22 得分率为40%~60%的园区一级指标得分情况

图4-23 "中"园区代表——常州恒生科技园——得分率57.4%

如图4-22、图4-23所示，将得分为"中"的所有园区的一级指标得分情况做成柱状图，可以看出，这些园区整体得分情况具有明显的趋势，即"建筑产品设计"得分最高，其次是"园区规划设计"、"外部环境条件"和"园区运营服务"，最差的是"园区招商体系"和"经济效益指标"，这两项低于整体得分水平。

可以发现，得分为"中"的产业园区整体得分趋势与得分为"差"的园区相似。可以推测，前文得出的三条结论依然有效。

3. 得分率为60%~80%的产业园区得分情况分析

得分率在60%~80%之间的产业园区，等级为"良"，共有15个。详细得分情况如表4-7~表4-9所示。

得分率为60%~80%的园区一级指标得分情况-1　　　表4-7

	启迪控股上海多媒体谷	市北高新-市北高新园区（上海）	启迪控股-启迪漕河泾科技园（上海松江）	临港-漕河泾松江园区	临港-漕河泾开发区南桥园区
一、外部环境条件	91.3%	95.7%	43.5%	52.2%	43.5%
二、园区规划设计	84.8%	78.8%	63.6%	93.9%	90.9%
三、建筑产品设计	90.0%	80.0%	60.0%	90.0%	90.0%
四、园区运营服务	81.1%	91.9%	78.4%	89.2%	73.0%
五、园区招商体系	74.5%	70.2%	74.5%	70.2%	66.0%
六、经济效益指标	50.0%	56.8%	40.9%	75.0%	54.5%
总分	75.5%	76.5%	61.3%	78.4%	68.6%

得分率为60%~80%的园区一级指标得分情况-2　　　表4-8

	临港-漕河泾浦江园区	张江集电港	浦东软件园-郭守敬园	张江药谷	杭州湾信息港	杭州浙大网新软件园
一、外部环境条件	52.2%	95.7%	95.7%	95.7%	87.0%	87.0%
二、园区规划设计	93.9%	69.7%	72.7%	81.8%	87.9%	72.7%
三、建筑产品设计	90.0%	75.0%	75.0%	80.0%	75.0%	75.0%
四、园区运营服务	70.3%	64.9%	83.8%	54.1%	75.7%	70.3%
五、园区招商体系	29.8%	66.0%	76.6%	76.6%	51.1%	53.2%
六、经济效益指标	54.5%	68.2%	45.5%	77.3%	47.7%	36.4%
总分	61.3%	71.1%	72.5%	76.0%	67.2%	61.8%

得分率为60%~80%的园区一级指标得分情况-3　　　表4-9

	杭州天安富春硅谷	南京启迪科技城	江苏医疗器械科技产业园	苏州高新软件园	平均值
一、外部环境条件	39.1%	82.6%	78.3%	91.3%	75.4%
二、园区规划设计	81.8%	69.7%	69.7%	72.7%	79.0%
三、建筑产品设计	90.0%	80.0%	75.0%	75.0%	80.0%
四、园区运营服务	78.4%	83.8%	70.3%	59.5%	75.0%
五、园区招商体系	46.8%	55.3%	68.1%	59.6%	62.6%
六、经济效益指标	47.7%	61.4%	79.5%	52.3%	56.5%
总分	61.8%	69.6%	73.0%	65.2%	69.3%

将这15个园区的一级指标得分情况统计成柱状图，如图4-24所示，可以发现，虽然六大项的整体趋势与得分为"差"和"中"的趋势相似，但是各项的差值明显减小，得分率最高的项"建筑产品设计"与得分率最低的项"经济效益指标"之间的差距只有23.5%，而等级"中"和"差"分别相差45.4%和44.9%。另外，与等级"中"的园区相比，各个园区之间的得分趋势更一致。

将得分率为60%~80%的产业园区按照经济效益指标是否高于平均值分别统计，（图4-25、图4-26），可以发现，经济效益越高的园区，各项指标之间的差值越小。

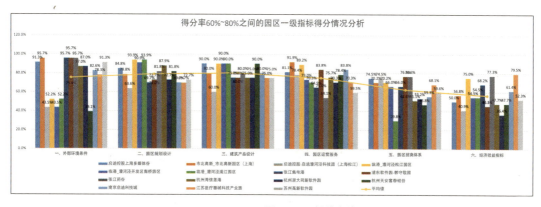

图4-24 得分率为60%~80%的园区一级指标得分情况

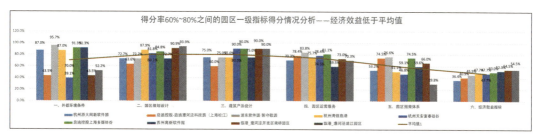

图4-25 经济效益指标低于平均值的等级"良"的园区

图4-26 经济效益指标高于平均值的等级"良"的园区

图4-27 "良"园区代表——临港漕河泾南桥园区——得分率68.6%

分别对比各一级指标得分,可以发现,经济效益高和低的两部分园区的"园区规划条件"、"建筑产品设计"、"园区运营服务"三项得分接近,而经济效益高的园区,"外部环境条件"、"园区招商体系"得分均远高于经济效益低的园区。上海临港漕河泾南桥园区是得分为"良"的园区典型(图4-27)。

由此我们可以推论:

(1)得分为"良"的园区,各项一级指标得分均较高,且得分较均衡,各指标之间的差距较小。

(2)外部环境条件与园区招商体系依然是影响园区经济效益的最大因素。

(3)园区规划设计和建筑产品设计均已达到较高水平,各园区间得分差异较小。

(4)园区运营服务平均得分较高,但是各园区之间得分相差较大。

4. 得分率80%以上的产业园区得分情况分析

得分率80%以上的产业园区，等级为"优"，根据统计结果，这一等级的产业园区只有一个，是位于上海的浦东软件园祖冲之园（图4-28）。

该园区详细得分如表4-10和图4-29所示，所有一级指标得分均高于80%，"外部环境条件"项得分甚至高达满分，可以说，浦东软件园祖冲之园得天独厚的先天优势是其园区高品质的基础。此外，园区规划设计和运营服务得分也较高，分别为园区的物理环境和软性服务加分。最终，虽然建筑产品设计和园区招商体系项得分稍低，但是也高于大部分园区的水平，使得最终该园区的经济效益指标达到95.5%的高分。

图4-28 "优"园区——浦东软件园祖冲之园——得分率89.2%

得分率80%以上园区一级指标得分率　　　　　　　　表4-10

	浦东软件园祖冲之园
一、外部环境条件	100.0%
二、园区规划设计	90.9%
三、建筑产品设计	80.0%
四、园区运营服务	86.5%
五、园区招商体系	83.0%
六、经济效益指标	95.5%
总计	89.2%

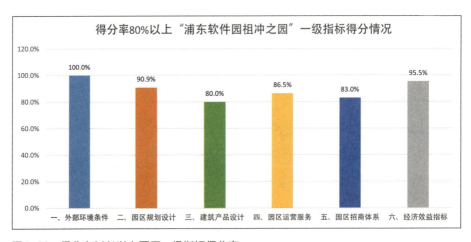

图4-29　得分率80%以上园区一级指标得分率

详细来看浦东软件园祖冲之园的二级指标得分率，如图4-30所示，可以发现，该园区大部分二级指标项都得到了满分，其余各项得分率也都在80%以上。少数得分较低的项，如"公共空间环境"得分率为77.8%，"设备设施"得分率为40%，"生活服务"得分率为70%，"主导产业的选择与定位"得分率为70%，"国际化和参与全球竞争的能力"得分率为71.4%。这些也是其他园区得分较低的项，是长三角所有园区的通病。

综合来看，得分为"优"的产业园区，与得分为"良"的园区相似，整体得分均较高，且各一级指标间得分差距较小，没有明显的得分短板。但是，在公共环境打造、智慧园区、绿建设计、参与国际化竞争等方面，具有与其他园区同样的问题。

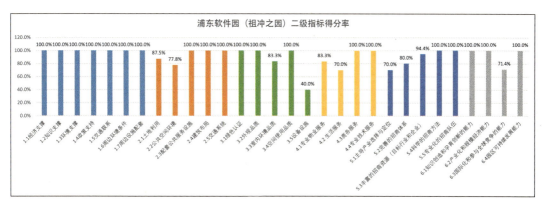

图4-30 浦东软件园祖冲之园二级指标得分率

三、调研园区评价总结

综上所述，本书第三章所调研的产业园区，使用本章的指标评价体系进行评价，表现出如下特征：

（1）大部分产业园区处于中上水平，即得分占满分的40%～80%，整体表现良好。

（2）大部分产业园区对选址比较重视，园区外部环境整体得分较高；但是，在选址时，还应考虑毗邻产学研设施和商业设施，为园区的长远发展考虑。

（3）大部分产业园区的物理环境（包括"园区规划设计"和"建筑产品设计"两项）已经可以满足基本使用需求，但是在公共空间环境的打造、绿建设计、智慧化园区打造等方面，还是得分不高。另外，园区配套设施大部分也仅满足了餐饮与商业需求，对于金融服务、会议展览、健康休闲、员工住宿等设施需求，满足的较少。

（4）园区的运营服务水平是关系到产业园区黏性以及园区是否能够持续发展的重要因素，然而目前大部分产业园区的运营服务还停留在提供物业服务的阶段，对于园区的商务服务、生活服务和专业技术服务，还需提高重视。

（5）园区招商体系是关乎园区经济效益的重要指标，但目前整体得分较低，是长三角产业园区最严重的短板。在招商时，除了要满足政策条件以外，还要科学合理地设置主导产业，建立完善的招商体系，培育专业化的招商团队，通过更丰富合理的渠道进行招商，在招商管控时，也不应"唯税收论"，要更全面地评估该企业的实力与未来发展潜力以及企业与园区主导产业是否相符，是否能够构成完整的产业链等方面。只有更科学合理地招商，才能让园区更持续地发展。

（6）目前大部分产业园区的经济效益不高，在参与全球化竞争能力方面尤为欠缺；大部分产业园区的盈利方式还是园区物业的租售，园区的产业聚集能力、规模经济能力、创新创造能力、可持续发展能力都很欠缺。长三角产业园区应将眼光放长远，并努力调整产业结构，政府审核管控也应更严格，做好管理者和辅助者的角色，只有这样才能在日渐激烈的全球竞争中把握话语权。

（7）得分高的产业园区，不仅各项指标得分均较高，且各指标之间的得分差距较小；而得分低的产业园区，可能有几项指标得分较高，但是通常会有一两项得分很低的短板。因此，产业园区要想健康持续发展，应全面提高各项硬件水平和软件水平，不能有短板存在，任何一项因素的缺失都可能造成园区最终的失败。

第四节　高品质产业园区特征总结及案例分析

本次调研中，评价为"良"的产业园区有15个，评价为"优"的产业园区仅有1个，即评价为良以上的园区共16个，占所有园区的42%。由此可见，长三角产业园区目前整体评价还不太高，还有相当大的增长发展空间。

为了更好地发展，我们不仅要发现产业园区中的不足和短板，努力改正，更重要的是，要总结表现较好的产业园区的各项特征，从中找出未来长三角产业园区应走之路。本次调研中，上海浦东软件园祖冲之园的表现极为突出，得分率为89.2%，我们就以之为例进行分析，从中总结出高品质产业园区的特征及未来产业园区应着重关注的要点。

一、高品质产业园区在评价中的表现

浦东软件园祖冲之园在评价中的各项表现都很优秀。接下来，我们将分别分析其各项得分情况，以此总结出长三角产业园区应具备的优秀品质。

祖冲之园是浦东软件园的三期项目，为张江股份有限公司开发建设，于2004年正式启动，2006年3月正式开园，投资达30亿元人民币。园区内现已聚集一大批国内外著名的软件企业落户发展，企业黏性很强，包括奥林巴斯等企业已在园区内办公十余年。

1. 外部环境条件

浦东软件园祖冲之园位于上海市浦东新区张江高科技园区的核心位置，园区呈五边形，北至祖冲之路，南至高科中路，西邻金科路，东北和东南分别紧邻高斯路

和吕家浜水系，总用地面积达50万m²，总建筑面积58万m²。

（1）经济支撑

上海在长三角区域经济本来就处在龙头位置，其人均生产总值远超江苏和浙江，而浦东新区的经济发展水平在上海也是遥遥领先（图4-31）。不仅如此，浦东软件园所在的张江高科技园区又处于浦东新区的核心位置，园区的先天条件就很优厚。

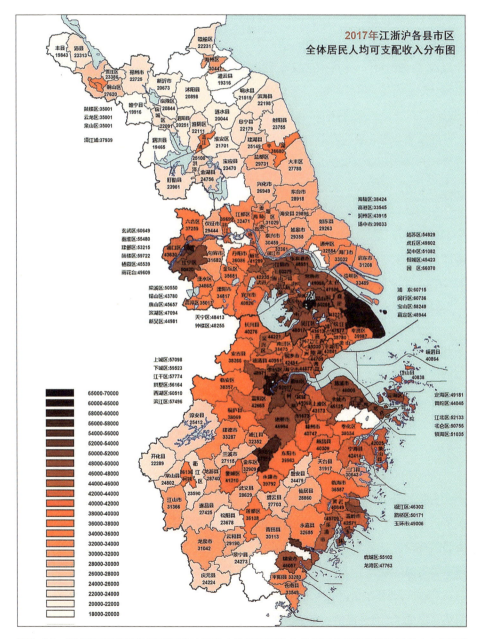

图4-31 2017年江浙沪各县市区全体居民人均可支配收入分布图（张宸煊制作图片来自网络）

（2）知识支撑

浦东软件园祖冲之园所在的上海高科技园区，汇聚1万多家企业，其中高新技术企业685家，国家、市、区级研发机构403家，跨国公司地区总部50余家，近20家高校和科研院所，现有从业人员达32万，高端人才集聚，国家"千人计划"96人，承载着打造世界级高科技园区的国家战略任务。人才环境和知识储备雄厚，是上海乃至中国的人才集中地和科技高地。

（3）环境支撑

上海市在公共安全、教育、社会保障、医疗卫生等一般公共支出方面投入力度一向很大。2018年，上海市的教育支出总额为917.99亿元，比上年增长5%；医疗卫生与计划生育支出总额470.11亿元，比上年增长14.1%；而在城乡社区方面支出总额达2088.33亿元，比上年增长高达36.4%。

在城市信息化建设方面，加快部署新型城域物联专网，至2018年末，全市千兆光纤用户覆盖总量达900万户，比上年末增加495万户；家庭光纤用户达644万户，比上年末增加65万户；家庭宽带用户平均接入带宽达139M。

在教育和科学技术方面，至2018学年末，全市共有普通高等学校64所，普通中等学校913所，普通小学721所，特殊教育学校30所。普通高等学校在校生人数有所增加。全市全年用于研究与试验发展（R&D）的经费支出相当于上海市生产总值的40%左右。

（4）政策支持

上海市国民经济和社会发展第十三个五年规划纲要提出："要加快推动产业转型升级：按照高端化、智能化、绿色化、服务化要求，促进产业融合发展，不断完善以现代服务业为主、战略性新兴产业引领、先进制造业支撑的新型产业体系，不断提升服务经济特别是实体经济发展的质量和水平。到2020年，服务业增加值占全市生产总值比重达到70%左右，制造业增加值占全市生产总值比重力争保持在25%左右。"

浦东新区在"十三五"规划纲要中进一步明确："把握全球新科技革命和新一轮产业变革的趋势以及《中国制造2025》、'互联网+'等发展方向，结合现有的产业优势以及'4+4'功能布局，注重产业创新、融合、集约、绿色发展，构建以辐射力强的现代服务业为主体、创新度高的'四新'经济为引领、智能化领先的先进制造业为支撑的融合型现代产业体系，在部分领域形成具有一定国际竞争力的产业集群。""4+4"即浦东新区"十三五"规划纲要中提及的"4+4"重点发展片区，指陆家嘴、保税区（含外高桥、空港、洋山）、张江、金桥四个成熟开发区，加上世博、临港、国际旅游度假区、航空城四个新兴区域。浦东软件园就位于四个成熟开发区中的张江片区。

此外，张江高科技园区也出台了自己的产业扶持办法：未来促进张江高科技园区的创新成果产业化，扶持园区主导产业进一步优化，凡是工商注册地、财税户管地在上海高新技术产业开发区核心园，且符合园区产业导向的企业，均可申请规定的扶持政策。扶持措施包括对与园区主导产业相关的国家重点项目、国家战略性新兴产业发展项目以及上海市重点项目等给予一定的配套支持和资金支持；对园区企业开展吸收合并、资产收购时发生的法律、财务等中介服务费用，给予一定的资助；对于园区内其他与主导产业相关的示范性项目和企业，只要符合政策条件，经过审核，都可以享有一定的补贴和奖励。此外，浦东新区政府也对张江高科技园区高新技术产业发展实行相应的财政扶持政策。

不仅如此，张江高科技园区管委会还出台了一系列的举措，来吸引人才，留住人才，包括人才公寓租赁细则、自主创新人才激励办法等。

浦东软件园祖冲之园作为张江高科技园区的核心园，入园企业可以享受以上各级产业扶持政策、人才政策及财税政策，具有极为优越的先天条件。

（5）交通联系

浦东软件园祖冲之园城市路网密布，虽园区占地较大，但是园区整体已融入城市，被各级城市道路划分成小地块，道路交通便利；距园区3.5km即有匝道可上张江立交桥，连接四通八达的城市快速路。

距离园区北侧主入口不到200m处，就是地铁2号线的金科路地铁站，可直达外滩、上海浦东机场、上海虹桥机场、上海虹桥火车站等各个交通枢纽，人员流动量大，且极为便捷。

从园区乘坐地铁至虹桥火车站或者虹桥国际机场，只需一个小时；而至上海浦东国际机场和上海火车站，只需要50分钟。城际交通也极为便捷。

（6）周边环境条件

浦东软件园祖冲之园紧邻亮景公园和张江主题公园，而园区内部也有一个面积高达55000m^2的湖泊，连接园区东南侧的自然水系吕家浜，自然环境极为优美，且周边没有污染源和噪声源，环境条件优越。

（7）周边设施配套

园区西侧毗邻高端居住区——汤臣豪园，东侧毗邻占地面积40万m^2的居住片区；园区西北角和园区北侧为商业综合体和商业街区（图4-32）；园区西南侧毗邻上海中医药大学、复旦大学张江校区两大高等学府，再往西即为中国科学院上海应用物理研究所。可见，园区周边的产学研机构、居住区、商业设施等各项配套均很完善。

图4-32 园区西北角的汇智商业中心

综上可见,浦东软件园祖冲之园的各项外部环境条件均表现出色,即园区选址时就已经具备了先天优势。

2. 园区规划设计

(1)土地利用情况

浦东软件园祖冲之园整体规划科学合理。总用地面积50万m^2,总建筑面积58万m^2,容积率1.1,建筑密度20%,绿地率高达60%。虽然建筑密度较低,低于园区平均水平,但主要是由园区布局形态造成的。祖冲之园中心是一个面积达55000m^2的巨大人工湖"汇智湖",是张江第三大人工湖,周边建筑沿湖而建,在建筑的土地开发利用上,还是本着节约用地的原则;而园区东北角的原始绿地也被开发建设成为集中式的绿地公园,对自然环境的保护与利用工作做得极佳。

园区建设有充足面积的地下室,用来解决园区停车等问题,被园区道路划分出的每个小地块都有地下室出入口。

园区内建筑除了各种类型的办公楼之外,还包含104500m^2的地铁商业广场以及超市、餐饮、健身、零售百货、商务酒店和10万m^2的配套住宅公寓,形成了一个功能完备的产业服务社区。

园区办公楼类型包括沿湖内圈的小独栋以及外圈的平层办公和高层办公,包含

图4-33 浦东软件园祖冲之园的多种办公楼

孵化器、加速器、总部办公等多种阶段的办公产品,可以容纳企业从初创到总部的全生命周期发展过程(图4-33)。

浦东软件园祖冲之园在土地利用方面,只有"褐地再开发"一项未得分,但是此项为加分项,并非产业园区开发的必选项,并不能由产业园区决定。所以,综合来看,祖冲之园在土地利用方面表现相当出色。

(2)公共空间环境

浦东软件园祖冲之园在景观环境设计方面堪称典范,园区整体布局围绕着中心的张江第三大人工湖——"汇智湖"展开,建筑内低外高,形成"聚宝盆"的形态。此外,园区东北角有大片集中绿地——"亮景公园",而健身房、篮球场、网球场等运动设施也安处其中,景观与建筑完美融合。

园区布局呈开放街区设计,大片的湖景与绿地都免费向市民开放,园区道路即为城市支路,将整个园区划分成一个个小街区,除了少部分的独栋之外,大部分园区建筑都没有围墙,街区界面和尺度宜人(图4-34)。

唯一留有遗憾的部分

图4-34 浦东软件园祖冲之园公共环境

是园区内各建筑之间的联系不强，地面上有人行步道连接各建筑，串联园区各公共空间，但是层次单一，缺少竖向公共空间。不过整体来说，浦东软件园祖冲之园在公共空间环境的塑造方面还是比较出色的。

（3）配套公共服务设施

浦东软件园祖冲之园的各项配套设施都很齐全。园区东北角为一个体量约为10万m^2的商业综合体，园区内分布着晨晖创投、美亚财产保险公司、创业投资管理有限公司、国创投资国际创新中心以及工商银行等多家金融机构，而园区运营商浦软也在园区内设置了"浦软投融资中心"，为园区企业提供各种金融服务。园区西侧有一个大型公共食堂，有些大型企业也会在办公楼内部设置公司独有的小食堂。此外，园区的商业综合体内也分布着大量的各式餐馆，为园区企业和园区提供便利的餐饮服务。另外，在浦软大厦和园区N座还建有大型会议报告厅（图4-35、图4-36），不仅供园区内部企业使用，同时还提供给浦东软件园郭守敬园使用，而园区各楼栋内部也设置有不同规模的会议室。此外，园区除了隐藏于东北角亮景公园内的健身房和运动场地外，还在各楼栋遍布着咖啡店、轻餐、乐器行、便利店等休闲服务设施。园区内各项服务设施都很完备。

（4）建筑布局

祖冲之园的整体布局为向心型布局，以巨大的景观湖为中心，向外扩展两到三层建筑，且整体建筑外高内低，表达了"聚宝盆"的含义。这样的布局方式，充分利用地域环境特点，将东南侧的吕家浜水系引入园区，使园区景观湖成为活水，湖

图4-35　浦东软件园祖冲之园N座

图4-36 浦软大厦

的东北侧又与城市公园——张江主题公园相接,在园区内部形成集中的公园绿地"亮景公园",而整个园区也绿植遍布,形成了城市的休闲圣地。

园区建筑密度较低,建筑整体层数不高,较低矮的独栋建筑主要分布在湖的西岸和北岸,保证建筑采光;建筑之间间隔较大,南、北两侧均较开阔,形成良好的通风环境。向心形的布局使建筑的主要立面均朝向湖心,外高内低的建筑排布方式恰好使各栋建筑均具有良好的湖景视野,同时避免建筑之间的视线干扰。沿湖设计的景观步道,在园区内形成宜人的活跃的步行街道(图4-37)。

图4-37 沿湖步道与建筑主要展示面

图4-38　园区指示牌上标注的路网结构

（5）交通系统

园区车行道路呈三层环形路网结构，通过四条反射线道路与城市主干路相接；园区呈开放式布局，城市道路可直接通达园区内各栋建筑。进入园区内部，每个被道路划分而成的小区块，均按照地块大小设置数量不等的地下车库入口，园区地面上也在每栋楼周围设置少量的地面停车位，园区北侧入口附近还设有两个集中的地面停车场，不仅可解决园区内部停车问题，同时向社会开放，可帮助解决部分市政停车问题（图4-38）。

园区主要道路两旁都设置有人行道，而沿湖更设置有一圈滨湖步道，使园区内形成宜静宜动的步行系统。这样的设计方式，虽然不够完美，但是对于这样体量庞大，且融入城市中心区的产业园来说，在交通系统方面已经起到表率作用。

3. 建筑产品设计

浦东软件园祖冲之园的建筑产品设计，虽每个单体各具特色，但是整体风格一致，相得益彰。

（1）绿色认证

浦东软件园祖冲之园在绿色建筑设计方面，虽未取得国际上的奖项或证书认可，但是在国内绿建评价中也至少为二星标准。

（2）外观品质

园区各单体建筑造型别致，整体风格凸显高科技企业的气质，独栋用银白色外饰铝板和玻璃幕墙来配合极具科技感的弧面外型。高层主要采用银灰色石材外挂板及横向的玻璃窗，配合较方正的建筑外型，来体现其现代软件研发与办公的使用功能。沿湖的部分平层办公，主要景观面为每层穿插的波浪面，在阳光下与波光粼粼的汇智湖面交相辉映（图4-39）。

图4-39　平层办公的波浪形景观立面

（3）室内环境品质

由于园区建筑整体呈向心型布局，且外高内低，所以每栋楼都至少有一个主要立面朝向园区的中心景观"汇智湖"（图4-40）。此外，园区东南侧与东北侧分别是吕家浜与亮景公园，景观环境也极为优美，所以东南侧的住宅与办公以及东北侧的高层办公楼具有双向景观面。

办公楼采用窗墙体系和幕墙体系来保证通风和采光，办公室采用阳台与窗帘两种方式遮阳，保温形式为外保温，减少能耗，改善室内环境。部分办公楼的楼层设有阳台，划分为室外吸烟区，保证室内环境的品质。

图4-40　园区中心"汇智湖"及沿湖建筑

（4）空间使用品质

浦东软件园祖冲之园由于以软件研发、电子商务等为主导产业，所以整体建筑的层高与普通办公楼相似，为4.2~4.5m不等，适用于大部分的办公及研发工作。

园区建筑严格按照限行建筑规范设计，每栋建筑均设置无障碍设施，包括主入口的无障碍坡道、无障碍卫生间、无障碍车位等设计，保证园区对所有人群的适用。

此外，园区内设置有会议室、展厅等共享空间，每栋建筑内也设置有洽谈室、休闲茶水间、培训室等共享空间。主要建筑下都设置有地下车库，内部有电梯直通建筑各层，方便员工上下班及停车。

（5）设备设施

浦东软件园祖冲之园是一座现代的高科技产业园区，园区内各项设备设施都很完善，包括给水排水系统、电力照明系统等，但再智慧化园区设计方面，还需要再努力，包括智能停车系统、智能安保系统等；可再生能源的使用上，浦东软件园稍显落后。

4. 园区运营服务

（1）专业物业服务

浦东软件园的物业服务由浦软物业提供。浦软物业获得了上海市质量体系审核中心颁发的ISO质量管理体系和环境管理体系标准认证，具有"全国物业管理示范工业区"的称号，是一家专业的物业管理服务企业。

浦软物业为园区提供基础的安保、风险预防、消防、车辆管理、园林绿化等基础物业服务。

（2）生活服务

浦东软件园祖冲之园建设有10万m^2的住宅楼，在建成时以极低的价格卖给园区内的企业职工，可以算作是园区的住宅福利，目前早已售罄。此外，园区还与周边不少青年公寓签订协议，在园区内上班的员工可以以较低的价格（有时为市场价的一半）群租公寓。

园区西北角有大型地铁商业广场"汇智国际商业中心"，此外，园区周边也有很多的大型商业广场，园区内部也配备有便利店、咖啡厅、烘焙店等商业配套。商业中心东侧是一座高档型酒店"长荣桂冠酒店"，方便园区访客使用。

除汇智商业中心内有不少餐饮提供之外，园区内各处还均布着食堂、西餐厅、快餐店等餐饮配套设施。此外，不少企业内部也会自设食堂，为员工提供便利的餐饮服务。园区食堂每天可解决25000名员工的就餐问题。

园区东北角的亮景花园内还隐藏着一座健身房以及多个网球场、篮球场等室外运动场地，景观优美，环境极佳。

此外，园区内还设置有Costa、星巴克、樊登书店等休闲娱乐空间及社交空间以及"昼夜思想亲子顾问"等心理辅导机构。园区本身也提供"汇智卡"一卡通服务，为园区使用者提供便利的各项生活配套支持。

（3）商务服务

园区为入园企业提供投融资和金融服务。晨晖创投、青松基金与浦软基金为园区企业提供专业的投融资服务，提供从种子轮、天使轮到成长期的免费融资辅导和风险投资服务。

园区内还引进微链、内推网、高博应诺等企业为园区企业提供人才招聘、互联网创业社交等平台；引进梦唐公关等企业为园区企业提供推广营销等服务；还引进盈科律所、彩虹律师网等为园区企业提供法律援助与支持；引进旭日心理，为园区企业员工提供心理辅导等服务。

此外，"浦软"和"汇智"作为园区两大运营平台，为园区企业提供"汇智e站"——集成科技企业服务、团队创业服务、员工生活服务、配套商业服务的一站式园区O2O平台，拥有生活中心、服务中心和活动中心三大核心板块。此外，园区还打造了"汇智TEK"、"浦软乐活汇"等交流平台，其中"汇智TEK"依托园区产业集聚优势，分享行业领域趋势与技术，汇聚专业技术人才，目前已成为园区内明星级别的创新创业技术交流平台；"浦软乐活汇"则依托园区4万白领从业人员，共建友爱、分享心声，传递青春正能量，是目前活跃度极高的青年乐享生活平台。

（4）专业技术服务

"浦软孵化器"是上海浦东软件园于2008年7月投资建设，由上海浦东软件园创业投资管理有限公司运营和管理的软件与信息服务业专业孵化器，是国家科技部火炬中心认定的"国家级科技企业孵化器"。2016年，浦软孵化器荣获亚洲孵化协会颁发的"亚洲最佳孵化器"奖。浦软孵化器经过九年的运营管理，累计孵化了400余家企业，撬动社会融资超过50亿元，并成功孵化出天天果园、洋码头、七牛、喜马拉雅等估值数亿美元的知名企业，目前已经成为上海市重要的新一代信息技术产业创业集聚区。作为浦东软件园的企业孵化培育平台，浦软孵化器秉承"专业服务+天使投资+创业导师"的理念，依托园区多年积累的行业资源，经过多年的运营与实践，形成了"创业苗圃—孵化器—加速器"的阶梯式孵化服务体系。

在宣传方面，浦软经常开展各种活动和发布会，帮助企业报道新产品、新技术；还组织园区企业联合参加各类展会和市场推广活动；加强园区自媒体建设，成为园区企业与员工信息交流、互动沟通的有效宣传平台。

在技术支持方面，浦软整合各类资源，形成软件技术和核心服务体系，为企业提供全方位的技术增值服务，包括信息系统工程监理服务、信息化咨询服务、嵌入式技术服务、软件测评与质量保障服务、知识产权申报与维权服务、资质认定与科技政策申报服务、软件与信息外包服务等技术支持。

2017年，浦软共提供各类软件测试、系统监理、著作权登记、认证咨询等技术服务达3911项次。上海浦东软件平台有限公司被评为上海研发公共服务平台"2017年度上海市科技创新优秀服务机构"。

园区成立的"浦软汇智云"是上海市首家"云计算"应用示范项目，通过了"国家信息安全等级保护三级认证"和"可信云服务认证"，并获得了工信部授予的"2017年国家中小企业公共服务示范平台"和中国信息技术服务产业联盟授予的"2017年度云计算领域优秀解决方案"等殊荣。截至2017年底，云计算用户数达到1500家，2017年IT服务次数2500多次。

5. 园区招商体系

（1）主导产业选择与定位

1）基于区域资源禀赋

区位：浦东软件园祖冲之园位于张江高科技园区的核心区，被誉为"中国硅谷"的张江高科技园区，其主导产业为生物医药、集成电路和软件产业。

交通：便利的城际交通及城市交通，可以为园区的人才通勤提供保障，也为园区与周围环境的交流提供条件。

教育资源与技术创新资源：园区距复旦大学张江校区仅1km，复旦大学张江校区以研究和应用为主，面向产业，是我国著名的高校与国家级高科技园区联合打造的上海"产学研高地"，专业设置包括软件学院、微电子学院、专用集成电路与系统国家重点实验室、国家微电子材料与元器件微分析中心、药学院、计算机科学技术学院等。

除复旦大学张江校区之外，距园区2公里处还有中国科学院上海应用物理研究所，以光子科学、核科学技术及相关交叉学科研究为主，同时推进科研成果产业化。

人才资源供给：上述这两所产学研机构，每年可对外输送高科技人才上千人。

政策环境：浦东新区在"十三五"规划纲要中鼓励发展现代服务业和先进制造业；浦东新区针对符合园区主导产业的企业和项目有相应的鼓励和优惠政策。

2）基于产业基础

上海浦东软件园股份有限公司成立于1992年7月，前身为上海浦东软件园发展公司，1998年改制成立有限责任公司，由原信息产业部和上海市人民政府共同组建，承担"国家软件产业基地"、"国家软件出口基地"——上海浦东软件园园区规划建设、经营管理和产业发展的重要任务，是上海浦东软件园建设的主体。2007年，公司启动进入资本市场工作，进行了股份制改造，公司成功地召开了股份公司创立大会与股东大会，改制成立了上海浦东软件园股份有限公司。在各级政府和股东单位的支持下，上海浦东软件园股份有限公司以滚动开发的模式先后打造了郭守敬园、祖冲之园、三林世博园、昆山园、三林园。园区一流的办公研发环境、自然生态环境、人文生活环境、创新发展环境以及多层次、全方位的服务体系，吸引了大批国内外软件及信息服务企业进驻。自2006年开园以来，园区入驻企业、就业人数、产值规模及上缴税收持续快速增长。

同时，公司积极探索资本市场进入途径，实施品牌战略的资源扩张，推进"三商战略"（即专注软件信息产业商务空间的开发建设商、专注软件信息产业的集成服务商、专注软件信息产业的科技投资商）的实现。

3）基于本地政策环境

张江高科技园区为浦东新区重点打造的区域，政府对于其财政支持、政策支持、招商宣传等都投入了极高的热情与力度。浦东软件园作为张江高科技园区的核心园，享有同等政策支持。

（2）完善的招商体系

浦东软件园作为原政府主导的产业园区，在招商方面享有天然的优势。招商渠道为政府直接招商，根据产业类别、区域产业基础、招商资源以及招商成本来招商。

（3）丰富的招商资源

浦东软件园招商资源丰富，相应地，在招商时，对入园企业的考察条件也较严格。

市场维度：考查企业的市场规模增长预期、市场的成熟度、消费市场的分布等情况；

技术维度：考查企业的技术发展方向、替代性技术的风险、产品成熟度等；

人因维度：考查企业的团队成员背景、发展思路、股权关系与治理结构、内部管理等；

产业维度：考查企业的产品链、产业链、价值链以及占有的市场位置与份额；

政策维度：考查企业是否符合政策的扶持要求，是否符合政策导向以及政策的支持力度等。对于入驻孵化器的企业考察更为严格。

（4）科学的招商方法

在招商企业的选择上，根据产业研究和产业链招商，使园区在纵向上形成初创期、孵化器、加速器、成熟期、上市企业等全生命周期的企业系统，并在主导企业的上下游形成产业链；在横向上，除主导产业外，还招收心理辅导、幼托、信贷、金融投资、人才推荐等多种配套企业，保证园区企业健康发展。

（5）专业化的招商队伍

上海浦东软件园是专业的软件园区建设运营服务商，旗下的"浦东软件园"、"浦软"、"汇智"等子品牌，包含专业的招商团队以及运营团队。

6. 经济效益指标

（1）知识创造和孕育创新的能力

自2006年开园以来，吸引了大批国内外软件及信息服务企业进驻，入驻企业、就业人数、产值规模及上缴税收持续快速增长。目前，浦东软件园已经形成七大产业集群，企业1600余家，产品服务超过10000种；仅祖冲之园就已经注册商标近百个，已注册的软件著作权几十个，知识产权近百个。

浦东软件园孵化器，自成立以来，经过十年的运营管理，累计孵化了400余家企业，撬动社会融资超过50亿元，并成功孵化出天天果园、洋码头、七牛云、喜马拉雅等估值数亿美元的知名企业，目前已成为上海市重要的新一代信息技术产业创业集聚区。

（2）产业化和规模经济能力

浦东软件园祖冲之园聚集了一大批世界知名企业。英国品牌评估机构Brand Finance发布了2018年全球100个最有价值的科技品牌榜。值得骄傲的是，共有18个中国科技品牌上榜。而榜单上有7家企业落户浦东软件园，包括思爱普SAP、索尼Sony、塔塔TCS、高通Qualcomm、德州仪器TI、FIS和京瓷Kyocera。

截至2017年底，园区软件和信息服务业实现经营收入715亿元。经过二十多年的发展，上海浦东软件园已经形成了比较完整的上下游产业链，园区产业特征清晰，技术创新活跃，人力资源优秀，服务功能完善，辐射范围广泛，集聚效应显著。

（3）国际化和参与全球竞争的能力

浦东软件园在国际化竞争能力方面表现不错：2003年上海浦东软件园被批准授予"国家软件出口基地"称号。2015年与德国柏林雄鹰科技园签署园区合作框架协议，这是浦软开展国际化合作，打造国际创新中心的重要里程碑。2016年在印度孟买举行的"中印合作对话论坛——加强中印合作伙伴关系：聚焦科技、创新、金融和IT服务"上，在上海市委书记韩正等领导的见证下，上海服务外包交易促进中心与印度软件与服务业企业行业协会签订了合作协议。2018年，上海浦东软件园与瑞典达拉纳省科技园建立友好协同关系，此次战略合作使浦软加快了国际化拓展，深化了对外合作交流，更加紧密地融入全球创新网络的重要行动。

此外，园区还入驻了多家外资企业，包括德国SAP、奥林巴斯、索尼Sony等。

（4）园区可持续发展能力

浦东软件园拥有众多云计算、大数据、人工智能等领域的创新企业以及晨晖创投、青松基金、浦软基金、浦软创投等多家投融资机构和金融机构，在园区形成横向生态链。在纵向上，园区内的浦软孵化器有苗圃、孵化器、加速器三种孵化形态，助推企业成长。企业成长壮大后，园区内还有多种不同面积的办公楼可供租赁，而上市企业有特殊要求，需要购买，也可向政府申请。无论什么阶段的企业，在园区内都有其一席之地。目前，园区已经基本形成了比较完整的上下游产业链以及横向的完善的配套产业，在园区内形成了完整的产业生态圈，助推园区经济循环健康发展。

二、高品质产业园区各项指标特征总结

浦东软件园祖冲之园算是一个在各方面都比较成功的产业园区案例，经过上述分析，我们发现高品质产业园区在以下方面需要着重考虑：

1. 选址环境

产业园区选址是关乎园区开发及未来发展的重要因素，是决定园区品质的先天条件。园区选址要占据天时地利人和，三者缺一不可。

首先要根据园区定位，选择合适的城市及区位。要综合分析园区所在城市的经济发展水平和科技水平以及地方政府对于产业发展的政策和态度。这是天时。

其次要选择合适的区位环境，要有便利的交通条件以及适合的自然环境。便利的交通条件包括便利的货运交通条件以及便利的通勤条件，要根据园区所在区位及园区产业定位，选择合适的交通环境，这两者并不是缺一不可的，以物流为支撑的产业对铁路、空港、公路港等通达性要求较高，而园区员工方便地上下班则依靠通达的地铁、轻轨以及公交线路。便利的交通，是园区发展的基础条件。这是地利。

最后要选择完善的周边配套环境，包括毗邻产学研机构、毗邻居住区、毗邻商

业设施。产学研机构是产业园区保持活力与创新的来源；居住区可以满足园区使用者的基本需求；商业设施可以满足园区使用者的精神需求。这两者是保持园区人员稳定的基本条件，也是产城融合的未来趋势。这是人和。

2. 建筑布局与组合关系

产业园区的建筑布局与组合，除了满足基本的规划条件外，还要注意以下几个原则：

（1）节约用地与紧凑开发

包括合理利用地下空间，适宜的容积率与建筑密度，紧凑的建筑布局等方面，在我国用地越来越紧张的情况下，对土地的节约利用越来越需要引起重视。产业园区的开发往往规模较大，且多为工业用地，而现行工业用地的标准对容积率往往限制较低，虽然不少城市支持工业用地向创新用地等转变，但是在实际操作过程中，开发商等常因要缴纳大笔的费用及较苛刻的条件而望而却步。适当提高开发容量、紧凑开发、鼓励竖向开发是今后产业园区开发者需要注意的地方。

（2）功能混合与完善配套

大量的研究已经表明，单一功能的产业园区要么沦为出售办公楼的房地产项目，要么后继乏力，难以延续。拥有混合功能产品以及完善配套的产业园区，是大部分产业园区可持续发展的前置条件。功能混合包括多样化的办公产品和完善的功能配套。多样化的办公产品可以适应入园企业各个阶段的发展需求以及不同企业对空间的使用需求，注重通用性，必要时可以根据企业的需求开发定制化产品；完善的功能配套包括产业发展所需的商业、酒店、餐饮、金融、会议、休闲等不同功能以及其他服务设施。

（3）宜人的公共空间环境

包括宜人的自然环境以及丰富的建筑空间。宜人的自然环境，包括对原有自然资源的保护与合理利用以及对园区生态环境的塑造。另外，减少园区污染物的排放也是园区生态发展的必然要求。丰富的建筑空间，需要重点考虑对竖向公共空间的塑造以及各个公共空间之间的连接。公共空间环境的塑造要以人为本，既要考虑为园区使用者提供便利的沟通环境的公共性设计，又要考虑不同企业使用者的私密性设计。

（4）其他基本布局要求

包括满足基本的建筑布局要求以及舒适的空间环境要求，还要满足有效的交通系统。满足基本的布局要求，除了要满足基本的建筑规范和符合场地条件之外，还要考虑建筑之间的视线干扰、建筑的展示面设计、宜人的街道空间塑造，此外还要打造舒适的风环境和光环境，以改善城市微气候。有效的交通系统打造，包括合适的路网结构，完整的慢行系统、车行系统以及充足的停车场地。

满足基本的布局要求就像是打通了产业园区的经脉，是产业园区顺利投入使用的基础条件。

3. 建筑产品设计

产业园区的产品设计要注重通用性设计、品质空间塑造以及绿色建筑设计。

（1）通用性设计

产业园区的建筑产品设计要注重通用性，包括层高设计、荷载设计、空间分割方式，以适应不同企业的需求，为未来园区的发展和调整作准备。

（2）品质空间的塑造

品质空间的塑造包括高品质的外观、高品质的室内环境以及高品质的空间使用体验。

高品质的外观包括适合定位的造型以及具有品质感和设计感的外立面。高品质的外观是使用者及社会人群对产业园区的第一印象，代表着园区和城市的形象。

高品质的室内环境，包括良好的遮阳和采光，宽阔的景观视野，充足的通风，适当的保温隔热以及对吸烟区的划分与控制。室内空间是园区使用者所处时间最长的环境，关系着使用者的最直接感受，是园区吸引企业、留住企业的重要条件。

高品质的空间体验，包括高效的空间利用方式、适宜的层高、广泛的适应性、完善的无障碍设施、充足的共享空间和地下空间以及完善的设备设施。高品质的空间体验，是保证园区使用者便利使用的需要以及保证企业良性发展和未来调整的需求。

（3）绿色建筑设计

绿色建筑设计是现代建筑设计的通识性要求，绿色建筑设计有利于对能源的节约，是环保以及可持续发展的要求。

4. 园区运营

专业的园区运营是产业园区保证良好运转以及园区企业健康发展的重要内容。园区运营包括基础物业服务、园区使用者的生活服务、园区企业的商务服务以及专业的技术服务。

（1）专业的物业服务

基础物业服务是产业园区维持外观和正常运转的基础工作，专业的物业服务并不简单，需要从园区使用者的角度出发，周到细致地合理安排各项工作，做到不需要时隐形，需要时随叫随到的完美服务者。这需要园区开发者和运营者聘请专业的产业园区物业服务公司，并在园区实际工作中时时调整，适当创新，保持园区运转的活力。

（2）全面的生活服务

产业园区归根结底是使用者的产业园区，园区的使用者才是园区的主体，全面的生活服务就是要解决使用者的后顾之忧，使他们能健康健全、毫无保留地投入到工作中，才能真正留住企业。全面的生活服务不仅要满足使用者的衣食住行等基本生活需求，还要考虑不同年龄层、不同性别、不同身份的使用者的精神需求以及其他生活需求，如为年轻人设置发泄室，为职场妈妈配备托儿所，为精神压力大的员工设置心理咨询室以及为不同企业间的员工交流提供社交场所等。这需要园区运营者做好园区调研，以人为本，换位思考，才能全方位地为园区使用者提供优质服务，做好生活管家。

（3）专业的商务服务

专业的商务服务，是要为不同阶段、不同行业的企业提供企业发展所需的各项商务活动，利用园区的集群效应和平台效应，使园区企业在各项商务琐事上能够最大程度地减少时间，提高工作效率。专业的商务服务包括为初创企业和发展期企业提供工商注册、人员招聘、创业辅导、政策申请等引导性的基础工作以及为有需要的企业提供法律支持、投融资服务、贷款申请等发展性工作，还包括利用园区平台效应，为园区企业提供资源共享以及知识分享等途径，为企业之间的交流共赢以及业务合作提供机会。

（4）专业的技术服务

对于定位明确的产业园区，吸引企业留在本园区而非彼园区，最有竞争力的一项服务就是专业的技术服务。大量发展不错的产业园区，包括苏州工业园区、临港漕河泾南桥园区、浦东软件园等，都有明确的产业定位，并可以为企业提供专业的技术支持以及产学研转换平台。专业的技术服务是园区企业能够迅速发展壮大的重要支撑，包括专业的孵化平台、高效的产学研转换平台、技术转移服务、产品展示与交易服务、信息发布与检索服务以及其他公共技术服务。

5. 园区招商

产业园区的招商，最重要的是要根据产业招商，包括打造专业的招商团队，制定完善的招商体系，利用科学的招商方法，根据主导产业与园区定位，在丰富的招商资源中，寻找合适的企业入驻。

在这个过程中，对于目标企业的选择最为重要。在选择目标企业时，要重大局，抓细节。重大局，即要根据产业定位，形成主导产业完整的上下游产业链，并建立丰富完善的横向产业配套链，使园区整体能够形成集群效应，使"1+1>2"；抓细节，则是在整体的产业布局中，注重对每一个入驻企业的选择，寻找企业在全局中是否有合适的位置，思索企业未来的发展途径，使企业适合园区，可以为园区整体做出贡献，而园区也要适合企业发展，有资本留住企业，不然平白为他人做嫁衣裳。

6. 园区经济效益

园区经济效益是对园区是否健康发展的一个重要评价指标，通过这个指标，园区及园区内企业可以时时自省自查，不断调整未来发展路径。

合理的园区经济效益指标应包括：

（1）知识创造和孕育创新的能力

这主要考察园区的创新活力及未来可持续发展的能力，主要包括研发人员比例、R&D经费投入比例、享有政府创新资助比例、知识产权和发明专利数量等。

（2）产业化和规模经济能力

这项是真正考察园区的集群效应及产业经济转化能力，主要包括企业利润率、企业营业收入及资产总额、主导企业的首位度及集聚度、人均税收总额等方面。

（3）国际化和参与全球竞争的能力

这项指标在当前国家的经济形势以及国际环境下非常重要，中国企业不仅要能在本土立得住，更要在国际上形成自己的竞争力，要真正"走出去"，才是今后企业发展的目标。具体考察的指标包括高新技术产品出口额的比例、非外商独资企业的实收海外资本的比例、内资控股企业高新技术产品出口额、欧美日专利授权和注册商标数量等方面。

（4）园区可持续发展能力

这项指标主要考察园区当前能够正常运转，并能保证未来持续发展的能力，这需要园区具有稳定的从业人员及完善的配套支撑产业，具体指标包括园区大专及以上学历的从业人数、园区高技术服务业从业人数、园区投资机构和金融机构从业人数、园区企业经营管理者人数、园区科技人员年收入、园区企业能耗、园区体制和机制创新评价、园区人居环境评价等。

7. 未来高品质产业园区的发展趋势——多总部经济集合体

从对当前产业园区的调研及分析结果来看，中国大部分产业园区已经步入产业主导阶段，部分产业园区已经进入创新突破阶段。根据长三角地区的经济水平及产业特点，我们大胆预测，未来长三角产业园区将逐渐走向"多总部经济集合体"的发展趋势。

从当前产业园区的调研及分析结果看，中国大部分产业园区在建筑产品设计及园区规划方面都表现不错，只是在园区招商与园区运营方面表现略逊色。然而，也有部分园区，如上海浦东软件园，在各方面都表现较为出色，园区营建与园区运维方面都较为均衡地发展。

得分最高的浦东软件园可以说是当前长三角发展最优秀的产业园区之一，对浦东软件园的分析，可以比较有效地代表长三角产业园区的发展趋势。综合来看，浦东软件园已经具备现代综合产业园区的多项特征：

（1）多总部集聚。园区内产业定位明确，且符合地方政府的政策支持，以软件和信息服务业为主导产业，并围绕主导产业聚合了一大批国内外先进水平的大型企业在此开设总部，形成以软件和信息服务业为主导的多总部集合。

（2）位置趋向城市中心区。浦东软件园位于张江高科技园区的核心位置，整个张江高科技园区原本在浦东新区乃至上海都属于城市新区，经过多年的发展，这里围绕产业园区聚集了大量的住宅、商业、高校、科研院所及其他配套设施，并建设了多条地铁线，原本的城市新区逐渐变得繁荣，产业园区与城市的边界逐渐模糊，园区的道路也与城市道路合并，向市民开放，真正地融入了城市。

（3）物业自持用于产业招商和运营。园区由于工业用地的用地性质以及拿地时的政策要求，全部物业均用于自持；除非客户需要上市，有固定资产的要求，会酌情出售部分独栋，但是园区具有优先回购权。这样的物业持有形式下，园区运营商对园区内的产业集聚度、空间使用情况及园区规划，具有绝对的控制权，并且将政府让渡的权益充分利用，转化成最大的价值。

（4）一站式平台，创新驱动。浦东软件园的运营孵化体系完善，具备自己的品牌运营商以及专业孵化器，并且创建了集物业服务、生活服务、商业配套服务、企业服务等为一体的园区O2O平台"汇智e站"。园区以创新驱动为内核，以产业平台构建为导向，促进产业集聚，形成园区循环经济。

以上这些特征，使得浦东软件园成为长三角地区的招牌产业园，代表着长三角产业园区发展的先进水平。然而，浦东软件园还具有一些缺点：

（1）开发强度低，难以适应产业和城市发展的空间需求。浦东软件园容积率仅为1.1，建筑密度仅为20%，虽然园区环境优美，但是随着园区产业及企业的迅速发展，空间越来越紧缺，没有足够的空间支撑园区内部的企业升级及发展需求，也不符合城市建筑集约利用，谋求向高空生长的必然趋势。

（2）分散布局，空间利用效率低。浦东软件园整体以多层建筑为主，高层建筑少，且建筑布局分散，以机动车道划分成多个小地块。建筑之间联系性不强，且空间集约性和使用效率都较低。

（3）总部主体间联系性不强，经济内生动力不足。由于园区建筑的分散布局，导致园区各企业主体之间独立性较强，总部与总部之间、总部与孵化器之间联系性较弱，园区交流共享及合作共赢的空间需求难以满足，各企业主体间经济内生动力不足。

经过以上的案例特征分析及总结，我们发现，以浦东软件园为代表的长三角产业园区，已经逐步向多总部、集合化方向发展。基于其已经具备的优势特征以及还有进步和发展空间的缺点，我们认为，长三角产业园区正在向"多总部经济集合体"方向迈进。后文我们将基于案例调研及未来发展趋势分析，详细阐述这一概念。

第二部分
营建

第 5 章　多总部经济集合体的到来

第 6 章　多总部经济集合体的前期策略

第 7 章　多总部经济集合体的招商运营

第 8 章　多总部经济集合体的实体营建

第5章

多总部经济集合体的到来

第一节 多总部经济集合体的概念和特征

一、多总部经济集合体产生的背景

1. 城市空间的变化,产城融合的必然趋势

(1)产业空间的产城融合。当前很多产业园区已经慢慢脱离传统工业区的概念,产业空间已经从工业用地的概念当中逐渐脱离出来了。

(2)城市空间的产城融合。城市的急剧扩张慢慢将传统的产业园区涵盖到了城市的主城区范围之内。产业的升级也使得产业更轻质化,很多产业可以在原属于城市的空间里进行研发、生产、生活等一系列的活动。由于两方面的逐渐逼近,使得产城一体化真正得以实现。

(3)产学研要求的产城融合。产业研究与总部经济的逐渐靠近成为产城融合的具体而集中的表现。产业的发展越来越依托于智力和资本。所以,表现在物理空间上的集合也是必然趋势。现在,产业当中的研发、孵化、资本化、初试中试、总部经济等各环节都可以集中在城市的某一空间完成,这一趋势必然使得产业发展过程中的总部、人、空间等各因素逐渐集合,从而使得"多总部集合"成为可能。

2. 土地集约利用,建筑谋求向高空生长的必然趋势

(1)容积率之痛。这是以前工业用地的低效率、低容积率长期形成的问题。以前城市工业用地的容积率普遍在1.0左右,建筑密度高于50%,以平均两层的工业厂

房形式为主。土地的使用功能基本上是以生产加工为主，并且在土地使用中，用于办公和员工宿舍等配套功能的用房不超过15%。在这样的条件下，工业用地的建筑形态和空间布局都与城市区别较大。当城市不断扩张，直到与原有工业区"碰撞"的时候，城市空间与工业区用地空间难以交织融合，于是形成了大量的钟摆式交通空间和消极的城市生产空间。

（2）容积率之争。随着中国城市的不断扩张和发展，土地资源越发珍贵，各城市运营者逐渐将土地资源的集约利用提上日程，于是诞生了介于办公用地和工业用地之间的"创新创业用地"。这种用地容积率可以达到2.0~4.0，使得传统的产业园区向着高容积率的产业园区发展。追求更高容积率是城市公共建筑的特点：向城市空中获取更多的空间，建筑由水平状的体块变成了垂直状的塔形。这一形态转变，使得产业园区更趋向城市商务中心化，更多地契合了多总部经济集合体的概念。

（3）容积率之思。以前面积不够用，现在面积有剩余。这些面积有什么用？在许多非中心城市、非一线城市，办公空间也并非容易销售的物业；同时，产业园区中大量的建筑面积也并未被高效使用。如何解决这个问题？只有从产业园区的使用和发展出发，考虑产业园区的空间需求，换句话说，就是"用时间去换空间"，因此发明了"产业园坪效"的概念。

3. 互联网、人工智能、物联网以及大众创业、万众创新造成的建筑物理空间变化的必然趋势

互联网、人工智能和物联网产业园区有两个方面的变化：

（1）一方面，互联网、人工智能和物联网等高新产业，是商业模式的创新和科技水平的创新的复合产业，其生产研发的形式与传统工业不同，更趋近于商务办公的形式。所以大量的互联网企业并不需要过多的工业用地，就可以在城市里形成良好的创新创业总部集群。

（2）另一方面，由于互联网、人工智能和物联网的产生使得创新创业型企业能够在短时间内迅速成长为总部型的企业，企业的生存已经不是传统意义上的生长过程，而是完全呈几何式的扩张生长，所以如何让这样的企业在产业园区发展壮大，并且成熟之后不搬离本园区，是开发运营者迫切需要考虑的问题。

这样的变化要求产业园的设计必须考虑不同阶层、不同发展阶段、不同利益诉求的企业在同一物理空间的需求和矛盾，需要在前期进行统一的策划和营建的考虑。

4. 创新驱动和产业向微笑曲线两端转移导致的产业园区物理空间变化的必然趋势

（1）创新驱动的生产空间向办公空间变化

随着中国产业结构的升级变化，产业越来越向微笑曲线的两端转移，从原本的劳动密集型产业大量地向资本密集型产业发展，现在又向知识密集型产业进化，原来农业和制造业的工作岗位越来越多地转移到信息行业和服务行业，包括远程通信业、信息技术业、传媒业和娱乐业，这些行业的大规模发展对办公场所的环境要求越来越高，需要更多地激发员工的创新意识。

另外，办公程序越来越简化，更多繁复的工作可以由计算机完成，因此，对于工作人员来说，创新意识变得尤为重要。员工不仅需要更为轻松灵活的办公环境，也需要可以激发创新才能、产生交流的空间。

因此，越来越多的产业园区完全具备了现代商务办公的空间特征，人们从生产中被解放出来，更多地投入到创新研发工作中去，在交流中产生知识的碰撞，从而诞生更多的创新创意。

（2）创新驱动带来的多种空间集合

随着产业在空间上的集聚以及产业园区对于循环经济发展的追求，产业园区越来越考虑人的全面使用需求，不仅要求办公环境的高效便捷，还要求生活方面和精神方面的满足：生活需求要求产业园区配备完善的餐饮、商业、文体娱乐、健康休闲等配套设施。此外，园区内多企业集聚，企业间的交流与共享，更利于创新思想的诞生以及园区规模的发展，因而咖啡厅、休闲茶吧、路演空间、展厅、会议室等适合交流的空间在产业园区中越来越多地出现。今后，产业园区将更多地考虑其中多企业、多功能空间、多种使用人群的集合产生的碰撞与创新问题。

（3）创新驱动的空间相关案例分析

恒生科技园杭州园区，以"互联网经济产业园"为定位，园区内包含了互联网金融、软件开发、工业设计文创、电子商务等多个细分行业；同时，恒生科技园为企业提供全方位、全周期的服务，满足企业从初创企业到企业总部的全生命周期所需的空间和服务（图5-1）。

在配套方面，恒生科技园提供了展示、交流、餐饮、商业以及其他一些生活配套，例如洗车、班车服务等。此外，恒生科技园还有八大体系的增值服务，帮助园区内企业成长发展，包括金融服务、商务服务、专业技术服务、政务服务、生活服务、创新创业服务等。

恒生科技园特别看重园区内企业的资源共享与交流碰撞，这就需要园区内有一

图5-1　恒生科技园为企业提供全生命周期的空间和服务（图片来源：恒生软件园官网）

图5-2　恒生科技园杭州园区的聚合空间

个聚合空间，为不同企业的人群提供交流的空间。为此，园区将原来的招商中心的一部分空间改造成咖啡厅，空间具有很强的可变性，除了咖啡简餐的服务外，还装有显示屏，可以举办一些路演、沙龙等活动。这些聚合空间，就是创新驱动下产业园区空间发生的变化（图5-2）。

二、多总部经济集合体的概念

1. 多总部经济集合体的定义

（1）多总部经济集合体的字面含义拆解

1)"多总部"的含义：产业园区内拥有多元化的总部主体，涵盖政府行政机构、园区开发主体、产业发展企业、配套支持机构等多元化、链接化的经济活动参与主体。

2)"经济"的含义：产业园区各参与主体在经济增量诉求下的利益博弈和利益共享的经济活动，包括园区内产生的政府税收、企业收入、前期孵化、资本增值等。

3)"集合体"的含义：在某一特定的物理空间，多元化总部主体在经济诉求下的利益博弈和经济共享共生的集合状态。通过策划、研究、营建等实践，将多总部经济集合状态在一定的空间场所进行精准的布局，通过创新的物理布局和空间契合，促进园区多总部经济的集合状态能产生更大的激发效应。

4)"多总部经济集合体"的定义：综上所述，多总部经济集合体是指通过创新的物理布局和空间契合，使某个特定场所能够承载多元化总部主体共生，并通过策划、研究、营建等实践手段，使多个主体在利益博弈和利益共享的经济活动中，激发更大的社会经济价值。本书的重点也是通过这个理念的引导将中国产业园的全过程水平提到更高的水准。

（2）多总部经济集合体的特点

多总部经济集合体在园区企业生态、园区运营起点、园区经济活动、园区营建实践等方面呈现出如下特点（图5-3）：

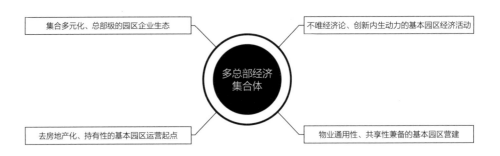

图5-3 多总部经济集合体的特点

1）集合多元化、总部级的园区企业生态

本书对"多总部经济集合体"概念的提出，是笔者在长三角产业园区研究的基础上，针对中国城市化进程加速过程中，一线城市、新一线城市以及处于这些城市群当中的其他新兴城市会更多地集合总部级和多元化的企业生态，产业园区与城市的边界区分日渐模糊，产业园区将成为中国城市的城区组成部分这样一个现实状况。所以，如何将中国大量的产业和企业在城市空间中进行合理的安排与集合，是多总部经济集合体提出的主要背景和最大的未来愿景。

另一方面，多总部经济集合体不仅仅指产业园区内部有多个总部经济的集合，更是强调园区内集合的多元化的、总部级的企业生态。这意味着园区可以是某一航母级的产业企业自我完善产业链而形成的超大型的总部级园区，也可以是政府主导的，以政策产业导向为依据，在某一新兴的城市片区开发建设的企业总部或某一特定产业的集合区，更有可能是政府做完土地一级开发并将整体产业政策落位之后，对园区进行分期分类的招商引资，并交于专业的园区运营商进行土地二级开发而形成的主城区产业集聚区。

多总部经济集合体最终必须在园区内形成横向的企业生态、纵向的企业生态和环向的企业生态，并且围绕着这些企业生态，展开一系列的园区运营、园区经济活动、园区营建等产业园区全过程工作。

2）去房地产化、持有性的园区运营起点

当前中国产业园区的房地产化比较严重，美其名曰"产业地产"，但相当多的产业园区是打着产业的旗号，行房地产开发销售之事。由于产业用地的土地价格偏低，所以在产业地产上开发办公建筑、类办公建筑，乃至别墅化的办公建筑，作为介于办公和住宅之间的物业类型在市场上进行销售，就能获得较高的土地收益。但是这样的做法，最终的结果是产业园区变成了小企业和企业会所的聚集地，未能有效地达到产业园区吸引产业、提振区域、创造更大价值的目的。

所以，多总部经济集合体园区运营的起点必须是去房地产化、加强持有性，其目的是真正地将园区物业用于产业招商和运营。最佳状态当然是园区物业全部持有，例如新加坡科技园三期，整个科技园近20万m^2的建筑物业基本都由开发公司凯德置地持有，并且在前期策划阶段就基于这样的园区运营起点，开始整个园区物业类型规划和空间规划。业主在整个规划当中，更多地考虑园区在未来的运营当中，如何能够使企业在进驻园区期间得到最佳利益，并且园区在实现企业利益的前提下与企业共同成长。譬如新加坡科技园愿意将停车楼局部做到地面以上，形成车库与建筑入口并行的人性化空间。这种消耗地上容积率的做法，在"容积率为王"的以物业销售为主导的房地产开发模式下是无法想象的。

要强调的是，多总部经济集合体绝对不是反对园区地产化，而是强调园区必须将政府让渡的权益加以充分利用，实质转化成最大的价值。换而言之，园区运营商的利益是通过园区运营后的物业增值实现的。实现的方式多种多样，可以金融化，也可以在园区发展成熟后进行股权转让。但无论如何，去房产化、加强持有性的园区运营起点是政府让渡权益之后的利益后置，这是现代园区运营的最根本的原则。

3) 不唯经济论、创新内生动力的园区经济活动

经济活动，本身从时间概念上就有短期回报和长期回报两种形式。产业园区的经济回报，理论上讲，不属于短期回报的经济范畴。产业园区的价值，最终是体现在园区的亩产税收、经济带动、文化科技、社会效益等多方面的价值上，只有体现了这样的价值，产业园区才能算是运营成功。

所以，我们并不反对产业园区在营建过程中适当地进行自我经济平衡，即将一部分的销售物业与持有物业进行自我资金平衡。世间没有亏本买卖，无论是政府行为还是企业行为，在从事某一经济活动的过程中都要遵循经济规律，把产业园区看成是一次经济活动而非公益活动。但是如果产业园套用当前中国流行的地产开发模式迅速地实现资金回正、资本回现，就成为一种很危险的经济活动，背离了产业园区发展的初衷。

多总部经济集合体概念当中的园区经济活动，首先不以唯经济论的房产开发模式为导向。园区的全过程生命周期应该分成三个阶段：前期，经过慎重的产业定位、区域分析以及经济分析进行适当的自我资金平衡，用作将来持有物业实现资金运行时的基本保障；中期，着重培育园区内部企业的产业升级，并保障由产业升级带来的园区经济价值以及园区运营商从配套服务、产业引领、增值服务等各项园区运营工作中所应得的那部分利益；后期，由于园区运营的日渐成熟以及整个项目价值的增加，可以将产业园区以资本化、证券化、股份化等多种手段实现园区最终的后置利益。

4) 物业通用性、共享性兼备的园区营建

上述三个观点的最终承载物仍然是园区内的物业，而物业是否能够满足园区运营的空间需求，最终还是要落实到整个园区的营建上来。

当前，中国产业园区的建筑设计仍然局限于原有的民用建筑设计中将办公、商业、酒店、会议配套设施分列而置的设计规则，在具体的建筑设计中，也仍然套用原有的经典建筑平面布局，或者是房产开发类项目中约定成俗的建筑布局，没有为产业园创造更有效的、更贴近产业园生产组织方式的建筑空间布局方式。这就造成了建筑作为产业园区的承载物，不能很好地承载园区所需要的多总部主体、持有物业运营、经济内生动力等多方面的需求。往往因为物理空间被做死、做僵、做分散

等问题，而导致大量的社会资本闲置、企业无法适应空间、企业生态在物理空间当中无法生长等一系列的问题。这就需要通过契合产业园区中企业的生产组织方式以及产业园区产业升级所需要的物理空间要求等多重经济手段和人文手段，去重新审视园区基本营建的物业形态。

综合而言，产业园区的物理空间营建需要注重通用性和共享性。

通用性：多总部经济集合体的园区营建应当遵循物业通用性原则。物业的通用性，是在产业园区前期周密的策划之下，对入驻的多总部企业主体进行描述，并且对企业的生产组织方式予以界定，通过这样的描述和界定，将企业发展全过程中所需要的面积大小等各项指标进行概括和归纳，求得所需物业的"最大公约数"。"最大公约数"作为产业园区建筑设计的依据，在设计中保持建筑平面的通用性以及物业类型划分当中"分小合大"的最大可能性，使定位的某一类产业企业的各个发展阶段都能够在园区很好地涵盖及承载。根据园区所在地的不同用地性质和不同城市规划，通用型的建筑将会产生向高处发展和向水平发展两种基本类型。深圳腾讯总部大厦和杭州阿里巴巴淘宝城是向高处发展和向水平发展的两个典型案例。但是无论是哪种方式，都应该首先保证建筑能够满足所容纳的多总部主体的需求"最大公约数"，能够满足企业的组合方式和生产方式，最终能够有效地承载企业发展的全生命周期。简而言之，目的只有一个，通过建筑通用性的设计，想尽一切办法，将已经成长起来的企业留在园区内，产生最大的经济效益。

共享性：多总部经济集合体的园区营建应当满足物业共享性原则。物业的共享性，顾名思义，是指园区具有入驻企业和入驻人员皆可共享的公共空间。这样的共享性有三重含义：首先，作为园区共享配套，可以将公共的会议室、路演厅、图书馆等一系列的配套设施作为园区的共享空间；其次，作为园区共享孵化器，可以对部分孵化企业、初创企业、临时入驻的企业团队的办公空间进行设计，从而产生园区孵化办公的共享性空间；最后，作为园区社交空间，可以将人流量大、使用频繁的报告厅、企业展厅、休闲区、中央景观区等空间作为整个园区人员思维碰撞和交流共享的空间。这样，园区的共享性就基本涵盖了整个园区的公共配套、孵化器、联合办公、社交场所等公共内容。

通用性与共享性之间没有明确的边界界定。通用性里面包含了一定的共享性，而共享性的前提就是建筑的通用性。两者之间也没有明确的面积界定，Facebook的创始人扎克伯格没有自己固定的办公室，每天只是凭借自己得到许可的密码就可以在公司任何一台电脑上进行办公。而大量的国外产业园区案例中，办公空间与休闲空间或者社交空间之间都没有明确的边界界定和面积界定。共享空间在整个园区内的比例，从10%一直可以到40%，这是由不同的企业组织方式和生产方式来决定的。

综合而言，通用性与共享性，是未来多总部经济集合体的最终物理空间的真实表现。只有遵循这两个园区营建的基本原则，才能与以上三项论述真正地吻合，使园区建筑成为合格的产业和经济活动承载物。

2. 城市空间单元的划分和用地规模的确定

（1）城市空间单元的划分

基于中国现代的城市空间单元的划分尺度，我们将本次多总部经济集合体研究的用地范围限定为500m×500m的城市基本单元。

可以认为500m×500m的城市基本网格单元是多总部经济集合体研究的最大尺寸范围；将该网格单元按照四宫格的形式划分，所得的最小块即为本次研究的最小单元。所以，本次研究的最大面积为500m×500m=25万m^2，最小面积为250m×250m=6.25万m^2（图5-4）（这里为了方便论述，暂不考虑用地红线后退城市道路、绿地、河道等各种城市配套所占用的面积）。

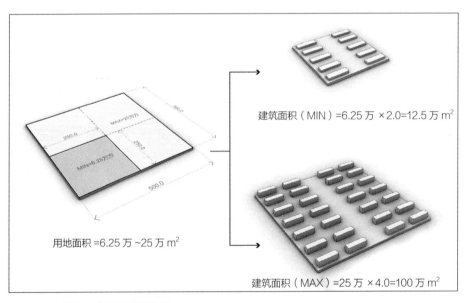

图5-4 产业园区的尺度数据模型

通常产业园区用地，包括目前常用的创新用地，其容积率一般控制在2.0~4.0，取中间值约为3.0的容积率，因此，本次研究的多总部经济集合体的建筑规模应该在12.5万m^2到100万m^2的面积区间内，合理面积值约为75万m^2左右。

（2）用地规模与基本单元的划分

根据以往项目的经验，产业园区的建筑面积通常在30万~75万m^2左右，基于模块化研究思维，以30万m^2为一个基本模数单元进行分析探讨（后文会具体解释为何以30万m²作为基本模数单元），具体实施过程当中可以上下浮动，例如75万m²可以拆成3个25万m²。

（3）城市空间单元划分的依据

1）基于城市规划指标的考虑。25万m²的用地，按照30%的创新用地的最高密度来考虑，地上平均6层（24m以下多层建筑）则达到45万m²的建筑体量。局部突破高度，做到12~22层的高层建筑，初步形成容积率2.5~3.0的开发强度（表5-1）。

2）基于城市土地出让的考虑。25万m²的用地，按照370亩左右的可出让用地来考虑，可以划分成8~15块20~50亩不等的用地分割出让，或者划分成100~125亩的用地分3~4期开发。通过土地的分割出让和分期开发，初步形成多总部的用地需求。

3）基于入驻企业数量和规模的考虑。25万m²的用地，可以容纳5家3万m²左右的企业总部、100家2000~5000m²的中等规模企业、5万m²左右不定向的孵化器，再加上等比例15%~20%的配套，形成建设总量为48万~84万m²，容积率约3.0，企业规模在100~120家左右的多总部经济集合体。

4）基于入驻企业数量和规模的考虑。容积率3.0，建筑量75万m²，按照人均15m²的办公使用面积计，园区可容纳5万人员，初步形成混合城市的概念。

各地新兴产业用地规定梳理（资料来源：公开资料整理） 表5-1

	容积率	配套及生活服务设施占建筑面积%	分割转让	土地出让	可出让M0用地占总工业用地规模比例
广州M0	3.0~5.0	≤30%	单元建筑面积≥500m²分割转让比例≤50%	—	≤10%
东莞M0	3.0~5.0	≤15%	分割转让比例≤49%产业用房单栋建筑面积≥2000m²	经自然资源部批准的可实行M0+C2按一宗地整体供应	≤10%
济南M0	1.5~4.0	≤30%	50亩以下企业自用50亩以上按规定分割转让	不得与住宅用地捆绑出让	—
郑州M0	>2.5	≤15%	使用权不得分割转让	—	—
杭州M创	≥2.0	≤15%	特殊项目经市政府批准之后可以整体或部分转让	—	—
传统产业用地	0.6~3.0	≤14%	—	—	—

3. 多总部经济集合体的内核要点

多总部经济集合体以产业平台构建为核心导向，以创新为驱动，以产业集群为手段，以"研发+生产+产业孵化+投融资+运营"构成的"经济循环圈"为组织形式。

（1）产业平台构建的重要性

当前及未来，中国的各个经济领域的发展趋势是一致的，没有内容的物业或者没有自我IP的物业都将成为被淘汰的群体，产业园区也概莫能外。所以如何打造产业园区的自我IP，形成具有龙头效益的企业，最后达成本地区本产业的马太效应，是多总部经济集合体所要追求的目标。

多总部经济集合体的关键在于如何构建产业平台，使得内在的多总部集合体能够共生共荣，在互相博弈和共同的利益诉求下寻求平衡，获得长期利益，并寻求各自的发展前景。这一点在产业园区的运营当中显得尤为困难，往往是因为经济利益的回报和长期产业平台的构建之间会产生时间的差异和诉求的差异。通俗说来，就是园区等人，人等园区。所以产业平台的构建在园区策划之初就应开始实施。

首先，针对本区域的优势产业，在策划的伊始就要结合优势产业和其未来的发展方向，进行有前瞻性的资源调配和整合，针对这样的资源整合，着力打造本地区产业平台构建的未来性和可持续性。其次，充分利用园区前期策划定位、设计建造等一系列的时间差，设立专项机构进行产业平台的提前招商，或者同步招商尽快展开；甚而可以有一部分的建筑物业为定向企业量身打造，使得园区开园之日即是企业入驻之时。最后，产业平台的构建一旦定下了未来的方向和基本的产业内容，后期的招商运营以及产业平台的搭建都必须围绕着这样的产业平台来进行。

（2）产业平台运营提升的可持续性

在园区的主导产业平台构建完成之后，重点即将转入园区产业平台如何运营提升，如何持续地产生新内容，如何在新内容基础上增加更多的产业附加值等可持续性问题的探讨之中。从经济策略上需要构建一定的平台让企业总部和初创企业形成孵化和被孵化的关系、成就与被成就的关系，使从孵化、成长到成为总部的不同阶段的企业，在本园区内形成系列的产业生态。恰如当前世界产业的发展趋势，往往今天看来还无比强大的企业，很快就被行业以外的企业降维打击消亡。而产业运营平台的运营提升，使这样的故事有可能发生在同一个园区内部。

在产业平台提升运营的过程中，营建策略上需要拥有一定的物理空间，使得企业和企业之间的交流、人与人之间的互动以及创新创业活动有聚合的空间。常规的生产空间和办公空间在产业园区内将被压缩到最小规模，占据最小比例；而大量的增长空间、创新空间以及社交空间等将在园区内占据更大比例，被提炼与升华到一定的规模。最终原本作为主体的生产空间和办公空间以及作为辅助的增长空间、创新空间和社交空间等，将在产业园区内形成一个最佳比例。

4. 多总部经济集合体的外在表达

多总部经济集合体的外在特点表现为生产空间集约高效、社交空间环境友好、生态空间创新和发展。

（1）集约高效的核心

产业园区集约高效的核心在于创新创业的成本是否达到最优值。多总部的产业园区如何在集约高效的环境中形成最佳经济集合体以及各企业如何在园区内达到生产创业成本最优化，是我们在前期设计中需要考虑的问题。举一个案例：当前产业园区的生产空间有一个重要的空间使用概念"real time working"，其主要的观念是尽量减少固定的、无用的、常规的、违反未来企业组织形式的消极空间，而增加互动的、灵活的、可变的、满足企业各方面需求的有效空间。据国外案例显示，采用了"real time working"的设计概念，可有效地减少办公使用面积总量的20%~30%。通过这个案例，我们可以很清晰地了解到，集约高效的核心在于有针对性地使用生产的有效空间，使得空间的效能达到最大化，而且真正的要领在笔者看来是去中心化、去阶层化、去管理化的"三化"手段。

（2）什么样的环境可以激发人的创造力

这也是多总部经济集合体要考虑的主要问题。创造力的激发和企业发展如何在本园区合理地组织是营建考虑的重中之重。

人是这个世界上最复杂的生物，而企业的组织方式则是将这些复杂的生物通过相对刚性的管理条例进行有效的组织，进而从事某一生产的过程。从某个角度上讲，管理是去除人性复杂的有效途径，但却不是唯一的途径。而创造力，却往往是出于管理之外的人性的表达，是人类发展的动力。

创造往往诞生于人脑和电脑的最佳组合，而人对创造的环境需求又是多种多样的，我们无法去界定每个人能够激发自身创造力的环境，但是我们却可以营造多样的环境去最大可能地激发大多数人的创造力。亚马逊总部的世界丛林，谷歌总部的畅享乐园，淘宝总部的link空间都是基于这样一种空间环境构成方式。

当然，也许很多人会说，互联网公司和高科技公司当然可以采用这样的活力空间去激发人的创造力。但是，事实上，当5G时代和人工智能到来，所有的产品、所有的物化的东西，都会有"生命"和"思维"，都会"活"起来，而如果我们的工作方式和创造力无法去呼应这样的时代趋势，终将被淘汰。

5. 多总部经济集合体的政治意义

多总部经济集合体是使政府诉求与企业需求达到最大平衡的城市物理空间。

（1）政府的诉求

政府作为城市管理者，对于产业园区的诉求主要来源于两个方面：一方面是作为城市管理者对城市经济总量的诉求，主要侧重对亩产税收和城市智力产业提升的考虑。另一方面，政府对于园区城市总体形象的考虑也是当前城市管理者对于城市竞争力的主要诉求。从以上两方面来讲，城市管理者对于未来的产业园区的考查主要侧重于其对于提升城市的竞争力以及对城市经济总量的贡献值。所以，城市管理者对于产业园是求上限，而非下限。

这是当前作为城市管理者的政府的痛点所在。政府往往掌握了所管辖城市的最佳资源和政策的主导性，但是对于产业的培育引导升级，或者说产业园的策划和营建，往往是隔靴搔痒。或许是出于体制的限制，无法做到直接而有效的引导，但是如何通过有效的管理，或者是让渡一部分的权利购买社会服务，进而促进产业园的发展，而避免形成"低小散"的现状或是"买家秀与卖家秀"的初心与结局落差，则是政府所要面对的一个痛点。

（2）企业的需求

企业作为社会的基本经济单元，其诉求主要来源于其作为精致的独立个体，总是从企业的盈利性角度考虑，更侧重利益诉求，甚而有些企业会从产业园区的物业销售收入以及租金收入的角度来考虑按照何种标准来建设产业园。从某个角度上说，企业对于产业园的建设策略是求下限，而非上限。

产业园运营机构往往面临一个难点，那就是产业园前期的巨大建设投入和产业园本身长期的资本回报之间的时间差该如何有效地平衡。资本的本质是逐利的。如何在政府已经让渡一部分权利的基础上，做好前期的产品和运营，做好资本的准备和自我平衡的计算以及未来长期的资本回报和多种手段的资本实现，是当前产业园运营机构必须解决的难题。

（3）平衡的物理空间

综上所述，多总部经济集合体是城市管理者与企业经营者的诉求相互博弈最终达到平衡而形成的城市物理空间，其既能够在城市经济总量及城市主体形象上有所突破，又能够为企业带来合理的经济收入。

第二节　多总部经济集合体的打造要素

一、以大环境为背景的多总部经济目标产业

多总部经济集合体，应以"大环境"为背景确定目标产业。深入挖掘大环境下的产业集群需求和增长点，有针对性地对目标产业进行分级分类，立足大环境和自身发展背景，确立适宜的目标产业，并进行相关的策划和营建策略。

国家的经济产业形式——中国面临着新的内部和外部发展环境变化，包括经济全球化、工业一体化、区域国际化、资本集中化、物流电子化等改变，从上位规划出发落实区域发展战略，是区域发展的必然选择，最终国家的经济产业发展，应以区域为单位，落实区域间的合作与交流，最终推进科学可持续发展。

长三角的经济产业形式——《长江三角洲地区区域规划》明确了长三角地区的战略定位：亚太地区重要的国际门户、全球重要的现代服务业和先进制造业中心、具有较强国际竞争力的世界级城市群。《长江三角洲地区区域规划》在城镇发展与城乡统筹、产业发展与布局、自主创新与创新型区域建设、基础设施建设与布局、资源利用与生态环境保护、社会事业与公共服务、体制改革与制度创新、对外开放与合作等八个方面提出了方向和任务以及相应的保障措施。

依托于"大环境"明确目标产业——"大环境"即国际、国家、区域发展趋势和产业规划，从国家产业战略规划及《长江三角洲地区区域规划》中已经可以很明显地看出，长三角产业已经开始呈现区域细化布局的状态。一方面，未来每个产业园的产业发展必然根植于区域产业布局，只有根植于区域产业规划，才能获取区域产业集聚的优势，使企业价值链与区域资源实现最优空间耦合。与区域发展联动，方可在拿地层面、开发建设层面、招商引资层面、政策扶植层面获得政府扶持，凭借当地的资源禀赋，依靠自身力量，充分吸收外来资本、技术等要素，通过消化、吸收并根植于当地要素之中，逐渐地发展和扩散开来。

未来的产业园，须先分析区域市场环境和所在城市的核心竞争力，据此确定主导产业，移植外部强势资源，培育内部特色优势，整合区域优势资源，围绕主导产业进行资源的配套，形成园区本身特有的优势。在具体定位的时候，要考虑市场的导向、资源的整合、创新的能力。

二、以产业为核心指导多总部经济顶层架构

产业的可持续发展是经济的可持续发展、园区可持续发展的前提。开发者必须围绕将产业做大做实的心态，认真、科学地制定园区的产业发展规划，并按照产业发展规划制定园区招商策略。

因此，产业园在初期的顶层设计层面，必须明确核心产业，进而在后续营建中，在招商层面，精准地引入适合的同类产业和上下游企业，营造产业集聚效应，同时打造产业闭合圈；在资金层面，精准地引入适合的经济运作模式和投融资企业，以便进行后期投融资的高效运作，扶持产业企业健康发展；在运作层面，精准地引入针对该类产业的合适的运营商或物业管理企业，为精准、高效地制定园区发展计划提供基础；在营建层面，根据产业类别，对外，争取适合产业发展的用地和政府优惠政策，对内，确定人员组成和生产生活需求，精准地配备满足要求的生产生活配套；在建设层面，实现精准设计，针对不同产业需求设计合理的总图布局、交通组织和功能产品，尽量减少后期改造，减少经济投入，同时提高对于公共空间环境、绿色节能建筑、智慧化园区建设的重视度，打造宜居宜业的办公生产环境。

未来产业园的招商团队以及运营团队构建，也要以产业为核心。

在选定主导产业后，要建设完善的招商体系，综合分析产业类别、区域产业基础、招商资源、招商成本等因素，选择合适的招商渠道；同时可以利用信息化手段，建立招商情报分析系统，科学地、有根据地招商。在选定招商团队时，不仅要考察招商团队的教育背景，还要求招商团队与技术团队相互配合，抓住痛点，有针对性地招商。

以产业为核心构建运营团队，不仅要保证基础的专业物业服务，还要从园区企业需求的角度出发，提供全面的生活服务、商务服务和专业的技术服务。基础的专业物业服务保证园区基本的正常运作；生活服务保证园区内企业和其他使用者的基本生活需求，包括餐饮、商业、交通、社交、娱乐需求等；商务服务为园区企业，尤其是中小企业减少企业运作成本，提供共享的金融服务、人力资源、创新创业服务、政务服务、资源共享和知识分享平台等，有利于提高对中小企业的吸引力，提高园区黏性；专业技术服务包括基本的公共技术服务、创新孵化服务、技术转移服务、产品展示和交易服务、信息发布与检索服务以及产学研平台等，专业技术服务有利于园区企业形成规模化发展效应，形成良性的产业生态。

三、以平台构建为基本导向的多总部经济服务体系

产业园区是多个企业共同发展，产生"1+1>2"效应的地方，为了让园区与企业、企业与企业能够在同一个层面顺利对话，构建合适的平台很重要。平台构建的因素之一就是服务。一是为政府和开发区服务，政府和开发区最需要的是推动产业升级，协助区域产业集群，产生税收。另外，要为客户提供价值。客户有区域的价值需求，只要来园区就可以享受低成本、优惠政策等便利。更重要的是通过园区的管理，提供上下游的产业链和供应链，形成园区独特的企业价值链。

产业园区的平台应包含基础物业服务、企业员工生活服务、企业商务服务、专业技术服务等多项内容。这是产业园区健康发展的核心内容。这就要求在规划的初始，就着重分析和判定这些平台构建的实际需求和发展途径，例如：围绕一个产业技术构建的平台，核心能力是研发或技术交易能力，就需要围绕这个能力去建立一个创新科技服务平台。而商务平台的核心能力是为企业发展降低成本，因而金融、交易、推广等商务活动应该是平台的核心内容。此外，园区服务平台还应为企业与政府对话提供有效途径，这就要求平台提供政务指引、政策申请等服务。

公共服务平台是产业园区区别于普通办公楼的根本所在，是园区运营商对接进驻企业并借服务赢得回报乃至共赢发展的重要载体和实现途径，对改善园区环境和促进产业发展意义重大。公共服务平台完善与否，很大程度上预示着产业园区发展的后劲与前景。

四、以循环创新驱动园区发展的企业配套体系

产业园仅仅将创新资源集聚在一起是不够的，为了实现由企业主导的创新→创业→发展→扩张等一系列市场化行为，产业园需要将集聚在一起的技术创新资源重新组合、优化配置、孵化企业。这就需要产业园坚持创新发展，坚持自主创新，加快建设以企业为主体、市场为导向、产学研相结合的自主创新体系，注重引进科技含量高、发展潜力大的企业入园发展，鼓励支持大企业集团等在园区内建设高水平研发中心和工作室等以及加大投入园区配套体系建设。[①]

1. 前期的投入

对于产业生态体系来说，为了实现由企业主导的创新，需要前期配置足够多的

---

① 李景欣. 中国高新技术产业园区产业集聚发展研究 [D]. 武汉：武汉大学，2011.

物理空间,来为园区内的企业实现优化配置,孵化企业,鼓励加大创新和高水平研发中心及工作室服务,为驱动园区发展的企业配套预留空间。这不仅需要设计时打破常规地对得房率等提出硬性要求,还要对许多平时认为的"无用空间"或者是"扩展空间"加以利用。此外,还需要政府加大财政支持力度,为园区承担一些前期的风险投入以及支持园区对循环创新所需要的配套空间的建设。

2. 园区配套体系建设

对于新建的产业园区,如何建设合适的配套体系以加快园区循环创新发展,即如何建设以企业为主体、市场为导向、产学研相结合的自主创新体系是园区发展的核心。园区配套体系包括物理空间上的配套功能建筑,包括孵化、展示、交流、商业、餐饮、休闲等功能空间以及园区平台建设,包括物业服务平台、商务服务平台、生活服务平台、技术服务平台等软性平台体系建设。

五、以多总部集合体营造的产业生态体系

1. 产业生态

产业生态是指产业在一定的地域范围内形成以某种或某几种主导产业为核心的,具有可持续发展特征,并且具有较强的市场竞争力的多维产业体系。在这个体系中,众多企业在一定的地域内聚集,并且相互依存,相互协作。这些企业包括同一个产业链上纵向各个阶段的不同企业,也包括横向聚集的相关配套产业。

多总部经济集合体的本质特点就是园区企业与周边资源及园区内部企业之间的有机结合。反映在园区布局上,应充分考虑时间和空间因素配置资源,得到最优化设计组合,使生产消费过程中产生的产品能够交换利用,使企业与园区在一定范围内达到成本最小化,效益最大化。[①]

园区还应该围绕目标产业,选择相应的优秀企业入驻,对上下游企业的入驻起到引领和辐射作用,使园区最终形成一个稳定的产业共生网络。另外,由于企业之间结成共生网络,为使各企业的发展受到限制的程度达到最小,园区企业的数量、规模、类型都要互相匹配,各企业的产品又要有自己相应的市场需求。

产业链是一个相对宏观的概念,描述了某种具有内在联系的企业群结构。通常来说,某一产业结构往往包含基础产业、主导产业和支撑产业等环节,每个环节分

---

① 鞠瑾,刘宝忠. 当前生态型产业园建设发展中存在的几点问题及建议 [J]. 管理观察, 2009, 5: 8-10.

别具有各自的产业链，它们相互依存、相互制约，形成了横向、纵向等多种产业链关联（图5-5）。优化整合产业链横向、纵向的不同资源，提高产业链的运作效能，可以提升产业园区的竞争优势，形成良性循环的产业生态。

2. 横向的产业生态链

整合横向的产业生态链，即通过约束产业链上的相同类型的企业发展，提高企业集中度，扩大市场势力，从而增加对市场价格的控制力。

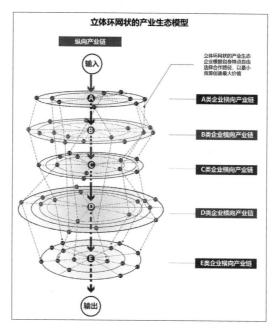

图5-5 产业生态模型

产业链横向关联的布局模式，是指具有相同或者相近产品的企业在空间上分布于不同区域，但具有趋同的上游或者下游产业链的空间布局模式。这种横向关联的布局模式不稳定，随着我国改革的深入和国际化的加深，可能会出现两种结果：一种是横向关联的布局被打破，生产出现集聚和集中；另一种是横向关联的布局仍然维持，但是会出现行业性的收购合并，表现为大吃小、强吃弱的企业兼并或强强联合式的合并。①

产业链的横向关联布局可以在产业园区中形成范围经济，具有多元化的协同效应。处于产业链相似环节的不同企业，通过共享园区资源，生产多种产品和服务，从而降低总的联合生产成本。或者以相似的研究技术或生产技术为基础，以异质的市场为对象，开发异质产品。由于这种布局模式利用了研究开发能力的相似性、原材料的共同性、设备的相似性，能够获得技术上的相乘效果，因而有利于大量生产，在产品质量、生产成本方面也有竞争力。

3. 纵向的产业生态链

一方面包括将主导产业的上下游企业进行空间集中布局，这样的布局方式可以实现竞争优势在产业链内部的传递，同时上下游的打通能为企业创造更多的商机。

---

① 唐静，唐浩. 产业链的空间关联与区域产业布局优化[J]. 时代经贸，2010，(14)：26-27.

尤其是上游高端研发环节的引入，能促进整个产业的技术提升，还可能成为相关产业的研发中心、销售中心，甚至是价格形成中心，提升整个产业链的创新能力和可持续发展能力。

另一方面包括同一产业链中不同发展阶段的企业，前端包含孵化器，后端包含大型企业总部，能够满足同一企业在园区的创业、发展、扩张、上市等一系列的发展行为，保持园区企业的创新活力，保证园区持续不断的发展动力，这是多总部经济集合体的设计原则和策划的起点。

4. 环向的产业配套服务

产业园区的持续健康发展，不仅需要横向和纵向关联的产业链布局，还需要辅助产业链发展的各种配套企业和园区服务平台，形成园区发展的软环境。园区开发必须具备一定的产业服务能力，园区的主管者和园区的运营者必须具有产品的鉴别能力和产品的运营能力。专业化的运营服务形成完整生命周期的产业生态圈，提供企业成长各阶段所需要的产品类型和服务内容。

配套企业和服务平台应具有完备性和实用性，不仅能服务产业链的各个纵向环节，还要服务于各种发展阶段的不同企业，同时还要能为园区各企业提供资源共享平台、技术支持平台、生活服务平台、物业服务平台、商务服务平台等一系列服务平台，使产业园区更高效地形成规模经济，减少成本，提高利润，获得健康持续发展的途径。

六、多总部经济集合体以多维度服务获取园区盈利的运营服务体系

1. 土地运营的盈利模式（一次性的盈利模式）

土地运营的盈利模式主要包括土地增值、租金收入、商业地产、类住宅地产等几项主要内容。

土地增值主要是指将土地以出租的形式运营，保留土地的使用权，随着时间的增长来获得土地溢价的收益。这是一级开发市场的增值模式。

租金收入主要是指将园区物业以出租的形式运营，保留物业的使用权，进行有针对性的物业出租，形成长期稳定的固定收益。这是二级开发市场的增值模式。

商业地产主要是将产业园区内为了产业发展配套的商业用房进行出售，来平衡建造成本，再将剩余物业进行出租来盈利。这种盈利模式主要用于混合类用地，或

者工业用地转变成商务办公用地。

类住宅地产主要是指产业园区配套的住宅或类住宅，可以通过出租或出售而获得收入。由于工业用地和创新用地可以有不超过15%的建筑面积的配套，所以一般开发商或者园区运营商会将这部分配套面积用于建造类住宅或者酒店式公寓进行市场销售，或者作为办公的配套进行"搭售"，成为产业园区最重要的盈利部分。

多总部经济集合体在土地运营的盈利模式当中，以获取土地增值、租金收益、商业地产等方式来实现其资本价值。类住宅地产主要是做成园区配套使用，而不能成为主要的盈利方式。

2. 增值服务的盈利模式（经常性的盈利模式）

产业园的增值服务体系主要包括为园区的产业和企业提供有偿但必要的生活性配套和支撑的服务体系。可以理解为增值服务体系是依附于园区产业和企业生活发展的各个利益和潜力环节上的盈利模式。

产业园区增值服务的利润模式包括许多关键内容，如产业技术服务、产业发展服务、生活配套服务和园区运营服务等。

产业技术服务主要指通过产业园区公共技术平台向园区产业提供帮助和相应服务，并通过收费盈利。

产业发展服务主要通过提供金融服务、咨询服务、培训服务、信息服务、政务指引服务、孵化服务、媒体服务、网络通信服务、物流服务、人力资源、服务外包等盈利。

生活配套服务主要指提供餐饮、娱乐、购物、医疗保健等服务。

园区运营性服务主要是指通过提供物业管理服务和园区内公共性服务来获取收益。

3. 金融投资服务的盈利模式（战略资本性的盈利模式）

金融投资是新型产业园区盈利模式的一种重要表现。金融投资主要包括将园区土地或房屋资产作为资本进行运营，或者对园区内的企业进行投资以获取溢价收益等。因此，产业园区应与资本市场和金融市场密切合作，积极创新资本运作与金融运作手段，从而不断创新园区的盈利模式。

具体说来，金融投资的盈利模式主要包括以下几项内容：产业投资、专业性公司投资、产业用地的资本运作、现有物业（房产）的资本运作等。产业投资主要指园区建立或控股专业性的产业投资机构，例如天使基金、VC、PE等投资相关产业，分享企业成长并获取收益；专业性公司投资主要是指园区投资控股为园区提供专业技术性服务和企业发展类的公司，并通过IPO等形式获取收益；产业用地的资本运作主要是指在不允许直接转让产业用地的前提下，探索作价入股等方式盘活土地资产并获取收益；现有房产的资本运作主要是指以产业性房产的股权、信托、证券化等方式进行资本运作，进而盘活资产获取收益。[①]

4. 模式输出的盈利模式（复制流量式的盈利模式）

模式输出的盈利模式主要包括生地开发、熟地改造、委托经营等几项主要内容。生地开发主要是指沿用成熟园区的模式，对新的土地进行一级开发，主要有BOT、土地入股等方式；熟地改造主要是指对原有工业区的房产进行改造和功能变更，从而为发展新的产业服务；委托经营主要是指受地方政府或其他运营主体委托，运营其地域内的园区，并获得收税分成或服务性收益的盈利模式。[②]

园区的盈利能力和盈利模式会因园区所处的发展阶段不同而产生较大差异：处于初级阶段的产业园区的盈利模式通常依赖土地运营收益；而处于高级阶段的产业园区，相应地会产生更高级别的盈利模式，如模式输出产生的收益等。这样的变化是因为随着产业园区的基础设施越加完善，产业发展程度越加成熟，园区的经营能力也不断获得提升，因而园区的盈利模式具有很强的阶段性特征。因此，若要合理把握园区不同发展阶段的盈利模式，寻找恰当的盈利环节，培养强大的园区盈利能力，就需要准确把握园区发展各阶段的主要特征。

七、多总部经济集合体的发展空间

产业园区，尤其是多总部经济集合体，是一个动态的策划和建设的过程，如何在多总部经济合作过程中建立有效的机制，使多个核心企业各自吸引产业集聚，同时又能够齐头并进，避免同质化竞争，实现成本资金的动态平衡，最终形成规模产业，在拥有固定收益的情况下达到利益的最大化，是多总部经济集合体的研究重点。预留用地，逐步发展是一个保持收益动态平衡的良策。

这里说的"预留用地，逐步发展"有两个含义。

1. 预留空间

未来多总部经济产业园区必须形成"产业循环圈"+"经济循环圈"，这种双圈闭合的园区结构是未来产业园区逐步扩容的必然形式。因为产业园是一种缓慢生长

---

① 唐燕霖. 企业应如何选择入驻园区？[N]. 中国文化报，2014-05-17（005）.
② 杨凡. 产业园区持续盈利新模式探讨 [J]. 行政事业资产与财务，2018（18）：23-24.

的有机结构，会不停地随着上位规划的产业变更、企业的生长、市场的变化、人员类别的变化等产生适应性调整，因此，新型产业园在开发中必须要预留足够的可发展用地，滚动开发，以适应不断变化的外部环境。

2. 预留改造

建筑本身具有通用性、兼容性，能够适应不同阶段的企业需求和内部的自我更新，适应环境的变化要求。

为了达到这样的目的，一方面，产业园区的建筑产品应具有通用性和适应性，提前预估未来产业园区在变化过程中所需要的空间形态和规模，通过产品空间"可分可合"、荷载预留、防火预留等提前设计，实现建筑产品的多适应性。另一方面，可以采取"小步快跑、迭代开发"的模式，实现产业园区产品逐步扩容。因为新型产业园是一个围绕"目标产业"组织园区发展，能容纳产业生态的园区，是一个庞大的"有机组织"，产业链随着市场的变化而不断优化和完善，一方面能与市场同步，随着市场的变化不断优化调整，另一方面，每一期的产品出来后，被市场和用户检验，能实时反馈，能在后续产品开发中尽量避免浪费。

第6章

多总部经济集合体的前期策略

第一节 多总部经济集合体的总体定位

多总部经济集合体应该是由政府管委会和有产业园品牌运营能力的专业运营商在某一特定区域进行的综合产业园区的设计+策划+营建的行为过程。

在这个过程中，政府作为社会管理者，具有多总部经济集合体的组织能力、政策投放能力以及资源的集中能力，是多总部经济集合体的最佳组织者。

品牌产业园运营商的主要诉求是借助政府的社会服务机能以及政府让渡的社会资源，对产业园区进行综合运营，同时反馈政府税收、产值以及社会就业等经济和社会效益，与政府实现双赢。

因此，多总部经济集合体在总体定位时就要确定产业园区的运营主体，同时要兼顾政府与企业利益，制定合理的产业园区的全过程计划，在开发、营建、招商、运营的各个过程中，实现政府、开发主体、产业的多方共赢。

一、政策准备

1. 规划或策划的政策准备

首先是规划或者是策划的政策准备。从规划层面来讲，政府在经济规划、城市规划、项目建议书、可行性研究报告以及当前最流行的"多规合一"等过程中，就要兼顾多总部经济集合产业园区的多方诉求，指导前期定位。需要达成以下目标：

（1）调整好多总部经济集合体需要的空间。

政府在制定区域土地规划时，就要为区域产业集聚及产业扩张预留足够的土地。需要注意的是，产业园区的发展不只需要产业，其最终形态是产城融合，所以在规划之初，就要预留产业用地+商业用地+居住用地，实现组团扩张或者圈层发展。例如目前雄安新区的规划方式即为组团式布局，采用多功能混合、密路网、小街区的宜人生活空间组织。

（2）调研好本区域的诸多有利因素。

要充分调研本地区域优势，了解本地资源禀赋、产业基础、人力资源等，综合分析产业园区在区域的价值及未来发展空间，明确园区在区域发展中的地位、角色和核心竞争力，确定发展"概念"及发展目标，制定切实可行的规划方针，落实到区域规划、产业规划、园区规划等各个层级。

2. 土地政策准备

上位规划不仅要确定硬性的土地规划，还要针对不同的用地性质，乃至不同区域的地块，制定相应的土地政策，包括土地开发容量、土地价格、用地指标以及为区域产业发展制定相应的发展方针和优惠政策。

在实践中，土地规划时往往缺乏对经济社会、产业导入、投入产出、招商引资等方面的系统性、科学性的研究，导致土地实际开发使用时缺乏落地性的指导意义，使很多政策执行时浮于表面或者难以落实。因此，在多总部经济产业园区开发前，政府要针对土地政策做好如下工作：

（1）定向土地招拍挂

定向土地招标、拍卖、挂牌出售，即"土地定向出让"，是指政府出于整体规划和实施的考虑，愿意将一些区域的开发权交给自认为信得过的企业。这种土地出让价格一般低于市场竞争价格。土地定向出让不符合市场公平竞争机制，具有一定的弊端，容易滋生腐败；但是若政府合理操作，严格把关，定向土地出让也有利于区域的产业发展。政府以较低的价格或一定的优惠条件，吸引自带产业的大型企业总部进驻，进行一级土地开发，形成区域产业发展的核心和源头，并利用企业的产业集聚能力，带动区域产业发展。深圳由于新增土地量越来越少，自2007年起，逐渐实行"定向出让"方式，表面上依然是公开招标、拍卖、挂牌出售，但实际上，政府在制定竞拍条件时极为苛刻，导致最后只有一家竞买人有资质参加竞拍，竞买人全部是国内知名企业，全部是底价成交，土地大部分被用作竞买人的企业总部。

（2）适宜的土地价格

政府在制定土地政策时，有时为了区域产业健康发展，需要对土地价格制定一个合理的区间。企业希望降低经营成本，所以在选址时往往更青睐土地成本更低的区域。因此，政府在制定土地价格区间时，要综合考虑意向企业的价格承受能力以及收益增长空间，搭配合理的优惠政策以及相应的产业、经济政策，吸引意向企业入驻。

（3）让渡政府的权益

政府为了招揽优质企业，必然需要提供比其他相同条件的地区更具吸引力的条件，这时就需要政府让渡自己的一部分权益，以吸引企业入驻。如制定相应的税收优惠政策、财政鼓励政策、人才激励政策以及鼓励创新创业政策等，短期的权益让渡，换来的是长期的区域健康发展。

3. 产业政策准备

企业的入驻，不仅可以为地方提供更多就业机会，还将带动区域经济发展，提高区域税收。因此，区域的产业发展，也是政府急需重视的一个内容。在上位规划阶段，制定相应的产业政策，以激励产业发展，约束单纯的土地开发获利行为，引导区域产业健康持续发展。这也是未来多总部经济集合体运营商向政府兑现承诺以及引导产业园区发展的一种激励和约束政策。主要应包括以下几个方面：

（1）两个主体之间约定的互换承诺

主要包括政府主体和开发主体之间、政府主体与企业主体之间的互换承诺。

政府主体与开发主体之间：政府在将土地出让给开发主体时，通常会要求开发主体给出一定的税收、经济增长及社会就业、产业发展等预期承诺；作为交换，政府通常会给予开发主体一定的优惠政策，包括税收优惠政策、人才激励政策、住房保障政策等。政府主体与开发主体之间的这种互换承诺，对当前大量出现的变相房地产开发形式的产业园区开发行为具有一定的约束力，使以盈利为目的的开发主体必须为地方产业发展做出一定的努力，有利于地方产业和经济并行发展。

政府主体与企业主体之间：政府在招商引资之时，为了吸引目标企业入驻及鼓励创新创业，通常会给出一定的优惠条件，包括住房补贴、税收优惠、人才激励政策等，但是同时，为了区域健康发展，也会为企业设定一定的限制条件，包括企业的主导产业、环境污染、税收、资产等，使产业园区内的企业入驻成为一种双向选择的结果，促使区域经济产业符合预期发展。

（2）税收返还

主要是政府为了鼓励产业发展及留住企业所作出的一定的权益让渡。这种举措，有助于政府扶持中小企业发展，鼓励创新创业，减少中小企业负担，提高企业竞争力。

（3）激励制度

主要指对企业创新的激励制度，对高新技术产业等目标产业的激励制度以及对人才的激励制度等。政府的激励行为主要包括行政指令和经济激励两种形式。

行政指令方面，主要包括政府每五年制定一次的五年计划等纲要中，对于地方鼓励、支持发展的产业、创新行为及人才引进等制定的目标计划，以此激励下级机关具体落实创新创业、产业扶持、人才引进等行为。

经济激励主要指在纲要制定后，政府对辖区企业给予必要的财政补助、税收优惠、贷款便利等，促进辖区企业创新创业，引导目标产业发展，鼓励地方引进人才。

然而，不完善的制度可能会导致企业在获取补贴的实际操作中，做出与激励目标相悖的选择，因此，制定切实可行的激励制度，提高地方政府的办事效率，并落实激励行为，是地方政府在产业扶持工作中的重点和难点。

（4）配套政策

所谓独木不成林，单纯发展产业，并不能够长久有效，地方政府在出台产业扶持政策时，也应出台相应的配套政策，如住宅配套、商业配套、医疗配套、教育配套、公共设施配套等方面，在扶持地方产业发展的同时，解决引进企业员工的后顾之忧，促进产城融合，才是地方产业发展的长久之道。

二、多总部经济集合体的产业定位

1. 多元化的集合体

未来多总部经济集合体，必然是多元化的，即产业园区内包含多个企业主体，且这些企业主体可能分属于主导产业的上下游产业以及其他配套产业。因此，若要维持多总部经济集合体健康持续发展，在营建之初选择目标产业时，不仅要综合考虑地方主导产业以及地方扶持产业，还应基于园区自身素质，进行产业定位，使产业园区能够围绕目标产业，形成紧密结合、相互扶持、良性循环的多元经济集合体。

详细来说，在目标产业的选择上，一方面，园区要详细考察区域资源禀赋和产业基础，包括区域的经济基础、科技资源、人才资源、产业配套能力、文化环境等，使园区主导产业与区域整体发展相协调，同时符合地方政府的政策方向。另一方面，要切实了解自身实力和特色，若是自带产业的大型企业开发的产业园区，主导产业必然要符合企业自身发展需求，同时兼顾发展上下游企业；若是属于地产开发方式的产业园，则要在选择主导产业之时，就考虑目标企业及其他相关企业，使引进企业具备发展成产业集群的基础；若是政府主导开发的产业园，其主导产业则需重点考虑对区域产业发展的引导作用，为区域产业发展树立标杆，并以此园区为核心，使区域产业形成产业集群。

2. 多层次的集合体

多总部经济集合体，是多层次的，具体来说，在选择目标产业时，还要兼顾考虑园区发展策略、地方政策、园区内的企业生态、环境自然生态以及具体的营建过程、资金准备等多个方面，即多总部经济集合体的全过程都是息息相关的。

选择目标产业要符合多总部经济集合体的整体发展策略。园区的产业定位要符合园区发展的总体定位，符合地方发展政策及企业发展策略，如恒生科技园，在选择互联网经济作为自己的主导产业时，既符合其即将转型向轻资产发展的考虑，同时又与恒生电子和鼎晖基金两大股东的主要业务相关联。

选择目标产业要符合多总部经济集合体所在区域的地方政策。恒生科技园在选定主导产业后，根据所在不同地方的政策不同，分别发展出多个子项。如在杭州这个互联网之都，即主导发展电子商务以及互联网金融、软件开发、工业文创设计等细分产业；而无锡则与杭州不同，无锡是当年温家宝总理指定的物联网基地，因此无锡恒生科技园就全力打造物联网产业园。

选择目标产业要使园区能够构建企业生态。选择的目标产业及其细分产业应利于园区内形成产业链，要能够吸引上下游企业，形成产业闭环，同时还要留有配套产业和运营服务的余地。

选择目标产业还要维护区域环境生态。选择环保无污染的目标产业，符合国家大趋势。此外，针对生产过程中产生的废水废气废渣，在园区周围也要形成一系列的污染处理企业，使整个区域环境不因生产而遭到破坏，这样，区域才能够可持续发展。

三、多总部经济集合体的企业结构

针对不同的目标产业定位，要围绕着目标产业的集聚和使用空间以及企业需求，最重要的是企业当中人的组织形式、组织架构以及空间如何能够让企业集约高效地运转起来。这是产业定位的关键问题。

1. 利益长远者持有集合体

何谓利益长远者？做企业者，需要眼光放长远，不能仅关注眼前利益，要对整个企业的构架和发展框架作出长远规划。在集合体中的企业，需要更多地考虑企业自身产业链的闭合以及生活链的闭合，因此对产业园的整体功能布局和物业类型配比有着较为完整和明确的要求。

很多原来开发的产业园区，利益来源是快速销售，更注重单体物业产品的单价和开发成本，谋求最小化产权物业单元，对整个园区的架构和入驻产业没有规划和精细化定位，导致园区出现细碎化、小型化、片面化及无序化的现象。这些都与园区开发者的利益谋求方式有关。

随着时代的发展，园区作为集合体，更需要利益长远者来持有。有如下几点原因：

从区域的产业定位来看，需要有利益长远者来综合考查区域产业定位和发展方向，从而精细化定义集合体的产业内核，为区域的产业升级起到带头作用。

从园区的内部产业环境来看，需要有利益长远者来规划园区内部的纵向产业链和横向产业链，从而促进形成园区生态，更好地形成产业闭环，产生生产原动力，创造更多的社会价值。

从城市环境来看，利益长远者往往更加理解园区和城市的关系，懂得园区的整体形象与街区、与城市设计的联系，因此会更加开放和绿色，能够更多地为社会服务。

目前长三角重点城市的城市管理者都渐渐意识到这样的问题，所以在土地出让方面，尤其是产业类、商业类、城市综合体类的项目，都设置严苛的运营开发商入围主体的投标资格要求。基本的逻辑都非常统一，就是要求开发运营的企业必须大量持有开发物业，为进一步提升本区域的产业商业空间提供最基本的起点设置。

2. 效率最高者运营集合体

何谓效率最高者？集合体的运营，单靠每家自行自发来进行或者是靠所谓的物业管理公司都是不可行的。这样只能各自为政，完全丧失了集合体的最大优势——产业的集聚带来的巨大生产力。现在的社会是个高效、快速运转、信息量爆炸的社会，拥有信息和资源才是王道。而这些，都掌握在最好的运营公司手中，他们就是效率最高的专业的运营机构。

效率最高者来运营集合体，能够将集合体的优势发挥到最大，充分利用自身资源和运作优势，在总领的高度来作团队配合，扬长避短，互相支持。

笔者采访过杭州的海创园中国人工智能小镇，园区的运营者从最开始的顶层产业定位就进行了很好的策划。

顶层设计：首先，园区运营商（无产业背景）集合产业资源拥有者（浙医、浙大及龙头企业背景），搭建园区的医疗产业核心，为后期上下游产业链引入创造条件（产业专业人士主导园区开发，引入资源）。其次，引入医疗相关的孵化器及加速器，搭建孵化平台、加速平台等。再者，引入社会知名基金公司（浙商创投与浙江省智能诊疗设备制造业创新中心联合牵头,引入浙江功量、丽珠投资、浙江赛伯乐等),凑基金池,为小企业发展提供支持,也是后续收益的主要来源之一。最后,打包寻求政府支持(融合地产资源、产业及产业研发资源、资金资源、平台资源及政府资源于一体)。

产业内核:创新中心由浙江大学、省内医疗设备领域龙头企业(中翰盛泰、明峰医疗、好克光电、科汇医疗、好络维、鑫高益)和社会知名基金公司共同出资组建,园区引入各类省级、国家级实验室,构成产、学、研一体化。

园区运营:以"医疗基金+运营孵化+产业联盟"的运营模式进驻小镇,主要通过项目孵化(直白点就是协助企业进行市场公关,成功后市场共享,入股分红)、成果转让(研发技术转让)、公共服务和人才培养获得收益。

由此可以看出,效率最高的运营者来整合集合体资源,进行顶层设计,才是未来集合体的制胜之道。

3. 持有与运营的契约模式

综上所述,利益长远者持有物业,协同高效率的运营者来运营集合体,是最优的产业园集合体发展模式,也是未来的优质产业园的发展模式。这两个主体能够各自发挥最大优势,且双方都能从中获得自身的最大利益。双方有着多种灵活的契约模式。

运营平台模式:运营者缔造平台为物业持有者创造培育环境,提供多种政策、法律、生产生活中的各方面的服务平台,持有者利用相关平台进行发展壮大;现在的服务平台也经过了几代的发展,到了如今的综合型智慧平台,能够更好地为持有者进行服务。

运营基金模式:运营方建立园区基金,对内部产业进行分析风投。尤其是为了扶持孵化器,很多产业园区运营商兼做投资商,注资入股或者租金入股园区内的初创企业,后来扶持手段升级,通过揣摩市场需求,探索科技研发技术前沿,抓住地方产业和经济转型升级的契机,培育自己的特色优势产业,进而通过分享产业发展中的各个环节的红利来盈利。这种行为,从原来的单纯扶持企业个体,发展到扶持整个初创产业链,使得资金扶持的作用不再单一,成为推动整个产业园区可持续发展的重要抓手。

混合型契约模式:以上为三种持有者、运营者的契约模式,更多的是互相叠加的混合型模式,不同的模式互为补充,也在完善着契约模式的完整性,更好地让集合体全面发展。

第二节 多总部经济集合体的顶层架构

一、多总部经济集合体的企业股份结构探讨

正因为多总部经济集合体的主体特点是多元化、多总部的，所以如何搭建企业顶层架构是非常值得探讨的问题。企业的顶层架构，归根到底是由多方掌握的资源与其核心竞争力所决定的。在中国当前的社会基本框架下，政府拥有管辖范围内的城市最佳资源，而企业拥有运营建设等专业领域的核心竞争力。所以就某一具体区域的产业园或者某一具体项目的产业园，完全可以展开具有活力的企业顶层架构模式的探讨。

当前较为可行的办法是政府与政府旗下的城投公司、园区开发企业、园区运营企业三家组成联合的股份化公司。政府以提供的土地作为股本进入股份化公司，拥有一票否决权；园区开发企业以土地开发的投入和建设园区的投入作为股本，进入股份化公司；园区运营企业以运营和培育园区企业的服务和期权作为股本，进入股份化公司。三方的股份比例可以根据市场环境、城市区域难易程度相应地调整。最终，当园区运营成熟之后，政府资本将作为兑现资本，逐步退出园区的股份化公司，实现园区完全自主独立运行。政府作为股份化公司最先退出的部分，却能在园区内企业的各项税收、本区域的科技文化、产业带动以及由此而提升的城市周边土地价值、物业价值增值部分，来获得更广阔的价值实现。

这样，股份公司可以有效地解决政府的上限和企业的下限之间的矛盾，有效地统一双方的利益诉求，充分发挥政府掌控资源与企业核心竞争力的长处，最终达到共赢的结果。

二、最佳的企业架构与运作模式

多总部经济集合体中产业的管理者，即开发运营企业的内部架构如何在有效的法人治理体系和企业管理体系之间互相制衡和博弈，并有效反映在建筑空间表达上，也是我们需要研究的重要内容。

以往政府作为主体参与的园区，基本是以城投公司的形式来进行项目运作的，政府还是实际的园区运营者和开发者。虽然政府作为区域经济的领导者和决策者，在产业园的建设意义上有着最大的职责和任务，但是从以往的各类相关园区的运作来看，这样给政府带来的经济和市场压力是巨大的。政府的角色既是产业园的持有

者又是园区的运营者，这样的多重角色不符合专业化原则，也同样不符合市场的充分竞争机制。

因此，对于产业园发展较为前端的地区已经开始实行建设主体IPO。政策也鼓励和支持国家级经开区开发建设主体IPO。产业园开发运营企业早期需要进行园区的基础设施建设、土地整理等一系列工作，具有较强的城投性质。国家经开区作为园区平台中最为优质的主体，其开发运营能力相对成熟，部分已能够实现市场化运作，产业园区平台也实现了除园区基础设施开发外，包括信息网络、能源设施、金融、房地产等行业的业务拓展。而对于一些尚未完全实现全方位运营或经营缺乏活力的国家经开区开发建设主体，相信在社会资本的参与下，国家经开区的经济效益和社会效益将得以进一步提升。多总部经济集合体中，城投作为最主要的开发者和运营者，定位已经明显区别于普通的房地产开发行业，由单一土地开发转向复合的产业链开发，即土地、招商、房地产、市政等业务的综合开发，由狭窄的加工制造业转向集生产和服务于一体的现代化多功能新区，强调发展产业的重要性。此模式的核心竞争力在于新型城镇化开发的集聚能力，成为具备招商引资能力的系统集成服务商。产业园区运营企业转型主要包括三种方式：纵向一体化、多元化、纵向一体化与多元化相结合。当前园区仍有部分企业以土地和房产销售业务为主，但更多的企业已开始进行转型，通过向下游延伸，自建商业及工业物业，也有一部分企业通过投资园区内的企业进行多元化扩张，并获取投资收益。

未来，多总部经济集合体势必会朝着IPO的方向发展，政府主导的城投公司、市场主导的社会企业以及专业的产业园运营商等各个资本方，多方结合形成多方经济体，各方优势互补。

第三节 多总部经济集合体的拿地策略（一次性策略）

一、拿地策略的根本方向

拿地策略的根本在于合理地定位土地的性质和价值。多总部经济集合体所需要的产业用地，其价值体现在未来产业的增值和土地的增值以及对周边经济的带动作用上，而非土地一次性的招标、拍卖、挂牌出售，所以如何降低拿地成本为未来产业增值的利润空间谋得最大的成本优势是拿地策略的首要任务。

二、拿地的基本方式

整体策略，是园区创建初期的顶层战略设计模式。

针对不同开发主体的原始资源，制定相应的开发模式和盈利模式，这是营建初期就需确定下来的三个要素。

不同的开发主体，所拥有的原始资源是不同的，市场上的有利竞争方式也不同，好的顶层设计往往能够事半功倍，达到整合开发主体资源、社会资源、行政资源等各方资源的重要作用，使得园区的开发顺利、健康、稳步地进行。

拿地，是在园区开发之前最重要的一项，不同的开发主体，园区的需求不同，对用地的需求差别也非常大。几个关键点是区域、交通、规模、用地性质和土地对应政策。

如下文所列举的这几种是市场上现有的最典型的几大类开发主体对应的开发模式，在园区开发的过程中各有千秋，有着较为明显的特点。以下每个开发模式会引用相应的具体园区和开发主体来作详细介绍。

1. 政府开发或者大型国企——投行型资本运作

最早的产业园是由国家主导，各级政府主推的大型开发类项目，经济技术开发区就是其中的典型。经济开发区根据开发区的规模等级，分为国家级开发区、省级开发区、市级开发区等。由国家划定适当的区域，进行必要的基础设施建设，集中兴办一两项产业。同时给予相应的扶植和优惠待遇，使该区域的经济得以迅速发展。随着时间的推移，诞生了一批以土地一级和二级开发为主的开发商。影响最大的是以"北华夏，南临港"为代表的两大一级开发商。

华夏幸福基业股份有限公司创立于1998年，是中国领先的产业新城运营商。目前，公司资产规模超1860亿元，近年来不断转型发展，现在以PPP方式为主进行产业新城的开发，多在北方发展。由于不是在本书的研究范围之内，故不作重点阐述。

临港是上海临港经济发展（集团）有限公司，成立于2003年9月，是承担上海临港产业区开发建设任务的大型国有多元投资企业，主要负责上海临港产业区218km²范围内的土地开发、基础建设、招商引资、产业发展和功能配套等工作。本书的研究对象是长三角地区的产业园区，有很大一部分是针对临港开发的项目进行的调研。这个类型的大型开发商有着深厚的政府背景，政策扶持，资金雄厚，且开发手段多元。临港在当代市场发展环境下，全面转型运营模式，以打造"投行型"产业园区作为目标，在经营方式上将有形资产、专业优势、品牌服务作为产业投资的资本来源，深化资本在园区发展中的作用，拓展投融资渠道，着重以资本的运作来盈利和发展。

这个类型的开发商，现在都已经基本转型主攻资本运作和资本盈利。

拿地特色：

作为大型的一级、二级开发商集团，他们主要针对大规模区域级别的土地开发，其中PPP模式现在较为普遍，开发商自己参股作为土地开发的主体，参与所有的营建过程，同时盈利分红。在大宗的土地开发中，他们更倾向于新城的原始开发，九通一平的基础建设等。拿地普遍规模巨大，以基本的城市单元为主要方向，在各大核心城市的周边营造卫星城镇或者开发区，最终打造独立的能够自我生长循环的城市。

拿地策略：产业园区与地产联动模式

华夏幸福基业通过"产业新城+X"的业务模式，借助平台嫁接产业，通过住宅开发，形成一体化联动发展模式。

华夏幸福基业以区域产业园区为龙头，以"带不走"的招商能力和"种树式"产业培育为依托，打造区域经济发展新引擎，让当地政府前期零成本、零投入，降低地方经济负担，而随着入园企业经营和盈利能力的提高，实现财政收入和区域GDP双提升。通过这种与政府的协同效应，满足政府的政治、经济诉求，反过来让企业获得大量优质低价土地，公司利用此优势在产业园区周边进行大规模房地产开发，其收入占公司营业收入的一半。

华夏幸福基业产业园区与地产联动模式带来极低的土地成本。因为在园区开发协议中，一般都会约定一定数量的土地供公司做前期开发建设，保障公司拿地。事先的约定使得公司拿地有保障，且成本相对较低，这样公司不必囤积大量土地储备，实现轻资产经营和更高的盈利水平。

以固安工业园为例，其拿地成本比京、沪郊县低1/3还多。由此实现了公司高速增长，2014年上半年，毛利率达46%，远高于普通住宅开发企业，且2014年上半年销售额达242.13亿元，同比增长52.2%。

在开发过程中，地方政府无需任何先期投入，便可获得区域成熟（公司基础设施、公共设施建设以及土地和部分住宅开发）和产业发展（公司实行招商引资）的好处，而公司可借此获得廉价的土地和丰厚的回报，实现双赢，该模式具有可复制、能持续发展的特性。当然，从其过去拿地的区域看，一线城市相对较少。但如果按照最新的一、二线城市划分标准，那么其介入的一、二线城市则多一些，而且在未来依靠这种模式在新一、二线城市拿地，优势依然十分明显。

2. 产业地产商——面临转型

产业地产商在前文已经叙述过，是以房产开发租售为主要盈利模式，在20世纪90年代到21世纪初一直是主要的产业园区盈利方式，现在即将成为过去式。随着科创产业的兴起、电商行业的发展以及小微企业的迅速崛起，产业对产业园的需求也呈现出精细化、多元化、特色化的各种特点，所有的产业地产商都在积极寻求转型。其中就包括老牌产业地产商浙大网新、联东U谷、天安数码城等。

拿地案例：

产业地产商为主体的产业园，一直以来以租售为主要的盈利模式，土地成本和租售价格是拿地的终极考查。

浙江省临安市浙大网新青山湖园区，在拿地初始期，以网新为主，一共有7个主体共同拿地，其用地性质是科研用地，网新的B1和B2两块地用于出售，A1~A6的六块地用于6个企业自持，网新代建。这六个企业也分别是浙大旗下的高新企业。这个产业园位于青山湖高科技产业区科技走廊部分，周边是香港大学科技园等，不同的园区聚集在一起，错位优势发展。网新的拿地成本非常低，基本是按照工业用地的价格，条件是三年之内开始建设。当然这也是政府吸引建设投资的一个重要手段。

图6-1 常州恒生科技园

常州恒生科技园是转型的典型（图6-1），该地块用地性质为商办用地，位于常州市天宁区，共分为两期，一期是2014年7月交付，二期是2016年启动，现也已经交付。园区产业以电子商务、大数据、物联网、软件服务外包为主，打造八大服务平台，扶持青年创业，打造恒创空间；园区作为江苏省科技企业孵化器、江苏省众创空间和常州市科技企业加速器，为入驻园区的企业进行专业的服务指导和培训。拿地之初就享受"三免两减半"常州唯一市区两级税收政策，与政府共同打造该区域的产业引领先锋。

拿地策略：

（1）区位好，地段好；交通便利，地铁覆盖；由于区域位置好，可以充分利用周边配套设施，不用自己配备。

（2）上海地区很多园区内的大面积独栋给需要上市的企业提供了重资产的来源；多个园区组合发展，最好位于产业园集聚区。

3. 产业园运营商——好的开发战略及投资回报是关键

产业地产商转型深化较早的一批，基本已经全面实行轻资产运营，成为产业园运营商。其中以恒生为代表，在2016年的上海产业园区大会上，恒生总裁杨萍女士精彩地介绍了恒生产业定位的决策过程和转型发展的详细过程。确切来说，运营商要作为开发主体共同承担园区的开发与营建，从中盈利，并且进行再开发，这样才能形成生态的循环。

作为产业园运营商，后续的发展趋势应与资本方及专业产业团队共同组成园区的营建主体，也就是下文马上写到的联合营建模式。

拿地策略：

专门的产业园运营商一般不会自己单独拿地，他们基本都是专做招商运营和维护。

4. 联合营建——由产业技术带头方、专业运营团队、资本方三方联合

联合营建模式是当代产业园发展的大势所趋，也是本书所说的多总部经济集合体的雏形。这种模式下，产业园的承建是由多方组成的。其中由主产业的技术支持方提供产业的技术支撑，专业的运营团队来提供园区的各项运营，同时还有资本的介入作为融资。

拿地案例： 典型的例子就是2017年4月份开园的上海漕河泾启迪产业园（图6-2），园区是由清华启迪，上海漕河泾街道和政府的城投公司三方组建的合资公司承建，核心由清华品牌作为技术引入，在招商初期就将相关产业的核心技术企业引入园区，同时启迪成熟的运营团队作为整个园区的平台建设和运营，政府在政策上给予了相当大的支持，同时，后端还有基金作为投融资渠道为引入企业提供风投和各项融资。我们去调研采访的时候是2017年12月，短短8个月的时间，入驻率已经达到了100%，单位面积的产值增长达到了150%。

另外，在杭州的人工智能小镇也是典型案例。园区由国内顶尖的学术团队、专门的运营团队、投资方多方组成，各自是不同的经济主体，三方互为补充，既有产

图6-2　上海漕河泾启迪产业园

业的深厚基础,在新的媒体时代又有专业的团队进行对外宣传、平台搭建、对内服务、对外衔接,投融资资本提供强有力的资本支持。园区形成了非常良好的生态圈层、金融圈层和学术圈层,且不同圈层间互相渗透,融为一体。

拿地策略：

多经济主体联合拿地——减轻各方初始投资资金压力,主要包括以下几点：

（1）针对成熟产业园区的溢出企业,在成熟园区的辐射范围内拿地。

（2）针对政府产业定位及区域需求引入特定产业。

（3）交通便利。

5. 实业型企业做产业园——自带产业入驻,政府支持率高,拿地相对容易

实业型企业纷纷投入产业园兴建的大军,是近年来新兴的一股力量。由于国家智能制造业的强势兴起,很多新兴企业发展非常迅速,这类企业往往具有以下的特色：

（1）属于新兴产业,以智能制造为主。

（2）研发占比高,研发与生产在企业中所占比重非常大。

（3）企业成长非常迅速,亩产蹿升非常快。

（4）对自有企业所需要的园区需求非常大,但是又存在着发展中不可预测的变数。

（5）这种企业自建园区，由于税收高、亩产大等因素，政府支持力度非常大，拿地也非常容易，相关扶持政策也非常多。

这类企业对园区的需求很灵活，主要包括以下方面：

（1）建筑形式灵活通用，适应短期迅速发展的需求。

（2）生活链要齐备，生活设施、衣食住行缺一不可。

（3）建设初期预留较大余量，前期自持一部分、出租一部分，后期随着企业的发展慢慢收回，直到全部自持。

（4）出租部分的产业引入也有着比较明确的要求，引入的基本是与产业自身相关，或与产业上下游相关的产业。这样能够更好地进行产业间的资源整合与相关企业间的信息交互。

拿地案例：2017年11月，因为项目接洽的原因，我们曾与山东新明辉集团有过针对他们的新园区建设的相关对接，新明辉集团就是典型的实业型企业建产业园（图6-3）。

图6-3 新明辉产业园方案鸟瞰图

该项目西侧用地大概300亩左右，工业用地，功能为物流加仓储；东侧100亩，用地性质为商业用地，建设电商产业园。

在拿地之初，新明辉联合了数家上下游相关企业一起拿地，西侧打造物流商贸城，东侧用作几家企业的总部基地。在访谈中，业主原始的要求如下：希望商贸物流城（西侧300亩）建成每座5000m²以内的4层楼，一、二层做仓库，三层搞组装，四层办公兼生活，首付200万以内，有产权，已有6户希望在开工之前就能一起规划。东侧引入相关企业，后续待其他企业发展后搬离本园区，再回收作为自身总部扩展使用。

拿地策略：

（1）规模较大，能够容纳一个完整的园区生态圈。

（2）用地性质多为教育、科研设计用地（C65科研设计用地——上海）或者创新用地（M0创新用地——浙江）。用地内包含科研用房。

（3）积极争取政策支持：上海地区拿地政策上，产业园建设用地有时会搭配其他区域的住宅用地，或者该建设用地上的产权可以在若干年后转让；浙江省的创新用地，建筑面积在自持可售比上，除掉原有的7%的配套，可以五五均分，减小开发商前期的资金回笼压力，同时也保证了自持的量，使得园区的整体品质能够得到保障。

（4）区位可以偏远，交通一定便利。

（5）容积率尽量高，企业资金回笼较快。

6. 未来的产业园主体——多经济主体集合

针对前面五大类现有开发主体的产业园特点与策略分析，综合国家倡导的产业发展方向及定位，结合经济原理，本书所预见的未来成功的产业园必须同时具备第四类和第五类产业园的共同特点，产业+研发+运营+投融资多方经济主体在企业发展中产生的横向联系和前后端产生的纵向联系共同作用，才能成功地运作一个合理的、高效的、投入产出比高的、可持续发展的新型产业园。

未来的多主体集合的产业园区，在用地的选择上，不一定要求与市中心的距离，但是会要求比较便捷的交通可达性，且针对高端科研人才，配置充足的车位甚至人才公寓，同时也要有公交系统的可达性给普通员工。

（1）自持可售比值在适当范围内，且自持比会尽量提高。

（2）用地性质上尽可能是复合用地，既可以满足科研生产要求，又能够满足高端办公的需求（生产用地的环评、能评、交评的要求和办公用地是不一样的）。

（3）跟政府大产业定位相符，同时得到相关政策的支持。

小结：所有的开发模式，成功的大前提都是产业符合区域的产业布局以及在满足社会、政府的产业定位需求的前提下，得到政府及执政主体的大力支持及政策导向与扶持。

第四节　多总部经济集合体的开发策略（分期性策略）

一、开发时序

产业园区的开发与建设是一项系统性、持续性的庞大工程，如何安排开发时序，更是一门深奥的学问。"统筹布局、合理破局、滚动开发、有序推进"是现实选择，而对于多总部经济集合体，除了要考虑平衡开发资金以外，更重要的是如何安排各企业主体在园区的落位以及落位的次序，以达到"用时间换空间"、"用时间换利润"的园区发展目标。

制定开发时序的首要任务是"点题引凤"。在园区首期开发当中必须构建园区的初步产业平台，包括为园区多总部主体所搭建的基本物业、为园区主导企业所定制的基本物业、为宣传园区所搭建的展示平台以及为园区初创企业设立的孵化器。只有具备了这一系列的园区初始物业，才能展开多总部经济集合体的园区运营与发展。

制定开发时序的另一重要任务是资金平衡。在园区首期开发当中，也必须建设相应规模的可售可租物业，为符合园区主导产业的企业提供物业，并通过物业出售实现资本回笼，为园区中期的运营发展积累相应的资金。

制定开发时序还需注意的重要问题是整个产业园区的每个开发阶段都应保证生产载体与其生活配套的完整性。尤其对于启动区来说，既要包含生产办公区，还要包含生活配套区。其中生产办公区可分为主导产业区和配套产业区，主导产业区是为园区主要引进的大项目提供生产办公空间，而配套产业区则是为给主导产业提供配套服务的其他企业提供生产办公场所。生活配套区则主要围绕园区中使用人群的生活需求提供必要的配套服务，包括食堂或经营性餐馆、物业办公、员工宿舍等。此外，启动区还应对园区服务平台先行建设，一方面彰显园区全区开发的决心，另一方面迅速提升园区整体配套环境，吸引各企业积极稳定地投资园区，保证园区快速成型、稳步发展。

此外，启动区的开发还要注重对生态环境的保护，为整个园区建设树立一个良好的榜样和形象。

二、开发节奏与安全

在产业园区的开发过程中，掌握合理的开发节奏和开发内容，保证资金平衡及合理有效的社会投入，也是开发策略的重点和难点。

在多总部经济集合体的开发过程中，应重点关注园区内多个企业主体及企业中的人，以满足其各种服务需求为最终目的而开展园区开发建设，再根据需求的急缓程度，分配不同开发阶段的开发内容，具体可以按照满足现实需求、挖掘未来需求两个角度来考查。

1. 满足现实需求

多总部经济集合体，从某方面来讲就是以产业办公为主体的城市混合街区，不仅需要满足生产需求，更重要的是满足生产过程当中人的需求。

根据马斯洛的需求层次理论，人的需求可以分为生理需求、安全需求、社交需求、尊重需求和自我实现需求五个层次，各层次越来越高。在产业园区建设初期，应首要满足生理需求、安全需求等较低层次的需求，包括衣食住行等基本生活需求以及安保、消防、医疗等安全健康保障；然后满足社交需求、尊重需求和自我实现需求等较高层次的需求。[1]

需要注意的是，环境需求虽层级较高，但为了园区形象及国家战略要求，需在前期开发中就提上日程，可从边缘隔离、道路绿化等小规模绿化开始，在中后期资金回转之后，再建设大型公共绿地。另外，出于节地开发理念以及节省开发资金，园区各功能载体以复合型为宜。

2. 挖掘未来需求

园区的未来需求主要体现在生产性服务业领域。由于生产性服务业的本地化需要较高的专业化密度，而园区形成较高的专业化密度需要较长时间且存在一定的不确定性，因此园区在建设生产性服务功能载体时既要遵循适度超前的原则，同时也要符合园区的产业发展现状，优先建设具有共性的生产性服务载体，如人力资源服务中心、政务服务中心、金融服务中心等，后期建设公共实验室、交易服务中心、技术服务平台等专业型服务载体。中后期，园区也要打造图书馆、论坛讲坛、会展中心、培训中心等功能载体以满足较高层次的尊重及自我实现需求（表6-1）。

---

[1] 罗丽. 企业文化导向的员工激励机制研究［D］. 开封：河南大学，2012.

各功能载体的开发时序　　　　　　　　　　表6-1

开发时序	需求层次	开发内容
前期	生理需求	职工公寓、职工餐厅、营业性餐馆等
	安全需求	医务室、物业、消防、安保等
前期	社交需求	健身、休闲会所、咖啡厅等
	环境需求	公园绿地、休闲广场等
中期	尊重需求	会展中心、培训中心等
	自我实现需求	图书馆、创业中心、论坛、沙龙等
	共性生产性服务	人力资源服务、行政服务、金融服务等
后期	专业型生产性服务	公共实验室、技术服务、交易服务等

第五节　多总部经济集合体的创新驱动（求变量策略）

一、创新驱动的本质

多总部经济集合体区别于以往产业园的根本要素在于其创新驱动的内生动力所构成的产业生态。所以如何在产业园当中落实创新驱动的空间和相应配套的政策，是构建多总部经济集合体的重要一环。

综合前面的论述，多总部经济集合体，其创新驱动的本质是集合园区内部企业之间横向、纵向、环状的生态链，并且将生态链有效地组织，形成完整的闭环。基本内容有以下几点：

（1）产业链循环闭合：招商引入的企业在顶层设计上要求实现产业链的上下游闭合，这样才能更好地发挥产业的集聚效应，并节省时间、空间成本，创造更大的价值。

（2）生活链循环闭合：现在的高端人才引进战争愈演愈烈，产业园区及企业若想吸引高科技人才，就必须尽量满足其生活上的所有需求，衣食住行，缺一不可。因此，在园区里，必须复合居住、餐饮、休闲、健身、娱乐等业态，让员工能够安心工作。

（3）企业发展周期闭合：由于以往的产业园大多强调快速销售，因此导致建筑体块较小且分散，企业成长后很难在一个园区内找到合适的载体，很容易导致优质企业的流失。近年来新兴企业的成长越来越快，且加速时间越来越短，为了保障优质企业的物理空间需求，不让其流失，园区内就要能够承载企业的"孵化器—加速器—小总部—独角兽"的全生命周期。

（4）产业链与生活链交互为网状体系：调研显示，新兴企业的从业人员大多数都是35岁以下的年轻人，极富活力和创造力，他们的生活和工作方式更加强调交流和共享，追求新颖和变化。因此，以往固化的空间形式已经不能满足他们的需求，休闲娱乐空间呈网状交织的毛细血管状渗入工作空间体系，成为产业链中的供氧微循环系统。

（5）集合体中成员的交互成为新的价值增长点：当代新兴产业大融合的现象越来越明显，跨界合作比比皆是，我们调研走访的很多产业园内的企业就进行了不同企业跨界合作，互为补充，产生新的价值的成功案例，大大推进了企业的成长速度和产值增长。因此，好的产业园区都会尽最大可能提供企业间的交流和互动空间，在物理界面上提供优质服务。

随着时代的发展和进步，根据多总部经济集合体的组合的不同，逐渐产生了很多与以往传统产业园不同的空间组织形态和组合方式，在一些最新的产业园项目中已经有所体现。

在宁波前洋E商小镇电商园中（图6-4），电商作为最近几年的新兴产业，强势崛起，已经成为非常重要的创新产业，针对电商灵活性较高，可变性较大，从业人

图6-4 宁波前洋E商小镇电商园鸟瞰照片

员年轻化、多元化和个性化的特性，园区在内部空间和物业配比设计中作了大量创新和调整。在总体布局上，建筑规划采用放射型内聚形态，结合场地内的原有水系，向心做了两个功能圈层的设计，即向心的共创空间系统和外围的商务办公系统（图6-5）。向心的创新空间是针对电商人员阶层特别设计的，有路演剧场、头脑风暴室、互联空间，还有大量的休闲区域，形式灵活，可变性强，强调交流、共享，是一种非常新的空间体验（图6-6）。

宁波前洋E商小镇电商园，通过一系列的策划和设计组织，最终形成了产业链循环闭合、企业发展周期循环闭合以及产业链与企业发展链在中央核心景观互为网状的体系，以这样总体发散构图的格局，形成集合体的集中交互，成为新的价值增长点（图6-7）。

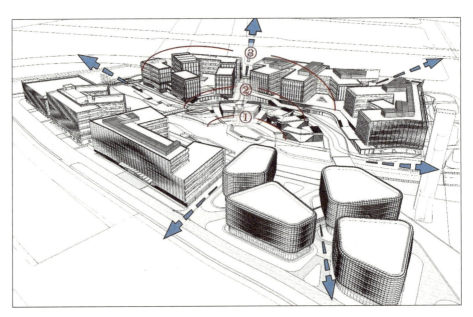

图6-5 前洋E商小镇的圈层设计

图6-6 前洋E商小镇的功能分布

图6-7 产业形成闭环

二、创新驱动的标准

如何使园区企业产生内生动力和生态循环,最终成为一个高效的、高价值的、高带动能力的产业园区,是多总部经济集合体产业园区需要深入思考的问题。概括而言,如下几点:

(1)平面圈层设计,是指项目的多元化主体在平面上的落位格局设计。

(2)Z轴定位设计,是指项目的多元化主体在空间竖向上的落位格局设计。

(3)企业生命周期设计,是指项目的多元化主体的面积区间"最大公约数"设计。

(4)服务配套设计,是指项目的服务与被服务、通用性与共享性的空间设计。

(5)创新空间设计,是指项目的共享性的活力空间落位设计。

杭州余杭区浙商数字设备生产设计研发中心项目就是在过去多个新型产业园的经验基础之上设计的(图6-8)。项目分为四个区块,总面积达46万m^2,地上32万m^2,地下14万m^2。该产业园的用地为创新用地,产业内核为智能制造、高端装备、创新产业等各种新兴产业的集聚,同时还要为未来产业发展预留空间和余地。此种产业内核带来的产业生态极大地区别于以往的产业园。因此,本项目的设计中运用上述设计要点,将多种产业、多个企业主体,在园区内合理安排,形成多总部经济集合体。

图6-8 浙商数字设备生产设计研发中心方案鸟瞰图

本案运用了之前课题调研的江浙沪优质产业园的调研分析成果数据，来作为这个产业园的功能划分、物业配比和业态建设等的数据参考。参照课题研究中所取得的数据成果，近年来，新兴产业所对应的产业园品质要求越来越高，其配套比例逐年攀升，已经从以往不到10%发展到接近30%，且配套的内容越来越完善，包括酒店、餐饮、休闲娱乐、健身、会议展览等多种辅助功能，配比也有一定规律。这个项目第一次完整运用了大数据的结论来进行整个园区的大层级的功能设定，从二维层面和三维层面对不同类型的入驻企业进行了设定。具体对于上述各要点的运用如下图所示：

（1）平面圈层设计（图6-9）

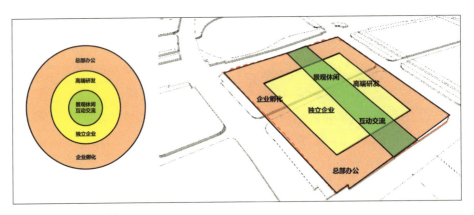

图6-9 平面圈层设计

（2）Z轴定位设计（图6-10）

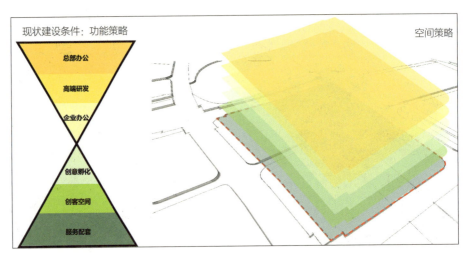

图6-10 Z轴定位设计

（3）企业生命周期设计（图6-11）

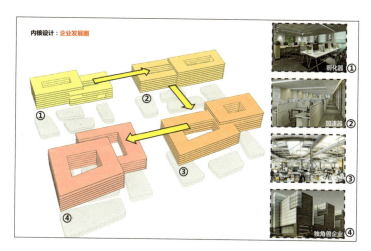

图6-11 企业生命周期设计

（4）服务配套设计（图6-12）

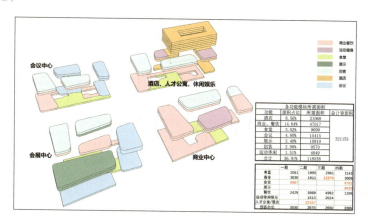

图6-12 服务配套设计

（5）创新空间设计（图6-13、图6-14）

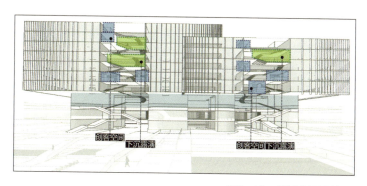

图6-13 创新空间设计-1

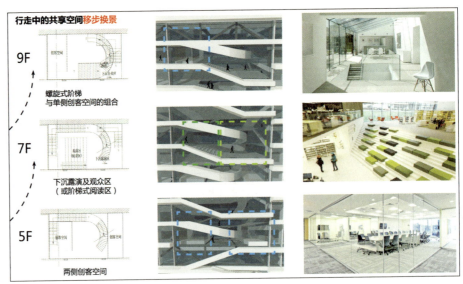

图6-14 创新空间设计-2

创新驱动的本质,其实就是产业的内核。在产业集合后,其互相之间的沟通方式变化导致产生了不同的物理载体的需求,设计师根据这些新的需求创造出新的功能布局和空间形式,从而产生了不同的建筑形态,这些就是多总部经济集合体的原始驱动力。

三、创新驱动的体现

多总部经济集合体,在同一个园区中共同发展,相互支撑,在最开始的顶层产业集群设计中,成功与否的标志有以下几点:

(1)精细化定位园区产业。

(2)龙头标杆企业的引入。

(3)产业链关键产业企业的引入。

(4)未来产业发展的最富潜力企业的引入。

在运营机制方面需考虑到以下几点:

(1)建立信息共享机制。

(2)设立准入门槛机制。

(3)建立企业淘汰机制。

(4)建立物业回收机制。

以上几点,是建立园区产业内生动力的基本要素,在此基础上,企业才能拥有良好的生态循环并且去旧存新,不断升级。这些要素,也是判断一个园区是否有着创新驱动的根本标准。

第7章

多总部经济集合体的招商运营

第一节 产业化招商

招商引资是一项系统工程,应在系统思维指引下做好整体安排。

招商要基于产业规划,放眼全球产业布局,选定主导产业,并基于主导产业寻找招商重点。对于行业龙头企业,更要有针对性地接触和招揽,可适当让渡部分利益作为交换条件,吸引其入驻。

另外,产业园区的招商还要通过专业的产业研究,组建专业的招商团队,制定合理的企业筛选条件,通过合理的规则筛选目标行业和企业,包括市场维度、技术维度、人因维度、产业维度、政策维度等多方面。

产业园区的招商还需要构建完善的招商体系,选择合理的招商渠道,包括按照产业类别选择招商渠道,按照区域产业基础选择招商渠道,按照招商资源选择招商渠道,按照招商成本选择招商渠道,利用信息化手段建立招商情报分析系统等。

一、构建产业链

产业链主要是基于每个地区客观存在的区域差异,着眼于发挥区域比较优势,借助区域市场,协调地区间专业化分工和多维性需求的矛盾,以产业合作作为实现形式和内容的区域合作载体。产业链之所以能不断发展壮大,并对资金具有强大的吸引力,其原因主要在于以下几个方面:

首先,产业群有利于培养专业化的供应商。其次,产业群内的企业共享劳动力市场。再次,产业群内易于产生知识外溢。产业群的外部规模经济特性,为行业平均成本的下降和企业的长远发展提供了基础,这表明单个企业受益于其所在的产业规模扩大,这就为产业群的形成和扩张提供了潜力,也为后续资金的进入提供了机会。

成功实现产业链招商的关键在于要明确开发区内是否已有产业链、优劣势在哪、当前面临的机遇与挑战、支撑条件是什么等。此外，还要充分认识当前产业链招商的重点、主体、载体、服务等，达成产业聚集、功能转型、综合环境优化的目标。

二、产业链招商

有研究报告指出，国际资本更倾向于产业集群方向，而不是低成本方向，产业集群对招商引资的作用已经超过了税收优惠、低成本资源等因素，成为我国吸引外资投向的主导力量。因为集群内企业的集群效应，如溢出效应、交易成本效应、学习效应等产生的效益，远远大于税收优惠等收益，产业集群内的企业更具有根植性，因此，打造产业集群应是园区招商引资的基本目的。

产业集群可分为基于产业链条形成集聚的链式集群、基于产业链上某些特定环节形成集聚的模块化集群以及基于区域内某些特定资源要素形成集聚的跨专业结构集群，无论哪种集群都是以产业链为基础的，因此，为打造产业集群而进行的招商可以理解为产业链招商。

与传统的招商方式相比，产业链招商比拼的不是土地、税收等政策的优惠，而是以产业链分析为基础，满足构建产业链的需要，寻找和弥补产业链的薄弱环节，确定目标企业，打造产业集群，有目的、有针对性地进行招商。

首先，转变招商观念。应以产业链招商为重点，根据国家的产业政策及开发区实际，全面分析现有产业链发展面临的机遇、挑战、优势与劣势，抓紧研究和制定切合开发区实际的产业发展"蓝皮书"，围绕支柱或优势产业、产品制定产业链发展规划，推出产业链招商项目，加速现有产业的链化延伸、补缺，做大规模，做优配套，集中投入，逐步提升开发区的生产能力和产业集聚度。同时，加大开发区产业链招商宣传力度，营造舆论氛围，让国内外投资商明晰开发区的产业政策、特色和走向。

其次，因地制宜，制定招商政策。各级政府职能部门应密切关注国际、国内产业结构调整及转移的趋势，国家产业战略变化及本地区的比较优势，招商环境的变化等，结合本地区现有的需求、市场发育、产业发展在人才、技术、投资、组织管理等方面具备的要素条件以及政府在财政、配套、服务、产权保护等方面的支持能力，以此制定出切实可行的产业链招商考核机制及措施，确保产业链招商的导向性和可操作性。

最后，锁定重点，创建特色产业。

（1）要大力促进现有产业的有机联系。招商政策的重点应放在有效推动地方产业网络整合，提高企业产品、技术的关联度等方面，为实现产业资源优化配置奠定基础。

（2）要切实把大项目做成大产业。要有针对性地布点、规划和建设好现有的大项目，为产业链伸展预留充分的空间，充分释放大企业对产业链的规模带动作用，提升区域生产能力和产业集聚度。

（3）要全方位培育产业链招商主体。重点骨干企业可通过项目合作实现并购嫁接；外资企业可通过增资扩股扩大生产规模；外贸企业可通过订单共享联动发展；私营个体企业可通过出让股权，连锁经营。

（4）要提升产业环节配套衔接。多渠道做好国外大企业本地化与本地企业国际化相结合的工作，切实促进大企业在集群中与产业价值链中的中小企业建立紧密联系，发挥其在招商引资、技术创新和市场营销中的骨干引领作用，以提升技术延伸产业价值链，消除大企业核心技术"空洞化"隐患，促使品牌企业变成品牌产业，实现大中小企业互促互进、协同发展的集群集聚发展态势。

（5）建好载体，完善配套服务。要按照规模化、特色化、市场化、集约化要求，搞好产业规划和产业功能布局，整合资源，协调发展。要注重强化产业组织及服务创新。通过市场化运作，加快建设技术创新中心、现代物流网络、信息化网络，这样既能形成整体优势，又能建成发挥个体潜能的新型产业组织和产业服务体系。

（6）要建设产业链招商服务体系。围绕优势产业，整合科研机构及其资源，构建产业链意义上的技术创新平台、行业协会等，积极引进或建好（跨国）采购促进中心和第三方质量认证机构，推动跨国采购本地化，并大力发展与产业链相配套的职业技术教育，为产业链构建职业教育体系。要针对不同产业用活链招商。如工程机械、交通设备等制造产业应利用终端产品和核心产品优势，吸引配套企业投资落户；电子信息、新材料等产业应立足于自身优势，以组团式吸引投入；资源性和服务性产业应立足于引进优质企业或项目等。

三、全球化视野

全球金融危机后，产业变革在全球范围内进入酝酿待发期，新一轮国际产业转移方兴未艾，招商形势也发生了根本性的变化，园区必须能够把握国际资本流动的新特点和新趋势，勇于把自己放在新一轮区域经济一体化和经济全球化的时代背景下来思考、研究、解决问题，用全球化的视野和眼光来搞好招商引资工作。

招商引资的全球化思维主要体现在两个方面：首先，仍要坚定不移地将具有技术、管理等优势的国际项目"请进来"；其次，招商引资要更加积极主动地"走出去"。

第二节　全平台构建

园区公共服务平台是产业园区运营成败的关键所在，也是产业园区促进产业集聚、推动创新创业、维持产业活力的有力武器。对于多总部经济集合体来说，打造全面的、适合的服务平台更是重中之重。

1. 公共服务平台的分类

园区公共服务平台可分为专业物业服务平台、生活服务平台、商务服务平台及专业技术服务平台。[①]

专业物业服务平台主要为园区及园区内各企业提供基础物业服务，包括安保、消防、停车管理、门禁出入、清洁卫生等各项服务。专业的物业服务，是园区吸引企业入驻，并留住企业的最低门槛，是保障园区正常运转的基础性机构。

生活服务平台主要为园区使用人群提供生活所需的各项服务，包括餐饮配套、交通服务、住宿配套、商业配套、医疗健康、休闲娱乐、社交空间、培训辅导等各个方面。这些服务种类繁多，关乎园区使用人群的生活各方面的便利性，直接影响到园区使用者对园区的评价，乃至园区对其他企业的吸引力和黏着力。多总部经济集合体的产业园区，企业主体众多，所属行业及发展阶段也各不相同，构建专业的生活服务平台是园区运营极易忽视却必不可少的重要方面。在生活服务平台的构建上，园区运营者要本着"以人为本"的原则，从使用者的角度出发考虑，多调研，多反馈，如此才能真正使园区使用者满意，真正做到留住企业，吸引企业。

商务服务平台主要为园区企业提供金融、人力资源、创新创业、政务、工商注册、知识分享、资源共享、法律支持等服务，满足企业在创立、成长、成熟、上市等全过程所需的各项商务支持。商务服务平台是与园区企业交流最多的服务平台，其中金融服务更是关乎园区企业，尤其是中小企业存亡的关键所在。多总部经济集合体的运营者在构建商务服务平台时，要从园区企业的全过程生长环节考虑，切实关注园区企业的各项需求，注重通用性，兼顾专业性，辅助企业迅速成长，并与企业建立良好的合作共赢关系，以专业的服务留住企业。

专业技术服务平台是专业性最强，也最考验园区运营者能力的服务平台，主要为园区企业提供专业的技术支持、信息发布、培训、产品展示与交易、孵化创新等服务。专业的技术服务平台与园区产业定位关系密切，具有极强的专业性，同时也

[①] 胡雅蓓. 现代服务业集群创新网络模式研究——以江苏百家省级现代服务业集聚区为例［J］. 华东经济管理，2014，28（02）：5-9.

是园区产业发展,尤其是高新技术产业形成差异化竞争的最有力支持。

2. 园区公共服务平台的建设原则

公共服务平台对园区的发展固然重要,但园区也不必全部建设,而应从自身的产业特点、服务需求、周边设施等角度来综合考虑,有重点、按次序地开展公共服务平台建设。园区究竟要建设哪些平台应因时因地制宜。总体而言,应遵循"按需推进"、"适度超前"、"平衡周边"的原则。

(1)按需推进

按需推进就是按照园区产业发展的现实需求,根据重要性的等级推进园区的公共服务平台建设。

第一,根据园区的总体定位推进。受地理位置、起步时间、资源禀赋等客观条件的影响,产业园区的定位有所不同,有的园区定位于发展高端产业并致力于产品创新,有的园区只能承接外部的较为低端的产业转移,定位不同的园区对公共服务的需求差异巨大。如公共研发、技术服务对于高新区至关重要,而传统的工业园区则并无过多的此类需求。再如定位于吸引中小企业入驻的园区,就应从中小企业的需求入手,建设投融资、信息等公共服务平台。

第二,根据园区的产业定位推进。不同的产业有着不同的产业链与运行规律,对公共服务的需求,尤其是专业性服务的需求,有着较大差别。例如杭州湾信息港以软件开发、数字娱乐、电子商务、移动互联网和信息安全等高新技术为主导产业,构建的专业技术服务平台主要提供研发、测试、演示验证、技术支持、共享信息等全方位的技术支撑服务;临港漕河泾南桥园区以美丽健康与生物医药+新能源与智能网汽车为核心产业,构建起的服务集成平台主要以满足客户需求为目的,同时建立知识产品集散中心,集展示、交流、推介、评估、招标、融资、代理、培训、交易于一体,建立产业促进中心,即商务部上海基地,主要为企业提供专业的商务服务。

第三,服务的需求特性。产业对于公共服务的需求可分为共性需求和专业性需求两类。共性需求涉及专业领域广,需求更为迫切,宜首先满足,如对政务类或基础性服务的需求;而专业性需求对于产业集中度的要求较高,宜根据产业发展的现状来决定是否建设相关的平台。

(2)适度超前

产业聚集将丰富生产性服务需求,促进生产性服务业本地化发展,并推动公共服务平台的建设,服务相对于产业有一定的滞后性,这是市场经济自然发展的客观规律。然而,服务驱动已经成为一种典型的园区发展模式,产业园区可依托行政的力量，适度建设公共服务平台，孵化公共服务，弥补服务滞后的不足，并以完善的服务推动园区产业的集聚发展。

（3）平衡周边

公共服务是一种典型的具有正外部性的产品。因此，建设公共服务平台不仅要考虑园区内企业对公共服务的需求情况，也要平衡园区周边的公共服务供给与需求状况，对于周边已有的公共服务平台，园区可以加以利用，对于周边企业的公共服务需求，园区亦可加以整合。同时，园区搭建的公共服务平台更应纳入周边的公共服务平台网络，使之成为区域平台网络中的重要节点，扩大园区公共服务平台的辐射范围，这也是合理利用资源、提高园区公共服务平台的服务能力、增强园区对外的品牌效应和影响力的有效途径。

第三节　专业化运营

未来产业园区运营是大势所趋，只有通过运营，方能赋予园区以活力和魅力，实现园区与企业的共赢成长，练就园区独到的运营模式，实现园区的可持续经营发展。

一、运营内容分类

产业园区运营包括物业管理、商业配套和产业运营，三者必须齐头并进。

物业管理是产业园区最基础性的管理，为进驻企业提供基本的待遇保障。园区物业管理，涉及水、电、暖、空调、通信网络、卫生、停车、安全保卫等事宜，应该具有规范化的物业管理体系、专业化的物业管控流程以及应急性的处置措施。[①]

园区商业配套涉及各式餐厅、便利超市、数码速印店、住宿酒店、街区商场等设施，配套更完善的产业园会设有公寓、银行、电信店、洗衣房、咖啡店、健身房等。具有相当规模的产业园或者产业新城还会配备酒吧、美容店、书店、图书馆、影院等商务和文化配套设施。产业园区的商业配套和一般的商业综合体项目的商业设施是有显著区别的，商业综合体中商业配套的主体客群是大众百姓、生活人群，而园区商业配套的主体客群是商务人士、职场人群。园区商业配套设施的运营管理

---

① 贾占军. 科技企业孵化器运行模式研究［J］. 知识经济，2018（11）: 66+68.

包括商业招商与店家更新以及商业物业管理。在前期，园区适当牺牲一些经济利益，先争取急需的配套商业店家的及时进驻，以保障园区经营运转起来，从而保证园区产业招商的顺利开展和入园企业正常地运转。园区进入稳定经营周期后，根据园区整体需要和企业现实需求，适当调整商业业态，补充、更新商业店铺及综合配套设施，切实提升园区综合服务水平。

园区产业运营是园区运营管理工作中最高层级的工作，涵盖专业领域非常广，涉及公共关系非常多，是一个工作周期相对长、工作复杂程度高的系统工程，而且效果也不可能立竿见影，需要认真、耐性与毅力，甚至可以说它是一个"良心工程"。

园区产业运营通常包含创业孵化、公共服务平台搭建、园区公共关系建设以及园区内生发展等。

创业孵化是当今从中央到地区政府都特别重视的工作。出于国家自主创新和缓解社会就业压力的需要，政府大力提倡和鼓励国人自主创业，而产业园是吸纳自主创业人群的理想之地。针对园区内创业人群的经营需求，提供全面的孵化服务是产业园必须筹划和推行的工作，以此让初创企业获得一个健康成长的"温箱"。

园区公共服务平台不仅提供针对初创企业的孵化服务，而且向成长型和成熟型企业提供全面深入的催化服务，即通常所说的"孵化器+加速器"的模式。公共服务平台是产业园区产业运营的最核心内容。

在园区建设经营中，不可避免地要与政府、行业机构和相关社会团体产生工作往来和业务联系，即园区的公共关系工作。在这些公共关系中，涉及园区产业运营的公共关系很多，如政府的工商、税务、人事、科技、文化、信息化等各职能部门，报社、广播台、电视台、门户网站等文化宣传部门以及金融、财务、法律、知识产权、技术转移、管理咨询等各领域的中介服务机构，这些公共关系都需要园区产业运营部门进行打理、维系。在产业园运营管理工作中，园区公共关系建设是重中之重。

园区内生发展是指通过园区的产业运营和开展各项增值服务工作，为园区自身形成一种"投入且产出"的经济回报方式，从而使园区运营业务形成良性循环，构建产业园可持续发展模式。例如为入园企业提供项目申报服务，在企业获得政府支持资金的同时，园区运营服务部门适当提取服务酬劳；为入园企业提供营销策划和产品推广服务，并获得销售回报；直接注资有潜力的创业企业或通过多种服务，以服务换股份，成为潜力型企业的股东，在未来获得更大的经济回报。

二、园区运营策略

1. 运营主体多元化

多总部经济集合体的运营,可由多种主体承担,不同的服务内容和性质,需要有不同的专业化运营主体来承担。

（1）政府机构

政府运营产业园区,具有强大的资源聚拢优势,适合于区域产业规划的启动区。区域开发受益于政府集中统一、高权威性的指挥,如苏州工业园区、张江科技园等在成立之初就能得到政府连续不断的庞大优质资源输入。此外,政府在运营产业园区时,能为企业带来直接有效的政策支持,为区域产业导入提供有力支撑,如苏州工业园区,在开园之初,率先启用一站式服务大厅,将政府部门涉及对外审批和受理的事项集中在固定场所办理,事半功倍。

政府运营产业园区,最具优势的一点是政府可以忍受短期的不盈利。对于区域产业的启动区,各项配套设施还未完善,产业集群也尚未形成,此时政府的直接介入可以有效遏制住某些急功近利的运营模式,可以利用自己充裕的资源,为长期规划做基础准备工作,成为区域产业发展的第一块敲门砖。如杭州未来科技城的浙江省海创园,就是政府为未来科技城引进人才、培育高新产业的重要手段,如今已为城西乃至杭州地区孵化输出了大量的优质企业。

（2）行业协会

对于已有政府机构建设但可市场化运作的产业,政府部门可以按照"管建分离、委托经营"的原则,委托专业团队对产业园区进行运营管理。各类行业协会在人才资源、行业企业、项目信息等方面具有一定优势,对于园区的产业培育工作,更是理想的委托经营对象。

（3）科研机构

以政产学研合作共建的产业园区,一般由高等院校或科研院所负责运营管理。科研机构凭借其在人才、技术、知识产权等方面的优势,利用政府、企业等单位提供的硬件载体,全面负责检测认证、技术研发、技术服务、专业培训等工作,以提高平台的运营效率。

（4）市场化企业

现在已有越来越多的市场化企业承载产业园区的专业运营工作,在人力资源、专业孵化器、研发测试、中试等领域已经有成熟的运作经验。这类专业的运营公司,如E通世界、星月投资,更擅长小而精的偏商务性质的产业园区运营;而恒生科技园、浙大网新等大型企业转型运营商，则能以自身丰富的园区开发建设经验，为园区提供更为全面的运营服务，并使园区运营赢利化。

2. 运营方式产业化

园区的运营服务，既包括不以盈利为目的的基础性、行政性的服务，还包括以盈利为目的的增值性、专业性服务。对于增值性的运营服务，可以使产业园区发挥专业的载体作用，促进服务的供求双方在服务平台聚集，以提高交易效率、降低交易成本，使运营服务产业化发展。

运营服务的产业化有利于通过利益机制约束过度使用和浪费公共资源现象的发生，使园区公共服务平台更有效地发挥作用。通过产业化的运营，园区成为区域产业集聚的载体，使产业链两端的各企业逐渐向园区聚集；同时，通过打造专业的园区技术服务平台，抓住园区稳定的用户，再以此为基础，吸引更多相关企业进来。园区专业化的运营服务，是园区发展循环经济、形成产业集群的重要渠道。

第8章

多总部经济集合体的实体营建

第一节 多总部经济集合体整体营建策略

一、实施主体的界定

(1) 政府管理主体

政府职能组织是制定多总部经济集合体的政策、前期规划等的主体。严格意义上说,它并不是产业园区的真正执行主体,但是作为社会管理者拥有社会全部的资源,所以多总部经济合作是否成功,关键取决于政府职能主体对于整个项目的前期定位以及政策的给予。

(2) 政府实施主体

政府主导的产业园区中,市政府下属的城投城建集团为了配合产业园区的开发建设,组建管委会,负责产业园区的开发建设等行政管理工作。这样的情况下,政府作为实施主体的专业性往往成为产业园区是否能够成功的关键。政府实施主体的职能主要在于执行前期政府确定的政策以及基本方针策略,并在项目开始阶段组织营建,并筛选引进商业运营主体。对政府实施主体来说,引进一个好的园区运营主体,对园区的成败非常关键。

(3) 园区建设主体

园区建设主体就目前而言,主要有三种存在形式:①政府作为园区建设主体;②产业园区开发商;③政府出让部分权益引进大型产业主体作为开发主体。综合而言,即两种开发模式,一种是开发初期政府作为开发主体,另一种是企业作为开发主体。

(4) 园区运营主体

园区的运营主体,就目前而言,主要有三种存在形式:①政府下属部门(如管委会）作为运营主体；②政府委托或引进某专业运营商作为运营主体；③园区开发主体兼做运营主体。

（5）园区参与主体

园区参与主体不仅指园区的开发主体，更多是指政策的使用者与利益接收者，也可以理解为在园区内不断发展成长的企业和人。

二、实施的前期要点

产业园区实施之前，要先做很多准备工作，包括对产业的研究、对城市的研究、对用地的研究和对建设资金与具体实施过程的研究。

（1）产业的研究：项目建议书、项目可行性研究报告、政策等

对产业的研究主要包括三种前期准备工作：①从政府开发的角度出发，需要制定项目建议书和项目可行性研究报告；②从商业开发的角度出发，包括委托社会各种咨询机构制定项目策划报告及前期定位；③政府从产业集聚的角度出发，制定的园区前期政策以及各项配套支持工作。

（2）城市的研究：区域上位规划、多规合一的综合产业规划

对城市的研究主要有两种准备工作：一种是政府对城市整体布局及产业布局所作的上位规划；另一种是近期开始实行的"一张蓝图干到底"的多规合一。

（3）用地的研究：土地性质定位、相关经济指标以及市场准入原则

对于产业园区的良性发展，用地的研究是关键所在。首先要确定产业园区的用地性质，可以是工业用地、创新创业用地，也可以是科研用地和商办用地以及其他各类综合用地性质，总之，只要是适合于多总部经济产业园发展的用地性质，都可以作为讨论的基础。然后，在此基础上，要作对于用地的开发指标、持有物业与销售物业的配比等的研究，原则是要有利于本项目的产业发展和产业集聚，同时要有利于整个城市或区域范围内产业园区及周边的土地价值提升。综合而言，产业园区是产城融合的重要组成部分，必须承担经营城市的部分责任。

（4）建设资金与实施过程研究：项目的设计方案、建设方案研究以及投资的研究

对项目建设的研究是最重要的研究，关系到整个产业园区是否能够落地实施以及最终呈现出怎样的效果。项目的设计方案研究，是基于以上三种研究的结果，将各种想法和条件落实，呈现出一个具体的结果。俗话说"讨论千遍，不如纸上一遍"，项目设计方案的成败最终决定了所有研究结果是否能够完美呈现在用地范围内，关系到产业园区未来的发展命运。设计方案落实后就是对建设方案的研究，这

与产业园区的经济利益直接挂钩，因此对建设方案的研究要着重考虑的就是产业园区经济价值的实现以及资金的平衡。

三、实施的基本步骤

本节以位于杭州余杭区的某产业园区项目为例，来逐步展示多总部经济集合体的具体实施步骤。

（1）编制项目建议书和项目可行性研究报告。

项目建议书和项目可行性研究报告是产业园区前期定位的依据和对整个项目全过程周期的展望。对于政府主导的产业园区，这是立项和发改委审批，列入政府工作计划当中的重要一环。而对于以企业为主导的产业园区，项目建议书和项目可行性研究报告可以简化为策划报告，或是项目的前期定位，或是来自于强排的前期咨询报告（图8-1～图8-3）。不管何种方法，项目建议书和可行性研究报告都是项目定性的重要咨询过程。

当前的项目建议书和项目可行性研究报告，侧重于项目所能产生的社会价值和经济价值，而且越来越偏重于经济价值和成本的估算。这也为业主对项目的可行性判断提供了充足的论证依据和科学结果。

编制项目建议书和项目可行性研究报告，一般由专业的工程咨询公司来进行。目前，越来越趋向于联合各方专业机构针对项目成立专项工作组，例如策划公司、专业咨询公司、工程造价咨询公司、后期的运维团队等，由此对项目建议书和可行性研究报告的撰写进行更翔实、更全面、更可靠的研究。总而言之，任何项目在这个阶段投入多少

目录

第一章 项目概述 2
第二章 分析解读 2
一、 区位条件分析 2
二、 交通条件分析 3
三、 自然条件分析 3
四、 基地条件分析 3
五、 市政设施条件分析 3
六、 项目建设条件 3
第三章 规划总则 3
一、 相关法律法规 3
二、 相关规划及文件 4
三、 规划目标及原则 4
第四章 上位规划解读 5
一、 《杭州市城市总体规划（2001-2020年）》（2016年修订） 5
二、 《余杭区总体规划（2015-2030）》 5
三、 《杭州市余杭组团分区规划（2008-2020）》 6
四、 杭州市瓶窑镇未来发展规划 7
第五章 用地性质及相关指标调整可行性分析 8
一、 用地性质调整 8
二、 容积率调整 8
三、 建筑高度调整 8
四、 建筑密度及绿地率调整确认 8
五、 其他相关要求 8
第六章 可行性方案 9
一、 总平面布置 9
二、 四线规划 9
三、 产业规划 9
四、 分期建设 9
五、 自持可售 9
六、 道路交通规划 9
七、 景观规划 10
八、 消防规划 10
九、 建筑高度 10
十、 无障碍设计 10
十一、 立面设计 11
十二、 主要经济技术指标 11
第七章 市政规划设计 11
一、 给水工程规划 11
二、 排水工程规划 12
三、 燃气工程规划 13
四、 电力、电信设计 14
五、 节能设计 14
六、 人防设计 15
第八章 灯光照明规划 15
一、 规划目标 15
二、 指导思想 15
三、 规划原则 15
四、 建筑照明要求 15
第九章 论证结果 16
第十章 规划设计条件 17
第十一章 附图 17

图8-1 项目选址论证报告

第 8 章　多总部经济集合体的实体营建 | 241

图8-2　项目区域背景

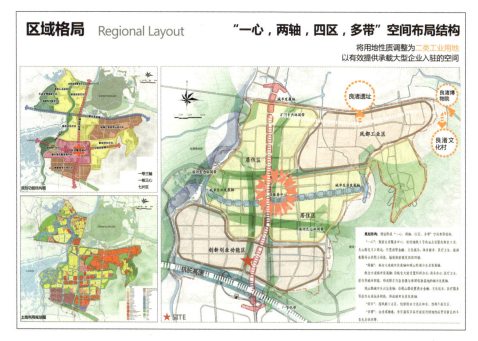

图8-3　项目区域格局

力量都不为过，因为这个阶段的任何工作都是典型的"小投入大产出"、未雨绸缪的内容。

（2）制定项目的政策和配套的经济措施，包括土地政策、配套政策、税收返还政策等。

政府在城市总体发展纲要、城市总体规划等城市总体目标定位确定之后将结合项目建议书和项目可行性研究报告，制定相应的项目政策和配套的经济措施。

这其中就包括项目的土地政策（图8-4～图8-6），它包含了项目的土地性质、项目的建设内容、项目的经济测算以及对于项目未来经济价值的展望。土建政策实质是政府对于产业用地的用地性质及未来出让的价格有了充分的估计，使之有利于政府主管部门和相关的职能部门对土地的下一步开发和出让。

项目土地政策确定之后，下一步工作就是围绕着项目展开相关配套政策和税收政策的制定。项目的配套政策包含了入园企业的准入政策、奖励政策、人才激励政策和人才配套政策以及市政配套政策等一系列的配套服务措施。项目的税收政策的制定相对较为简单，一般理解为地税政策的返还与减免。

（3）进行土地的转让，确定开发主体。摘牌拿地，择优者得，或是定向选择开发运营主体。

土地的转让，是当前中国社会最热门也是最具争议的一次社会活动。在已经进行公告的土地转让价格策略以及取得方式的基础上，如何确定政府所期待的园区开发主体，

图8-4 项目方案汇报抄告单

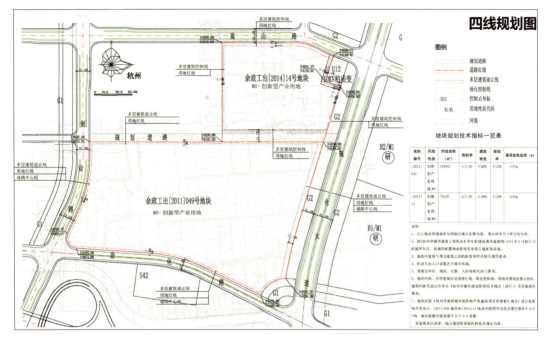

图8-5 项目四线规划图

图8-6 项目用地指标

是这项社会活动的关键所在。这需要政府和企业都具有相应的实力和智慧,在公平公正的原则之下,本着对社会工作、企业产业、科技文化、区域发展、未来成长都有利的态度进行博弈与合作。所以,土地出让、确定开发主体的过程可以说决定了项目的成败基准点。这可以看作是社会资源与核心竞争力的最初结合,也是结合的最关键点。

(4)制定概念方案、实施方案;进行逆向城市规划研究;精细的建造测算。

按照常规的园区建设流程,在取得土地之后,园区的开发主体将委托设计单位进行前期的概念规划、概念方案、方案深化、图纸落地等各项设计工作(图8-7、图8-8)。因为设计的图纸是后期施工营建、招商运营等工作的承载物,所以项目的优劣是由这个阶段的工作来决定的。

然而,受限于专业程度和体制流程,当前由于前期咨询不完善以及土地开发主体的不确定性等原因,很多时候,在取得土地开发权益之前,政府需要结合项目建议书和可行性研究报告,先做一轮深入的城市规划或城市设计的工作,通过这一轮的工作来检验上一阶段城市规划、项目定位、项目开发强度以及土地价值等各个方面的可行性和准确度(图8-9)。一旦确定,会责成城市规划主管部门和城市规划设计机构进行逆向城市规划研究,修改土地出让的条款和规划设计条件,使得产业园区的开发更趋科学严谨。

当前社会对投资的严谨性有越来越高的需求,资本对于投入和回报的估算严谨程度也有大幅的提高。所以,在项目伊始,对项目的完成度以及对建造的精细测算,愈发成为项目前期工作的重要一环。无论是对政府开发部门还是企业开发主体而言,在当前房地产和产业实业都进入了市场竞争的"白银时代"的形势下,精细化的造价控制和估算愈发显得谨慎而严肃。

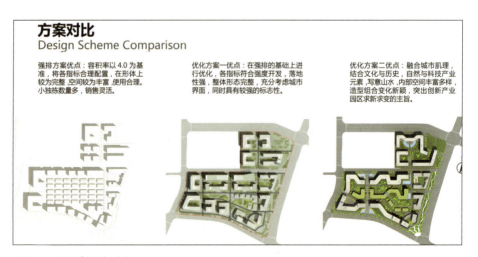

图8-7 项目多方案对比

第 8 章 多总部经济集合体的实体营建 | 245

图8-8 项目方案设计总图

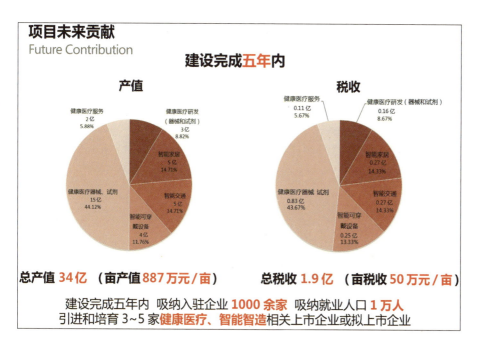

图8-9 项目未来预期产值和税收

（5）招商落位同步实施，进行三版建筑图纸考虑（方案设计、初步设计、施工图设计）。

招商作在以往的产业园当中，往往处于后置状态，但是多总部经济集合体要求招商工作必须先期进行，甚而在土地的开发主体确认过程当中即包含了招商落位的工作。至少在项目的设计和建造过程当中，招商作为重要的工作依据（图8-10），丝毫不能落下，必须与之同步。

整个项目的设计过程中，必须结合招商工作的进展，进行项目的设计优化、细化，乃至于修改（图8-11）。

图8-10 目标企业类型研究

图8-11 目标企业功能落位

四、盈利方式的确定

（1）对园区的基本性质定标、定性、定量。

确定园区盈利方式的科学逻辑过程应该经历定标、定性、定量三个阶段。

定标，是指园区以项目建议书和可行性研究报告为依据，寻找标杆园区进行全面对标。依据本书前五章对产业园区的全面分析以及长三角产业园区的调研结果而形成的产业园区评判体系，展开对对标案例的要素分析，并以之作为园区建设的定标逻辑（图8-12）。

图8-12　项目定标——浙江省海创园

定性，是指园区在确定对标案例之后结合自身的实际情况，对本园区产业平台的打造、入驻企业的甄别、园区总体规划、园区建筑落位、园区建设标准以及园区的商业价值等各方面进行性质的定位。定性过后，园区的基本格局已然形成。可以说，过程是园区开发主体对于园区的最高目标和最低目标的界定（图8-13）。

定量，是指园区在定性之后，对于所有数量级的问题，有明确的量化标准，作为日后园区设计、建造、运营各方面的控制要求。良好的开端是成功的一半，过程把控是最佳结果的保证，所以定量是园区在未来管理过程当中的基本依据（图8-14）。

图8-13 项目定性——产业生态

瓶窑镇IOT未来城方案功能板块汇总表			
	功能	比例	
可售功能版块	总部办公	12.5%	50%
	公寓楼	7.5%	
	定制楼（平层办公）	5%	
	研发中心	25%	
自持功能版块	孵化器	25%	50%
	定制楼（平层办公）	10%	
配套功能版块	酒店	5%	
	食堂	5%	
	其他配套	5%	

图8-14 项目定量——功能配比

（2）对园区全生命周期的价值定义，并确定园区全生命周期的盈利方式。

对园区全生命周期的价值定义，是指前文所论述的一次性的盈利模式、经常性的盈利模式和资产性的盈利模式，在园区全生命周期各阶段的价值估算。不同的项目，应依据项目的实际情况和业主自身的核心能力来确定园区全生命周期各阶段的盈利模式（图8-15、图8-16）。

图8-15 项目南区自持销售物业分布

图8-16 项目北区自持销售物业分布

（3）对资金使用平衡与盈利模式进行科学测算，寻找最佳的解决方案。

在准确估计了园区三种盈利模式的价值之后，对资金使用平衡和盈利方式进行科学的测算。寻找园区最佳的策划、设计、运营的方案（图8-17、图-18）。

需要强调的是，产业园区的最佳解决方案并不是利益最大化的方案，而是在全面考虑园区的产业运营和未来发展，产生最大化的价值实现的同时，对近期园区资金安全和运营成本可持续性有最大保障的解决方案。

总体业态空间占比建议

克而瑞IOT未来城（暂）项目产品建议（v4版本）

近期

业态类型	建筑面积（万方）	建筑面积配比
办公楼	54	60%
轻制造楼	13.5	15%
公寓	13.5	15%
小计	81	90%
商业配套	5	5.5%
酒店	3	3.5%
会展中心	1	1%
小计	9	10%
总计	90	100%

远期

业态类型	建筑面积（万方）	建筑面积配比
办公楼	45-50	50-55%
轻制造楼	9	10%
公寓	18-22.5	20-25%
小计	76.5-81	85-90%
商业配套	5-9.5	5.5-10.5%
酒店	3	3.5%
会展中心	1	1%
小计	9-13.5	10-15%
总计	90	100%

改建思路：
- 轻制造楼远期可部分改成Loft公寓或Loft办公，增加现金流产品
- 办公楼远期可部分改成公寓或商业，增加园区配套，提升园区品质

图8-17　总体业态空间占比建议

分区业态空间占比建议

克而瑞IOT未来城（暂）项目产品建议（v4版本）

近期

地块	业态类型	建筑面积（万方）	建筑面积配比
北区	轻制造楼	13.5	15%
北区	办公楼	5.25	5.8%
北区	公寓	3.75	4.2%
北区	商业配套	2.5	2.8%
北区	小计	25	27.8%
南区	办公楼	48.75	54.2%
南区	公寓	9.75	10.8%
南区	商业配套	2.5	2.8%
南区	酒店	3	3.3%
南区	会展中心	1	1.1%
南区	小计	65	72.2%
	总计	90	100

远期

业态类型	建筑面积（万方）	建筑面积配比	地块
轻制造楼	9	10%	北区
办公楼	5.25	5.8%	北区
公寓	8.25	9.2%	北区
商业配套	2.5	2.8%	北区
小计	25	27.8%	北区
办公楼	45	50%	南区
公寓	9.75	15%	南区
商业配套	6.25	6.9%	南区
酒店	3	3.3%	南区
会展中心	1	1.1%	南区
小计	65	72.2%	南区
总计	90	100	

改建思路：
- 北区远期多改建公寓与办公
- 南区远期多改建商业配套

图8-18　分区业态空间占比建议

所以对园区资金和盈利进行科学测算，需要以成本为王的测算方式为基础，保障园区最合理的建设成本和运营的可持续性，防止园区在初始阶段即进入到资金短缺，或是运营不可持续而导致招商不良的恶性循环当中。有了这样的保障，才能够从容、有效、高质量地进行园区的运营，实现多总部经济集合体园区的盈利模式。

（4）对园区全生命周期的运营价值增值服务与盈利模式进行科学的测算。

多总部经济集合体园区必须始终拥有一定比例的物业，用于园区运营、培育、孵化以及园区配套服务。很多园区都将这部分物业作为运营的增值服务基础，或者作为资本风投最基本的股份，是未来园区全生命周期运营中最具盈利性的价值所在。所以，在初始阶段，对园区这一部分内容要有充分的思考，寻求最佳的持有比例，既不能好高骛远，也不能完全按照房产模式进行持有最小化（图8-19）。

园区的持有物业，其根本的盈利性在于园区建筑的服务水平和建筑品质保障，但是园区建筑的服务和品质又对前期的资本投入有较高的要求，所以如何在这两者之间寻得最佳的平衡点，也是前期进行科学合理测算的主要内容（图8-20）。

本项目现有规划业态比例

业态类型	建筑面积（万方）	建筑面积配比
办公楼	38	43%
轻制造楼	39	43.3%
公寓（加已建）	12	13.4%
地下商业配套	0.3	0.3%
总计	89.3	100%

本项目可调整规划业态业态比例

业态类型	建筑面积（万方）	建筑面积配比
办公楼	58.6	66%
轻制造楼	16	17.6%
公寓	12	13.4%
小计	86.6	97%
地下商业配套	0.3	0.3%
酒店	1.6	1.7%
会展中心	0.8	1%
小计	2.7	3%
总计	89.3	100%

克而瑞策划业态比例（前期）

业态类型	建筑面积（万方）	建筑面积配比
办公楼	54	60%
轻制造楼	13.5	15%
公寓	13.5	15%
小计	81	90%
商业配套	5	5.50%
酒店	3	3.50%
会展中心	1	1%
小计	9	10%
总计	90	100%

克而瑞策划业态比例（远期）

业态类型	建筑面积（万方）	建筑面积配比
办公楼	45-50	50-55%
轻制造楼	9	10%
公寓	18-22.5	20-25%
小计	76.5-81	85-90%
商业配套	5-9.5	5.5-10.5%
酒店	3	3.50%
会展中心	1	1%
小计	9-13.5	10-15%
总计	90	100%

1：现有办公与轻制造面积比例相当，但轻制造产品通用性较强，可以根据需求调整为办公产品

2：东南角两栋独栋办公及裙房可以转换为酒店及展示中心，面积约为2.4万

3：未来底层办公可以转换为商业配套，满足约为5万方面积的配套需求

4：预留部分办公可以转换为公寓，最终满足公寓的面积要求

图8-19　总体业态空间占比调整建议

容积率3.5

可售物业

	单层面积	层数	单栋建筑面积	栋数	总建筑面积	首层层高	标准层层高	总层高	总占地面积	容积率占比	人均面积	使用人数	土建单价	土建总价	出售单价	售价
总部定制楼	400	3	1200	53.0	63600	7.99	4.5	16.99	21200	11.8%	15	4240	2760	176808000	9000	572400000
公寓	4900	16	78400	2.0	156800	4.8	4.8	76.8	9800	29.1%	45	3484.4444	4500	705600000	9000	1411200000
平层办公	4450	11	48950	1.0	48950	4.8	4.2	51	4450	9.1%	15	3263.3333	3000	146850000	5000	244750000
					269350				35450	50.0%		10987.78		1029258000		2228350000

自持物业

	单层面积	层数	单栋建筑面积	栋数	总建筑面积	首层层高	标准层层高	总层高	总占地面积	容积率占比	人均面积	使用人数	土建单价	土建总价	租金	园区员工+居住总人数
平层办公	4450	12	53400	1.0	53400	4.8	4.2	76.2	4450	9.9%	15	3560	3000	160200000	267000000	24999.11111
轻加工孵化器	5400	9	48600	1.0	48600	7.99	7.99	71.91	5400	9.0%	20	2430	3000	145800000	243000000	园区员工总人数
办公孵化器	7190	13	93470	1.0	93470	4.8	4.2	76.2	7190	17.4%	15	6231.3333	3000	280410000	467350000	20474.66667
酒店	1300	18	23400	1.0	23400	4.8	4.2	76.2	1300	4.3%	22.5	1040	5000	117000000	117000000	
宿舍	1200	21	25200	1.0	25200	4.8	3.3	70.8	1200	4.7%	22.5	909.98519	4500	113400000	0	
食堂餐饮	2499.9111	4	9999.6444	1.0	9999.6444	5.4			2499.9111	1.9%	1.2	24999.111	4000	39998577.78	0	
裙房配套	2500	6	15000	1.0	15000	5.4	4.2	22.2	2500	2.8%	20	750	3000	45000000	0	
					269069.6				24539.91	50.0%				901808577.8	1094350000	

地下车库

	地上建筑面积	配建指标（平方米/辆）(户/辆)	停车数量	单方占地面积	户数	配建面积	单方造价	总造价	地下建筑面积	架空车库面积
总部定制楼	63600	100	636	60		38160	2000	76320000	211234.6667	38160
其他平层办公	244420	100	2444	40		97768	3500	342188000		
公寓	156800	0.6	2091	40	3484.4444	83626.667	3500	292693333.3		
宿舍	25200	0.6	336	40	560	13440	3500	47040000		
配套用房（酒店部分）	15000	100	150	40		6000	3500	21000000		
酒店（无星级）	23400	0.5	260	40	520	10400	3500	36400000		
		总停车数	5917		总面积	249394.7	车库总造价	815641333.3		

经济技术指标	
用地面积	155618.15
地上建筑面积	538419.6444
容积率	3.5
占地面积	59989.9
建筑密度	38.5%
机动车位	5917
车库建筑面积	249394.6667

货值计算表	
地上总造价	1931066578
车库总造价	815641333.3
园区总造价	2746707911
地上总售价	2228350000
地上总租金	1094350000
总货值	¥ 3,322,700,000
售造差价	¥ -518,357,911

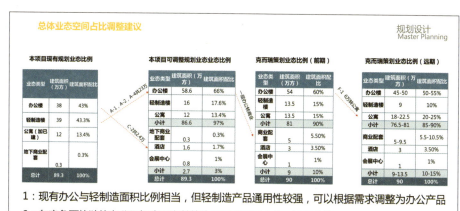

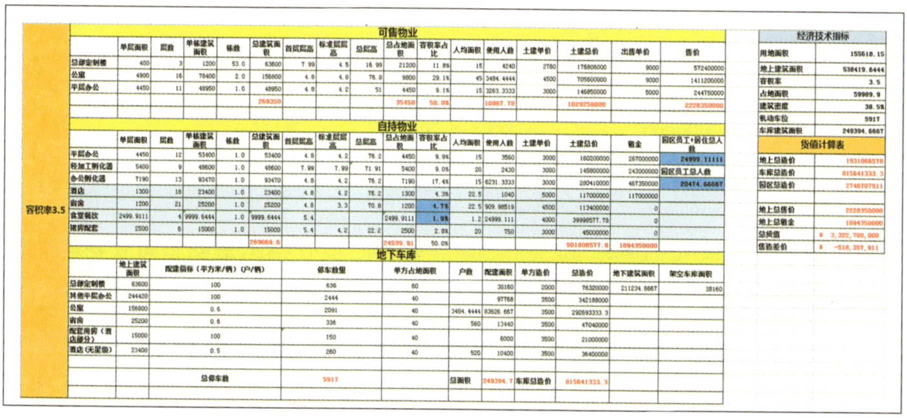

图8-20　方案静态货值计算

五、建设标准的设定

（1）对园区的建设进行定标、定性、定量。

园区项目建设的科学逻辑过程应该经历定标、定性、定量三个阶段。

定标，是指园区以项目建议书和可行性研究报告为依据，寻找标杆园区进行全面对标。依据本书前五章对产业园区的全面分析以及长三角产业园区的调研结果而形成的产业园区评判体系，展开对对标案例的要素分析，并以之作为园区建设的定标逻辑（图8-21）。

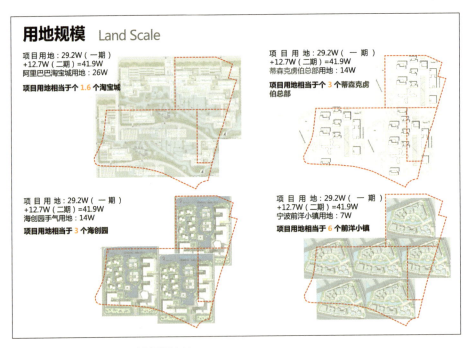

图8-21　项目定标——用地规模比较

定性，是指园区在确定对标案例之后结合自身的实际情况，对本园区产业平台的打造、入驻企业的甄别、园区总体规划、园区建筑落位、园区建设标准以及园区的商业价值等各方面进行性质的定位。定性过后，园区的基本格局已然形成。可以说，定性的过程是园区开发主体对于园区的最高目标和最低目标的界定（图8-22、图8-23）。

定量，是指园区在定性之后，对于所有数量级的问题，有明确的量化标准，作为日后园区设计、建造、运营各方面的控制要求。良好的开端是成功的一半，过程把控是最佳结果的保证。估算、概算、预算、结算，每一道建造价格的控制都来源于上一轮数量级的把控。所以定量是园区在未来管理过程当中的基本依据（图8-24）。

图8-22　项目定性——竖向货值延伸

图8-23　项目定性——通用型产品

产品类型		标层面积（方）	层数	高度（米）	单栋面积（万方）	栋数	建筑面积（万方）	建筑面积配比	建筑面积配比分布	租售比	区位
企业独栋（可双拼、多拼）		200-350	4-6	25-35	0.08-0.21	30-40	4.5	5%	5%	销售为主	南区东部
轻制造楼（可围合）		3000-5000	8-12	50-70	3-6	3-5	13.5	15%	15%	50:50	北区北部
办公	研发楼（围合型）	6000-8000	6-10	40-50	4-8	3-5	22.5	25%	55%	50:50	南区西部
	超高层	2000	15-18	65-75	3-4	2	6-8	10%		50:50	南区北部
	小高层（可双拼围合）	1000-1500	8-12	40-50	1-2	8-12	15-20	20%		50:50	南区东、南部
公寓	Loft公寓	3500-4000	6-8	40-50	3-5	2-3	10	12%	15%	自持为主	南区北部
	蓝领公寓	1500-2000	15-18	50-60	2-4	1-2	3-4	3%		自持为主	北区南部
商业配套		—				5	5.50%		10%	销售为主	沿街1-2F、中心广场
酒店		—				3	3.50%			自持为主	南区东南部
会展中心		—				1	1%			自持为主	南区东南部
总计						90	100%	100%		50:50	

图8-24　项目定量——产品组合建议

（2）对园区目标客户群以及目标产业进行标准设定与层级细分。

对园区目标客户群以及目标产业进行研究，才能进一步对建设过程当中的标准设定和层级划分有清晰的界定，并且付诸设计和建造的实施（图8-25、图8-26）。

标准的设定和层级的细分有以下几个方面：

规划标准的设定。针对不同的客户群和目标产业，按照客户和产业的需求，在

图8-25　目标产业分析

图8-26　目标企业类型

总体规划阶段合理地落位生产与生活的关系，同时把握好生产过程当中各种组织方式和生产方式的特殊要求，敏锐地抓住客户的痛点。

建筑标准的设定。在建筑组合与建筑单体两个方面，着重考虑园区目标客户群和目标产业所需要的物理空间，明确客户群和目标产业的空间使用"最大公约数"，做好建筑组合和建筑单体的通用性和共享性（图8-27、图8-28）。敏锐地把握产业客户群对空间的要求和市场的痛点，争取做到根据客户需求进行定制化建筑设计。

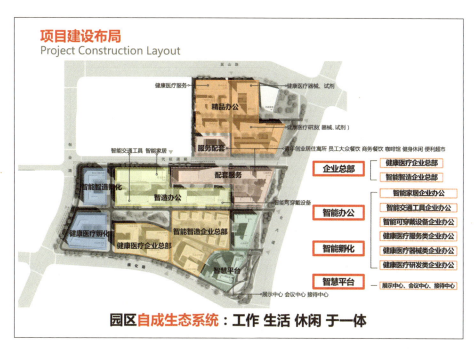

图8-27　园区功能布局

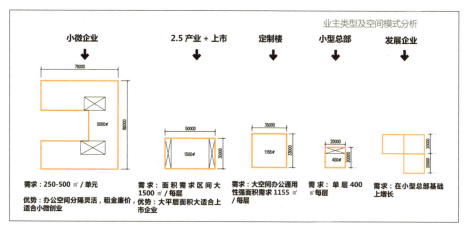

图8-28　项目产品设计

标志塔楼 + 类独栋立面造价

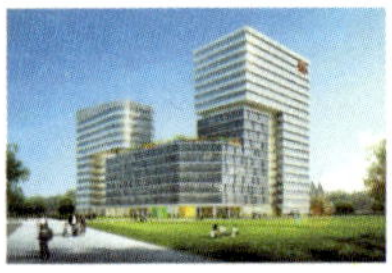

序号	项 目 名 称	单位	数量（m²）	单价（元/m²）	合计（元）
1	01楼玻璃幕墙	m²	1.00	920.52	920.52
2	01楼层间铝板幕墙	m²	1.00	621.03	621.03
3	01楼玻璃幕墙(大分隔)	m²	1.00	1019.39	1019.39
	01楼整体单价	m²	1.00	837.87	837.87

综合单价工料机分析表

项目名称：	01楼玻璃幕墙				计量单位:	m²
序号	名称及规格		单位	数量	金额（元）	
					单价	合价
	人工	一类	工日			
		二类	工日			
		三类	工日	1.500	100.00	150.00
1	人工费小计					150.00
	主要材料	6low-e+12A+6中空钢化玻璃	m²	1.020	260.00	265.20
		预埋件	kg	1.744	6.00	10.47
		镀锌钢角码	kg	2.778	6.50	18.06
		氟碳喷涂铝合金型材	kg	2.680	32.50	87.10
		粉末喷涂铝合金型材	kg	6.880	23.50	161.68
		阳极氧化铝合金型材	kg	1.530	22.50	34.43
		上悬窗五金件	套	0.139	180.00	25.00
		耐候胶	L	0.250	49.00	12.25
		M12*120不锈钢螺栓	套	0.972	3.15	3.06
		1.5mm厚热镀锌钢板	m²	0.111	85.00	9.44
		100mm厚防火岩棉	m²	0.083	135.00	11.25
	其他材料费		m²	1.000	10.00	10.00
2	材料小计					647.93
	主要机械					
	其他机械费		元	1.000	10.00	10.00
3	机械费小计					10.00
4	直接工程费（1+2+3）					807.93
5	管理费					40.40
6	利润					40.40
7	风险费用					0.00
8	税费					31.79
9	综合单价（4+5+6+7+8）					920.52

项目名称：	01楼玻璃幕墙(大分隔)				计量单位:	m²
序号	名称及规格		单位	数量	金额（元）	
					单价	合价
	人工	一类	工日			
		二类	工日			
		三类	工日	1.500	100.00	150.00
1	人工费小计					150.00
	主要材料	8low-e+12A+8中空钢化玻璃	m²	1.020	290.00	295.80
		预埋件	kg	2.617	6.00	15.70
		镀锌钢角码	kg	2.778	6.50	18.06
		氟碳喷涂铝合金型材	kg	1.680	32.50	54.60
		粉末喷涂铝合金型材	kg	9.580	23.50	225.13
		阳极氧化铝合金型材	kg	1.930	22.50	43.43
		上悬窗五金件	套	0.200	180.00	36.00
		耐候胶	L	0.250	49.00	12.25
		M12*120不锈钢螺栓	套	0.972	3.15	3.06
		1.5mm厚热镀锌钢板	m²	0.111	85.00	9.44
		100mm厚防火岩棉	m²	0.083	135.00	11.25
	其他材料费		m²	1.000	10.00	10.00
2	材料小计					734.72
	主要机械					
	其他机械费		元	1.000	10.00	10.00
3	机械费小计					10.00
4	直接工程费（1+2+3）					894.72
5	管理费					44.74
6	利润					44.74
7	风险费用					0.00
8	税费					35.20
9	综合单价（4+5+6+7+8）					1019.39

项目名称：	01楼层间铝板幕墙				计量单位:	m²
序号	名称及规格		单位	数量	金额（元）	
					单价	合价
	人工	一类	工日			
		二类	工日			
		三类	工日	1.200	100.00	120.00
1	人工费小计					120.00
	主要材料	2.5mm厚铝单板	m²	1.050	265.00	278.25
		预埋件	kg	1.744	5.50	9.59
		镀锌钢材	kg	15.680	6.50	101.92
		M12*120不锈钢螺栓	套	0.972	3.15	3.06
		耐候胶	L	0.250	49.00	12.25
	其他材料费		m²	1.000	10.00	10.00
2	材料小计					415.08
	主要机械					
	其他机械费		元	1.000	10.00	10.00
3	机械费小计					10.00
4	直接工程费（1+2+3）					545.08
5	管理费					27.25
6	利润					27.25
7	风险费用					0.00
8	税费					21.45
9	综合单价（4+5+6+7+8）					621.03

图8-29　典型建筑立面造价

（3）对园区建设标准以及运营标准给予充分的考虑。

任何园区都应该结合实际情况来制定园区自身的建设标准，但是往往由于客户群和目标产业都不确定，相当数量的园区并不知道自己在前期如何制定园区的建设标准。这就需要通过前期对园区建设标准的充分考虑（图8-29），使建设标准做到既是量力而行，又能够为未来的运营给予充分的考虑。

运营的标准，不是园区建设水平高低的标准，而是需要在园区运营方面相对于市场有一定的竞争力，这样才能吸引更多的目标客户群带着产业入驻园区。所以，运营的标准，一方面要考虑到给予园区入驻企业更多的服务所导致的人力成本和物业成本的提升，另一方面要考虑通过各种节能手段和前期建筑设计的优化手段来降低未来园区运营的能耗、维修、更新改造、智能安装等方面的成本（图8-30）。

3.5投资估算表

单位：万元

序号	工程或费用名称	建筑费用（万元）	其他费用（万元）	合计（万元）	（地上建筑）面积（m²）	工程费用单价（元/m²）	备注
一	建筑安装工程费：						
1	南地块	263815.63		263815.63	641449	4113	
2	北地块	123061.35		123061.35	243046	4961	
3	室外工程	6422.25		6422.25			
3.1	景观绿化	1535.50		1535.50	45300	350	0.20
3.2	区域道路及场地铺装	2354.43		2354.43	79291	360	0.33
3.3	区域管网及照明	1932.23		1932.23	79291	250	
	小计	393299.22		393299.22	339495.00	4421.60	
二	建安工程其他费：						
1	建设管理费			5303.76			
1.1	建设单位管理费		3179.39	3179.39			财建[2002]394号 财建[2003]724号
1.2	建设管理其他费		2015.50	2015.50			计价格[2002]1980号，浙价服[2003]112号，浙价服[2009]84号
1.3	工程监理费		608.87	608.87			
2	建设用地费			0.00			
3	可行性研究费		712.77	712.77			
4	研究试验费		50.00	50.00			桩基检测、防雷检测、消防检测
5	勘察设计费			11126.60			
5.1	勘察费		1451.30	1451.30			设计费的15%
5.2	设计费		9675.30	9675.30			
6	环境评价费		108.32	108.32			
7	水土保持		120.00	120.00			浙价服[2013]251号
8	节能评估费		177.90	177.90			2元/m²
9	场地准备及临时设施费		900.00	900.00			
10	工程保险费		1179.90	1179.90			0.30%
11	市政公用设施费		15610.64	15610.64			
11.1	市政基础设施配套费		12432.93	12432.93			140元/m²
11.2	供（配）电工程可靠性供电费		1956.89	1956.89			
11.3	白蚁防治费		177.90	177.90			2元/m²
11.4	新型墙体材料专项基金		339.50	339.50			10元/m²
11.5	散装水泥专项基金		133.42	133.42			1.5元/m²
	小　　计		35739.39	35739.39			

图8-30　项目投资估算表

六、经济技术指标建议值和货值计算

(1)结合园区的用地属性进行最佳经济指标建议值测算。

对于不同的用地性质,有不同的用地指标要求以及不同的销售比例、产权分割、配套比例等要求。通过强排及指标测算(图8-31~图8-33),可以找到最适合本项目的经济指标,从而反向指导城市设计。

(2)结合园区可销售的物业和持有物业之间的比值进行货值的计算。

不同的园区布局方式、不同的物业配比、不同的销售比例,都会影响园区最终的经济收益。我们在方案前期就采用静态经济计算的方式来比较不同方案的经济收益,然后权衡收益与布局等各方面因素,从中选出最佳的方案。

将不同建筑类型的销售单价、租金单价、单方造价列出(图8-34),则园区静态收益=销售物业的售价+出租物业的租金-园区所有建筑的造价(图8-35)。这样一个指标,用于静态衡量园区通过物业销售或出租得到的收益。此外,前期还应考虑园区通过物业经营及服务增值等获得的收益以及园区物业基金化、物业入股等的收益,这样才能全面衡量多总部经济集合体的效益。

图8-31 容积率3.0强排模型　　图8-32 容积率3.5强排模型　　图8-33 容积率4.0强排模型

		土建单价(元/平方米)	出售单价(元/平方米)	出租单价(元/平方米·年)	车位单方面积(平方米/个)	车位土建单价(元/平方米)
可售	总部定制楼	2780	9000		60	2000
	公寓	4500	9000		40	3500
	平层办公(可售)	3000	5000		40	3500
自持	平层办公(自持)	3000		5000	40	3500
	轻加工孵化器	3000		5000	40	3500
	办公孵化器	3000		5000	40	3500
	酒店	5000		5000	40	3500
	宿舍	4500		0	40	3500
	食堂餐饮	4000		0	40	3500
	裙房配套	3000		5000	40	3500
	公寓	4500	9000		40	3500

图8-34 园区单体单方售价或租金

容积率3.5

可售物业

	单层面积	层数	单栋建筑面积	栋数	总建筑面积	首层层高	标准层层高	总层高	总占地面积	容积率占比	人均面积	使用人数	土建单价	土建总价	出售单价	售价
总部定制楼	400	3	1200	53.0	63600	7.99	4.5	16.99	21200	11.8%	15	4240	2780	176808000	9000	572400000
公寓	4900	16	78400	2.0	156800	4.8	4.8	76.8	9800	29.1%	45	3484.4444	4500	705600000	9000	1411200000
平层办公	4450	11	48950	1.0	48950	4.8	4.2	51	4450	9.1%	15	3263.3333	3000	146850000	5000	244750000
					269350				35450	50.0%		10987.78		1029258000		2228350000

自持物业

	单层面积	层数	单栋建筑面积	栋数	总建筑面积	首层层高	标准层层高	总层高	总占地面积	容积率占比	人均面积	使用人数	土建单价	土建总价	租金	园区员工+居住总人数
平层办公	4450	12	53400	1.0	53400	4.8	4.2	76.2	4450	9.9%	15	3560	3000	160200000	267000000	24999.11111
轻加工孵化器	5400	9	48600	1.0	48600	7.99	7.99	71.91	5400	9.0%	20	2430	3000	145800000	243000000	园区员工总人数
办公孵化器	7190	13	93470	1.0	93470	4.8	4.2	76.2	7190	17.4%	15	6231.3333	3000	280410000	467350000	20474.66667
酒店	1300	18	23400	1.0	23400	4.8	4.2	76.2	1300	4.3%	22.5	1040	5000	117000000	117000000	
宿舍	1200	21	25200	1.0	25200	4.8	3.3	70.8	1200	4.7%	22.5	909.98519	4500	113400000	0	
食堂餐饮	2499.9111	4	9999.6444	1.0	9999.6444	5.4			2499.9111	1.9%	1.2	24999.111	4000	39998577.78	0	
裙房配套	2500	6	15000	1.0	15000	5.4	4.2	22.2	2500	2.8%	20	750	3000	45000000	0	
					269069.6				24539.91	50.0%				901808577.8	1094350000	

地下车库

	地上建筑面积	配建指标（平方米/辆）（户/辆）	停车数量	单方占地面积	户数	配建面积	单方造价	总造价	地下建筑面积	架空车库面积
总部定制楼	63600	100	636	60		38160	2000	76320000	211234.6667	38160
其他平层办公	244420	100	2444	40		97768	3500	342188000		
公寓	156800	0.6	2091	40	3484.4444	83626.667	3500	292693333.3		
宿舍	25200	0.6	336	40	560	13440	3500	47040000		
配套用房（酒店部分）	15000	100	150	40		6000	3500	21000000		
酒店(无星级)	23400	0.5	260	40	520	10400	3500	36400000		
		总停车数	5917		总面积	249394.7	车库总造价	815641333.3		

经济技术指标

用地面积	155618.15
地上建筑面积	538419.6444
容积率	3.5
占地面积	59989.9
建筑密度	38.5%
机动车位	5917
车库建筑面积	249394.6667

货值计算表

地上总造价	1931066578
车库总造价	815641333.3
园区总造价	2746707911
地上总售价	2228350000
地上总租金	1094350000
总货值	¥ 3,322,700,000
售造差价	¥ -518,357,911

图8-35　园区静态货值计算

七、政商博弈的最佳值

1. 用地指标的最佳值

多总部经济集合体在政商博弈下，会产生双方都能接受的产业园区用地指标的最佳值。这个最佳值的产生需要政企双方通力合作，各退一步，以争取对双方皆有利的结果：

（1）政府可以先期让渡部分利益以获得后期的收益；而企业可以先期降低资本投入以获得园区开发的成功。

（2）政商之间的先期和预期的信用保证和互相制约，以保障多总部经济集合体的成功实施（图8-36）。

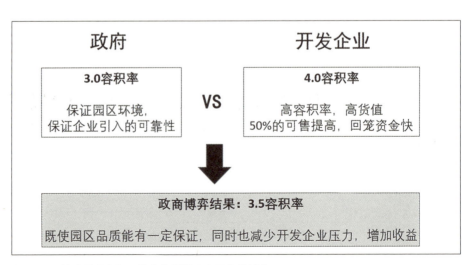

图8-36　某项目政府与开发企业间关于容积率的博弈

2. 企业投入的最佳值

企业投入的最佳状态，要求最低的启动成本+最低的过程成本+最安全的资金覆盖率+最稳定的运营资本回收和物业增值（图8-37）。

最低的启动成本，包括最低的拿地成本以及最低的启动区成本。综合考虑启动区的选址条件及开发启动的操作性问题，包括较少的搬迁人数和困难、较低的场地平整成本等；要合理利用土地，安排开发次序，将必需的基础的建设工作安排到启动阶段，降低启动成本（图8-38）。

图8-37　某项目方案总图

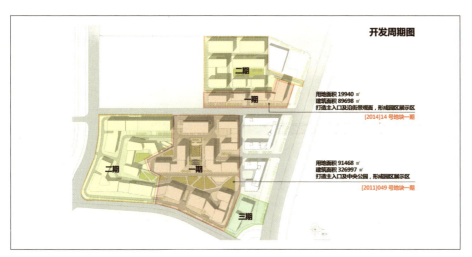

图8-38　某项目分区开发示意

最低的过程成本：确立好建设标准后，应通过合理的手段（包括多方案比选、成本目标价格控制等）管控建设成本（图8-39～图8-42）。

最安全的资金覆盖率：在项目建设实施阶段，控制融资成本的高低，尽量通过低成本渠道获取资金，尽量使成本与效益相匹配，使规模与运营相适当，收益与风险相权衡（图8-43）。

最稳定的运营资本回收和物业增值：需要在前期通过谨慎分析，合理确定物业自持可售比例以及运营成本及盈利率。另外，园区的专业运营，不仅能为园区赢得稳定的长期收益，还有利于园区物业增值（图8-44）。

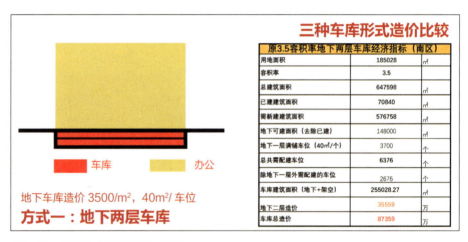

图8-39 车库形式造价比较：方式一

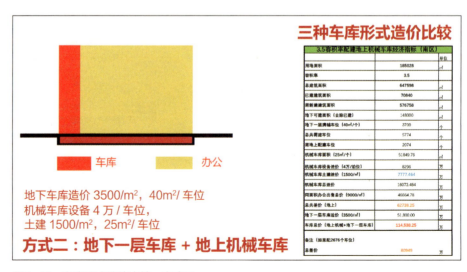

图8-40 车库形式造价比较：方式二

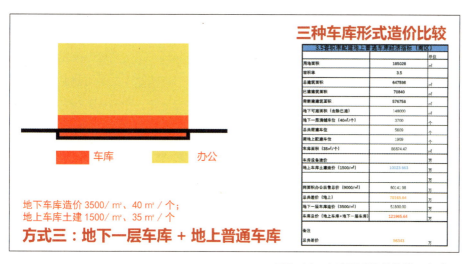

三种车库形式造价比较

3.5容积率配建地上普通车库经济指标（南区）		
		单位
用地面积	185028	㎡
容积率	3.5	
总建筑面积	647598	㎡
已建建筑面积	70840	㎡
需新建建筑面积	576758	㎡
地下可建面积（去除已建）	148000	㎡
地下一层满铺车位（40㎡/个）	3700	个
总共需建车位	5609	个
需地上配建车位	1909	个
车库面积（35㎡/个）	66824.42	㎡
车库设备造价		万
地上车库土建造价（1500/㎡）	10023.663	万
		万
同面积办公出售总价（9000/㎡）	60141.98	万
总共差价（地上）	70165.64	万
地下一层车库造价（3500/㎡）	51800.00	万
车库总价（地上车库+地下一层车库）	121965.64	万
备注		
总共差价	98343	万

地下车库造价 3500/ ㎡、40 ㎡ / 个；
地上车库土建 1500/ ㎡、35 ㎡ / 个

方式三：地下一层车库 + 地上普通车库

图8-41　车库形式造价比较：方式三

三种配建车库方式比较

用地面积（㎡）	185028	㎡
容积率	3.5	㎡
总建筑面积（㎡）	647598	㎡
已建建筑面积（㎡）	70840	㎡
需新建建筑面积（㎡）	576758	㎡
地下一层满铺车位（40㎡/个）	3700	个

3.5容积率配建地上机械车库经济指标（南区）		
总共需建车位	5774	个
需地上配建车位	2074	个
机械车库设备造价（4万/泊位）	8296	万
机械车库土建造价（1500/㎡）	7777.464	万
机械车库总造价	16073.464	万
地下一层车库造价（3500/㎡）	45880	万
总售价	498662.828	万
地上总造价	173545.936	万
盈利	279236.892	万

原3.5容积率地下两层车库经济指标（南区）		
总共需配建车位	6376	个
车库总造价	79059	万
总售价	547920.1	万
地上总造价	173027.4	万
盈利	295833.7	万

3.5容积率配建地上普通车库经济指标（南区）		
总共需建车位	5609	个
需地上配建车位	1909	个
地上车库土建造价（1500/㎡）	11454	万
地下一层车库造价（3500/㎡）	45880	万
总售价	475378.1	万
地上总造价	161573.4	万
盈利	267924.7	万

办公销售单价按照 9500 元 / ㎡计算，地下室（含桩基维护）按照 3100 元 / ㎡计算

结论：同等容积率下，三种方式的盈利几乎相等

图8-42　三种车库形式的盈利比较

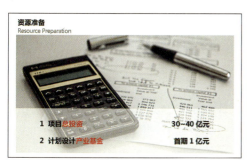

图8-43　某项目资金准备

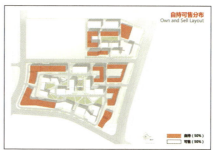

图8-44　某项目销售与自持物业分布

3. 启动区块与未来延展区块之间的主次关系与投入产出比

产业园由于规模大，周期长，通常分多期建设。从园区发展和产业构建角度来讲，启动板块往往是产业园的基础和核心，决定着产业园的产业走向和后续招商引资情况；但从投入产出角度来讲，启动板块往往是投入高，产出低，起整体铺垫的作用。

从园区发展和产业构建角度来讲，主要有以下特点：

（1）启动区块带来企业基础

产业园在初始顶层设计的产业决策阶段会明确期望引入的核心企业，有时核心企业也会自带资源以开发主体的角色直接参与产业园的开发建设，成为产业园产业引进的初始动力引擎。这时，启动区块通常会为这些企业量身定制或优先服务，一旦核心企业入驻成功，出于集聚效应或产业链效应的考查，其上下游企业或同类别的中小型企业进驻的概率会大大增加，这为区块的产业拓展和企业招商奠定了基础。

某小镇启动区块项目，位于浙江省某发达城市，由中国船舶工业集团公司（央企）、联东投资（集团）有限公司（民企）作为投资主体开发建设，是企业主导的建设项目。其中，中国船舶工业集团公司既是开发主体，同时也是"核心企业"。因此，该项目围绕海洋动力，努力构建"一园一院"的格局。"一园"是指中船（宁波）装备产业园，主要建设和发展中船动力与中策合作项目、盾构生产基地、齿轮箱和螺旋桨等动力集成装置生产基地、大功率柴油机研发及生产基地；"一院"是指装备动力研究院，主要聚焦海洋装备动力产业研究设计及其产业化，逐步建设成为国家级研究机构，推动海洋装备动力技术进步和发展。

项目将以"一园一院"建设为抓手，通过产业升级和产业链延伸，打造自主品牌产业化基地，努力实现"引进一个、带动一批、影响一片"的良好态势，为后续延伸板块的产业招商奠定基础。

（2）启动区块构成产业园初始框架

4.0产业园，所有配套打散、解构、重组，充分融入多元办公体系，每一片区都是能独立运作的小而全的系统，启动区块更是如此。为了保证初始引入企业能够顺利运作，产业园在启动板块必须完成基础平台的构建，包括政策方面、金融方面、物业管理方面、配套服务方面等。而后续延展区块只是以此为基础，逐步扩容，建立经济和生态循环圈。

该项目作为小镇启动区块，到目前为止，集聚了联东U谷、三星、长阳科技、激智科技、瑞源生物、威天孚力等一大批企业（图8-45），但生活配套落后，酒店、人才公寓、商业等无法满足企业需求，严重影响了园区的人才引进。为此，园区采

图8-45 项目周边资源现状

图8-46 综合多种功能的城市客厅

用EPC建设模式,在小镇启动区的核心区,紧急为园区配套建设了小镇城市客厅项目,总用地面积约1.85万m^2,总建筑面积约5.3万m^2,包含创业办公、酒店、公寓、商业、膜幻展厅(展示小镇核心产业及成果)等,结合小镇AAA级景区特色,打造办公、服务、居住、购物、展示五位一体的综合服务中心,完善启动区块的服务配套体系,构建启动区块的小生态环境(图8-46)。同时也为后续的延展板块提供配套支撑。

(3)启动区块开启迭代龙头,企业带来招商引资新契机

启动区块为了构建初始运作平台,会引入覆盖金融、管理、配套、招商等多方面的企业,这些企业往往能为园区的产业招商带来新的契机。

联东U谷是国内一流的产业园区专业运营商,是小镇第一家引进的企业。小镇借助联东U谷在招商领域的专业优势、资源优势,加大了对科技型中小企业的引进和培育,在短时间内争取了更多优质的中小型企业落户小镇,让小镇招商更加精准化和专业化,产业招商、科技招商、以商引商,对小镇的产业生态构建功不可没。

从产业园的投入产出而言,启动区块投入大、产出小,延伸板块持续产出大。启动区块作为产业园的一部分先行,需要有独立运作的能力,因此需要具备产业园的核心构成要素,包括金融配套、行政体系配套、展示服务配套、物业管理配套、培训孵化配套、居住生活配套等,这些都需要投入巨大的人力物力,而在这个阶段,一方面为了吸引核心企业入驻,奠定产业基础,开发主体往往采取利益让步原则,对入驻企业提供租金减免、低价住宅或公寓等优惠政策,另一方面,为了营造园区形象,获取企业信赖,初始产业园的软硬件都要高标准、高要求,这又进一步加大了启动区块的投入产出比,因此,启动区块在很长时间内基本是不盈利甚至是负盈利的状态。

但是,正所谓"筑巢引凤",启动区块"不盈利或负盈利",筑的巢只要物有所

值，产业框架和运作平台搭建得合理，自然会招引一批高端高效、高附加值、高产出率的优质项目和优秀企业，投资回报会随着延展区块的不断拓展而扭亏为盈，上下游企业逐步吸附在产业园的这张大网之上，然后进入良性的经济循环，给产业园发展带来持续动力，进而带来巨大的而且是持续不断的经济利益。

第二节　多总部经济集合体的总体布局

一、多总部经济集合体布局的先决条件

1. 总体要求、愿景、设计哲学和营建逻辑

总体要求：在给定的用地条件下合理安排产业园区的策略与营建，设计出既考虑产业园区的全过程运营，又为园区创造合理的经济价值和产业发展的多总部经济集合体。

愿景：通过多总部经济集合体的总体布局达到园区与城区完全整合，真正实现产城融合，使生活、工作、创业和社会价值四者完全统一，创造未来城市的产业组成部分。

设计哲学：策略与营建并重。建立多总部集合、以经济合作为内在逻辑的产业园区布局；充分考虑产业园区所在地的文化，创造园区多样性的极致体验。

营建逻辑：建立整套营建的体系，应对全周期的园区运营。创造高价值、高完成度的可持续发展的建筑物理空间体系。

2. 总体定位与产业结合，总体需求与物理空间平衡

多总部经济集合体的总体布局必须严密地结合产业的需求。在总图布局上，必须充分体现出特定产业的表象特征，充分挖掘产业主体在生产各阶段的企业组织形式、企业生产形式、企业决策形式等一系列的企业特征，来展开总体布局的基本方向。

在企业的总体布局需求上，必须结合当下优秀的园区发展趋势以及新时代创业创新要求，来挖掘、放大、深化、升华企业对各种物理空间的需求。所以园区的总体布局来源于产业，但植根于生产，着眼于未来，最后形成高于现阶段状态的、未来型的多总部经济集合体。

3. 多总部的排布，经济体的集中

多总部的排布：多总部不是指多个总部企业的集合，而是指园区具有多个总部，且这些多层次、多方位的企业总部在园区合理落定的一种状态。所以多总部的排布，必须找到企业与企业之间、总部与总部之间的共性，然后将这些共性放大到城市空间的公共活动和交互中去，使多总部在园区中能够合理运营，健康发展，共同促进，节约成本。这是多总部排布的根本内在逻辑。

经济体的集中：经济集合体的关键词在于经济，如何在园区进行合理的安排，让各经济体在园区实现1+1>2的集合效应，要根据本文第五章所论述的产业生态理论的经济逻辑，将园区内各经济体进行合理集中，产生最大的园区运营效益和社会效益。

4. 城市空间的布局逻辑

多总部经济集合体的总体布局还要参照城市空间的布局逻辑。产业园区作为一个城市单元，需要承载人的生活和工作等各项活动，自成一体，因此需要按照城市空间的布局原则，合理分布不同的功能区块，以最便利的方式满足园区内人们的各项活动。未来的多总部经济集合体应呈现为复合型和立体型，不仅节约用地成本，还节约使用者的时间成本，最大化地利用园区空间（图8-47）。

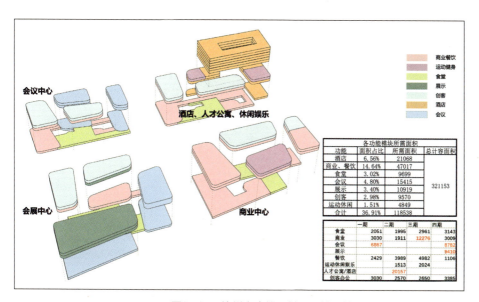

图8-47 杭州市余杭区某项目基于城市空间布局的配套功能

二、总体布局需考虑的各要素

1. 环境要素

环境要素也可以理解成园区的外部要素,主要是园区所处的城市空间的各种限制性的条件。包括以下三个部分:

(1)城市空间各种自然要素(风环境、水环境、气候环境)。

(2)城市上位规划所制定的用地经济指标(用地面积、容积率、建筑密度、建筑高度、绿化率等主要的经济指标)。

(3)城市空间所界定的周边经济环境,例如周边产业情况、周边企业入驻情况、周边已有的城市公共空间和公共配套以及周边城市物理空间的影响。

2. 价值要素

价值要素可以理解成园区的内在经济要素,主要是园区所在的城市空间价值及园区的物理空间价值要素。包含以下几个部分:

(1)园区指标的价值要素。每个园区都有上位规划给定的固定经济指标,但是在进行园区建设前,必须对这些经济指标进行分析,以分辨出哪些是有效指标,是有价值的指标,哪些是无价值的指标,或者是可以留白的指标。

一般而言,与用地面积、建筑面积、容积率、建筑密度、限高、绿化率相关的指标都与园区实际价值息息相关,在总体布局阶段均需要整体考虑,但部分指标在特殊情况下(比如核心产业需求等)存在突破的可能性,需要进一步与政府协调。而与数据无关的指标,包括色彩要求、风格要求等,一般与园区的价值要素联系不大,可后期考虑。剩余的其他要素,包括海绵城市建设要求、绿色建筑等级要求、预制装配率要求等也与园区价值相关,但一般不影响园区布局,可在后期深化阶段考虑,但前期需纳入项目整体估算。

(2)园区的商业价值要素。主要考虑园区的配套运营设施如何能够与城市空间、园区内部的企业无缝对接,体现出园区最大的商业价值。

(3)园区的办公价值要素。依照园区不同的地理方位,结合企业办公不同的需求以及其昭示性的心理需求、出入方便的交通需求及企业对外的礼仪需求等各方面的因素来充分体现园区的办公价值,以利于企业的入驻。

3. 组合要素

组合要素可以理解成园区环境要素与价值要素的平衡。通过对环境要素的限制和对价值要素的挖掘，产业园区在总体布局时，需要既吻合园区经济逻辑，又服从园区环境要素，从中寻求一个平衡点，这就是产业园区总体布局的组合要素。

多总部经济集合体的组合要素考虑的是产业园区全生命周期中的时间要素、运营要素等各要素的组合关系，只有将这些要素完全集中，并且进行有效组合，才能真正体现出多总部经济集合体的策略与营建部分的价值和精髓。

三、总体布局不同模式的思考

1. 建筑体量的划分：多总部需求的平衡与通用性

多总部经济集合体在方案设计阶段，应先充分考察市场上同等规模园区的不同企业所需的建筑体量以及本园区的目标企业的具体空间需求及未来的发展需求。在此基础上，使本园区的建筑体量可以涵盖入园企业发展全过程所需用房面积的最大值和最小值，同时要平衡不同企业的需求，并充分考虑建筑的通用性，将园区建筑划分成几个面积区间，不仅可以将当前园区各企业合理安排，还能使企业在园区内有充足的发展空间。

2. 集合体的需求与物业配比的最佳值

集合体有两层含义：一层含义是多个总部主体在此进行集合的总量表达；另一层含义是多个总部企业在此入驻所需要的共性空间。针对第二种含义，对园区内各企业所需的空间要作相对的集合，并且对各种物业类型的配比进行界定，设定最佳值。通过前面多个章节的论述，我们对园区的物业配比最佳值有一个相对准确的理论值，同时考虑配套与配套之间的通用性和空间上的互通性，以应对园区将来运营发展所需的物业类型调整和空间面积比例调整。

3. 产业、围绕产业所展开的城市空间和人的行为轨迹之间的思考

不同的产业会对城市产生不同的空间需求。例如加工产业，对城市空间的需求主要表现在城市的交通运输成本、物业成本和加工人员成本等方面；而对于初创型企业，对城市空间的需求更多地体现在城市的轨道交通、通勤的时间成本、人与人之间的交流成本以及是否可以极为便利地享受到城市公共配套服务等方面。

相对于城市中某一固定地块内的产业所表现出来的空间需求，整个城市范围内产业的空间布局则更多地体现出人的需求和行为轨迹。所以，在产业园区选址时，需要更多地考虑产业与城市空间是否可以共生共荣，产城融合是否可以在某一空间

达到最佳的互动效应；表现在产业园区的总体布局上，需要考虑多个企业总部与城市空间的落定与融合，园区产业与集合体之间的融合，园区整体空间与城市空间的连接以及如何在城市中创造更加多样的空间环境体验。

4. 经典建筑学的学术思考

除了经济层面的意义，产业园区本身也是城市物理空间的组成部分。所以无论产业园区的经济效益如何，其建筑空间本身也要符合建筑学的基本逻辑和美学素养，需要符合城市空间的设计规则。

事实上，世界现代建筑设计的发源地——德国包豪斯，不仅是一所成功的建筑教育学校，还是一座典型意义上的产业园区，真正意义上将建筑教学与实践、美学与机器制造、深度的设计教育与大规模的工业生产、极简的物理空间与其承载的多样性的创新创业实践等完美结合，将多种经典建筑学理论付诸实践，并发扬光大，传播到世界各地。所以，当下的我们更要回顾经典的建筑学理论，并结合现代经济价值理论，创造新一代的产业园区。

第三节 多总部经济集合体的建筑组合要素

一、建筑组合的前提和基本设置标准

1. 前提条件

（1）政府的需求：政府往往从城市的角度对园区建筑的组合进行整体控制，具体体现在以下几个方面：

1）上位规划：主要是地块相应指标的控制，包括容积率、绿地率、建筑密度、建筑限高、建筑色彩、车位配比等，追求土地的集约利用及土地价值最大化，是政企博弈的结果的呈现。

2）城市形象：包括城市天际线、沿街立面，主要涉及制高点建筑的位置分布、大体量建筑的位置分布、沿街建筑的组合形式、沿街立面等。

3）园区开口：包括机动车出入口、人行出入口、园区形象出入口、后期出入口等，由入口延伸出路网，进而影响园区组团划分和景观布置。

4）周边影响：充分挖掘周边功能板块的潜在因素，了解周边地块的景观资源分

布、出入口分布、轴线关系，周边的工厂、商业、学校、住宅分布，周边的道路等级、建筑高度、地块价值分布等具体事项，园区内部布局考虑与周边地块的这些因素的互动关系，互有增益的功能尽量并置，以期待1+1＞2，互有干扰的功能适当远离，减少彼此干扰。

（2）企业的诉求：企业主要从满足自身使用功能出发，有些追求功能连接的便利性，有些追求功能的独立性，有些要求与公共配套联系紧密以方便高频率的使用，有些要求与配套区尽量远离，减少互相干扰等，这些需求一般与企业的产业类型息息相关。

1）研发类：灵活可变的办公环境、大平层以适应研发到实验的过程。

2）总部类：良好的环境体现企业形象及人文关怀。

3）普通办公类：与办公、会议等联系紧密，方便办公、会议的随时切换。

4）生产类：主要指轻加工，靠近园区出入口，远离生活配套，减少干扰。

5）办公配套类：会议中心、创客空间、孵化器等，适合位于园区入口和园区中部，一方面均匀辐射办公，另一方面，方便对外接纳，同时展示园区形象。

6）展示类：位于园区外围，与城市接轨，满足展销需求。

7）配套类：包括健身、咖啡、茶座等，打散重组，充分融入办公环境。

8）星级酒店：外围分布，与城市连接紧密，方便人流达到，同时服务周边，提高使用效率。

9）居住类：主要指住宅或公寓，独立成区，减少干扰，同时与生产区域有便捷的联系。

（3）开发的利益：开发者关注的核心其实是投资回报率，具体体现在：一是充分挖掘地块价值，最大化利用；二是在满足入驻企业的诉求下，保证园区良好的整体环境和氛围，体现园区形象；三是产业链塑造，减少企业间不相关业务的干扰，促进企业间相关业务的合作，努力打造产业生态。

1）周边地块价值最大化：如果周边有良好的景观资源，高标准办公企业或总部办公沿其布置，可进一步提高溢价空间；如果周边有发达的商业，产业园的配套、酒店、展示等可考虑与其结合布置，增加集聚效应，同时为园区办公提供更多选择。

2）中心景观及组团景观塑造：中心景观通常与主要形象入口结合，塑造园区形象，而组团景观一般与总部办公有机融合，提高总部办公整体环境，提升溢价。

3）沿街形象塑造：品牌项目，例如品牌酒店、核心企业以及超大超高体量沿园区外围布置，展示园区形象。

4）区块价值梯级塑造：根据产业定位的差异，配备不同的景观资源、配套资源等，打造区块价值梯级。

5）功能区块的塑造：根据产业链联系的疏密程度整体布局，同类型、同标准或位于上下游的空间并置，差异较大或相对独立的可考虑适当分离。

2. 经典建筑学的建筑组合方式

上述问题主要是指功能和价值层面的影响，除此之外，经典建筑学在体量组合方面还主要考虑以下几个方面：

1）环境：主要是外部客观环境，包括自然环境和城市环境。自然环境方面，地势高低会影响建筑的日照遮挡关系及园区天际线的形成，水系会带来环境增值，一般会考虑将水系引入园区，并将环境需求高的功能沿水系布置等；城市环境方面，城市轴线影响园区轴线，园区轴线往往与城市轴线重叠或交叉，获得城市公共空间的渗透和影响力渗透，园区沿街立面延续城市立面，园区的关键节点定位受城市关键节点的影响，以杭州瓶窑IOT未来城为例，由于城市互通经过，最终园区将高层品牌酒店设计定位为标志性建筑，点亮区域形象的同时，展示产业园自身形象。

2）空间：体量的负形，主要指园区空间的宽窄变化、明暗变化、色彩变化等，体量安排有序，空间自然张弛有度，从主入口到中心景观，到组团景观，到建筑入口，到公共空间，到办公的私密空间，有组织、有序列，形成移步异景、令人愉快的节奏和氛围。

3）形态：主要指立面及色彩，体现在组合方式的节奏与韵律、色彩的舒缓与明朗等方面，也可以在不同尺度影响人的感官。

综上所述，产业园的体量组合其实是功能、价值、环境、空间、形态等多方面综合影响的结果，尤其是功能和价值，往往是每个产业园产业差异化的集中体现。每个产业园因为这些因素的不同，会呈现整体相似，但细看迥异的结果。

二、建筑不同组合方式的原则与要素

1. 建筑组合方式的原则

群组建筑的体量组合的控制原则受制于功能、价值、环境、空间、形态等几个方面，而产业园的核心是多总部经济集合体，其开发主体是政府或企业，其使用主体是产业企业，因此其组合方式的核心考查要素是满足政府、企业和产业的需求。政府方面，关注城市形象和上位规划，园区的建筑布局需符合城市环境的总体定位；企业方面，关注园区的功能布局，建筑的组合和分离由产业关联度决定；开发企业方面，关注园区的投资回报和产业生态构建。一方面，布局需要体现资源的梯级利用，不同产出的企业配不同的景观、配套资源；另一方面，根据产业链特点，对不同功能进行结构重组，方便企业的联系和共享。

2. 要素一：规划设计条件与建筑组合方式之间的双向约束与调整

（1）规划对建筑的约束

1）容积率和用地指标的约束

规划对建筑的约束可以理解为规划条件对建筑组合产生的直接影响。现在就规划的基本属性和指标对建筑的约束作简单的分析：

首先，在多大的规模上才能产生多总部经济集合体的完整园区？假设当前办公与配套的比例基本上控制在15%～85%之间，而办公配套基本上要满足商业、餐饮、住宿、会议以及展示、路演、社交运动等各方面的内容。根据以住宿150间共15000m^2为基本单元，商业的基本面积控制在3万m^2左右等要求，餐饮和商业可以合二为一，展示、路演、社交和运动场所规模基本上控制在1万m^2左右。这样，多总部经济集合体的配套总面积应该控制在55000m^2左右，相对应的办公产业面积就应该是在32万m^2左右。假设当前产业园区主要的容积率在2.0～2.5左右是合适的比例，那么，推测多总部经济集合体的用地面积应该是在15万m^2到20万m^2左右。那将会是在一个200～300亩左右的用地上。

其次，倒推一下设置条件。假设办公场所人均办公面积12m^2/人，32万m^2的办公面积可以容纳27000人左右的产业办公人群。其餐饮部分按照中餐三段式用餐的要求，每段人口在9000人左右，假设人均餐饮面积是2.5m^2，那么餐厅食堂的基本面积就应该在22500m^2左右，加上小超市等商业休闲空间，就有约3万m^2左右，再加上展示、路演、社交和运动场所的1万m^2左右，另外加上15000m^2的酒店面积，所有配套面积共55000m^2。

再来看一下32万m^2办公面积的分配原则。假设有3～4个总部进驻到园区内，而每个总部的办公需求在20000～25000 m^2左右，合计约为10万m^2的办公面积。最基础的孵化器可以用联合办公的形式来解决，假设有50个基本的孵化办公单元，每个单元基本需求300m^2左右，那么其办公面积应该在15000m^2左右。基本的办公分公司以及独立办公室的面积控制在1000m^2到2000m^2左右，假设有50～100家，那么办公面积约为10万～20万m^2。这样，整个园区动态地形成50个孵化器单元，100个中心办公单元和3～4个总部单元，总的办公面积控制在30万m^2左右。

根据以上的基本使用面积计算，可以得出以下三种不同的园区规划条件：

（a）当产业园区位于城市郊区或者是新兴开发区的核心区块，容积率为2.0，建筑面积为40万m^2，用地面积为20万m^2，约300亩地。

（b）当产业园区位于城市成熟的开发区或者是城市二级地区，容积率为2.5左右，建筑面积为40万m^2，用地面积为16万m^2，约240亩地。

（c）当产业园区位于城市核心区或某一重点规划区域的核心启动区块，容积率在3.5左右，建筑面积为40万m^2，用地面积为11.4万m^2，约为170亩地。

2）规划的其他重要约束条件

（a）用地性质对于产业园区运营的约束：

用地性质可以分为工业用地、创新用地、商务商业用地、综合用地等。考虑到多总部经济集合体的目的和需求，建议使用创新用地、商务商业用地或者综合用地。

按照产业园区处于城市的不同区域来分：在新兴开发区建议使用创新用地，在成熟的城市二级地区建议使用商务商业用地，而在城市核心区或者重点区域的启动区块，建议使用综合用地。

当然，用地的性质需要吻合当地城市主管部门的运营需求，如果需要一半的建筑面积用于销售，建议使用商务商业用地，如果基本自持或者持有占绝大部分，建议使用混合用地，这样土地和物业的增值将有利于将来园区的运营。

（b）规划设计的其他因素对于产业园区运营的约束：

建筑形态约束：规划设计当中对建筑限高的同时，建议"限低"，这样能有效避免大量的"类独栋"办公以及"类别墅"办公的物业类型的产生，导致土地的低效利用。对于建筑外观，通过城市设计限制其价值材质、沿街界面及天际线等，将更有利于区域建筑的整体建筑品质的提升。

停车指标约束：建议建立停车指标与建筑面积相关联的奖励制度；在配套建筑和办公面积之间设置合理的比例要求。

其他有利于园区运营的建筑模糊地带的约束：例如所有的架空层部分，户内外交界的灰空间以及建筑的露台、连廊等公共部分，都应该有概括性的规划纲要。

3）案例：杭州某科技园项目

该科技园项目是国家级的高新技术产业区，其开发主体在国内有多个知名的成功产业园开发经验。

在整体规划中，整个园区，围绕着中心广场，进行了六期的开发，并于2001年开发了一期。第一期的园区开发，采用了纯甲级写字楼的模式，建筑以板楼为主，形成了连续大气的建筑空间，并沿着城市主要界面一字排开（图8-48）。但是从产业园区的运营角度来说，项目的一期并没有如预期一般形成产业效益。究其原因，是由于当地的教育和工业水平较低，导致整个产业环境水平较低。

后来随着时间的推移，当地政府对区内的工业进行了一系列的调整，将原有工业进行了产能淘汰,同时引进了一些新型产业,使区域整体工业水平提升。同时,政府对作为产业配套的居住区和商业区也进行了开发,并作了配套的医院和景观规划建设,通过这一系列的政府经营,该区域慢慢聚集了一定的人气。另外,由于高架和地铁的引入,该区域与主城区的交通成本大大降低,时间大量缩短,大大提高了当地工作人群的生活便利性。在这种情况下,开发公司迅速地启动了二期项目。

对该项目的整体情况作如下介绍:

园区的用地性质:一开始,园区的用地性质为工业用地,按照杭州对工业用地的管控要求,这就意味着园区的地上建筑无法进行产权的分割,也无法进行销售,只能全部持有。如此一来,园区整个六期的建设需要投入大量的资金,

图8-48　项目一期建筑布局

图8-49　项目一、二期建筑布局

而靠运营和出租的盈利需要一个长期的过程,无法迅速回笼资金。再加上一期建设的园区并没有按照预期得到产业发展,造成大量的土地闲置,产业发展滞后,即使开发公司实力强劲,也无法承受如此巨大的开发成本。

项目二期:项目二期的开发,借鉴了杭州一些比较成熟的产业园区建设模式。当时杭州的科技园区主要以"类独栋"、"类别墅"等小型办公楼作为物业销售的主要类型,在先期开发中销售来平衡资金;剩余的大部分土地建造整栋写字楼,作为酒店式公寓来再次回笼资金。通过这样两种手段平衡资金后。将剩余的土地开发办公楼用于自持,来维持园区的运营。该项目在借鉴了这些经验后,也在二期开发建设了同样的物业类型,即高层写字楼和类独栋(图8-49、图8-50)。但由于其用地性质还是工

图8-50 项目一、二期建成鸟瞰

业用地,所以,所有的物业都只能用于出租,在接下来的产业运营中,这些类独栋办公,并没有产生很好的经济效益,反而使用于运营的物业的调整灵活度不高,导致该项目二期的开发无论是效益上还是口碑上,依然没有得到很好的突破。

项目三期:于是,在2018年,开发公司着手开发三期的项目。由于开发公司在进行三期项目开发时,整个项目组进行了改组,所以整个团队在产业园区运营的理念和水平上都有了很大的提升。项目组首先围绕中心广场,对剩下的三、四、五、六期进行了统一的城市设计和产业落位,对整个园区的定位进行了深入的分析:将三、四期定位为自我开发;五期作为重点引入企业的总部,进行定制化设计;六期项目作为整个区域的商业中心,结合地铁站的出入口成为片区的活力中心。由此,一期到六期全部规划完成,在总建筑面积达到100万m²的整个园区,终于形成了一个完整的闭环状(图8-51),

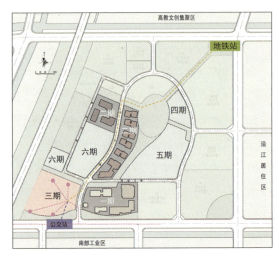

图8-51 项目三期开发思路

在该区域建立起了一个完整意义的多总部经济集合体。

笔者在方案设计阶段,对整体持有物业的比例进行了多方面的论述,以期从项目开发和方案设计等多方面给予业主最好的建议。首先,对三期的指标合理性进行论述,对2.0、2.5、3.0、3.5、4.0等不同的容积率下的产业园区建筑形态和物业类型配比进行强排和经济测算,经分析,我们推断容积率为3.5是开发强度和空间关系的最优状态(图8-52);然后根据用地面积和地下停车需求测算,得出地上18万m²,地下5万m²,总建筑面积23万m²的三期建筑形态。与此同时,开发公司与当地政府进行充分的沟通,政府对三期的要求是不希望建设成像一期和二期那样的独栋办公和类别墅办公,而是希望园区内建筑形态更完整,形成良好的城市形象,体现城市的意志(图8-53)。

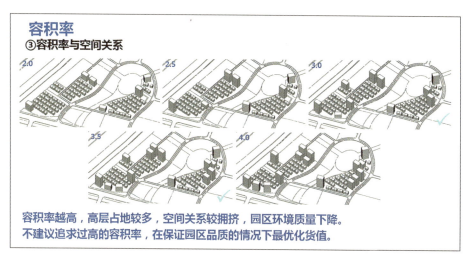

图8-52 不同容积率强排测算

图8-53 三期方案鸟瞰

项目三期的建筑设计与规划条件的关联度：从规划条件来说，项目三期的用地还是工业用地，所以整体23万m^2的建筑面积只有一张产权证，并没有可销售的物业。从资金覆盖的角度来说，项目三期在前期只有资金的投入，而没有销售的收入，但也正是因为这一点，业主可以更充分地考虑建筑的物业类型与未来的园区运营之间的关系。所以，在园区的整体设计中，产生了很多创新性的建筑物业类型（图8-54）。

对于整体的建筑设计方案，我们提出"聚"、"创"、"办"三个主题（图8-55）。

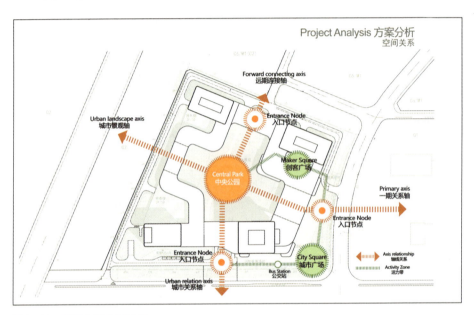

图8-54 项目三期空间关系

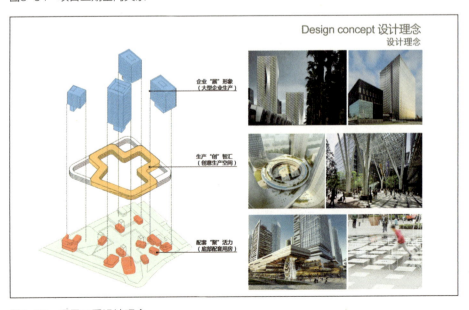

图8-55 项目三重设计理念

建筑的一、二层局部架空，作为园区整体的商业配套、办公楼的出入口、机动车的立体停车库，由此产生了机动车可以直接到达的商业裙房。另外，商业裙房与景观设计紧密结合，产生了大量供社交、交流、展示的活动空间。建筑的三层和四层，以空中连廊的形式将整个园区建筑连为一个整体，形成创新型办公空间，即"创"的部分。裙房上部坐落四座标准办公塔楼，主导整个园区的产业办公研发空间，以办公功能为主，配套功能为辅，形成园区的"办"的部分（图8-56）。园区的中心位置有近2万m^2的中心景观，作为人流聚集的场所；场所四周都有商业空间，形成很多外部的、自由的、可以供人交流的场所，形成园区"聚"的部分。建筑立面采用了层叠的形式来模仿杭州茶园的形态和文化意境，同时也作为花园城市的精神内核的外在体现，形成了绿色生态的产业园区（图8-57）。最后，在园区主要道路的交叉口设置了展示中心。通过以上四种手段，初步形成在规划条件允许下的物业类型最佳配比的产业园区。

图8-56　项目功能分析

该项目三期的案例，很好地诠释了在给定的规划条件下，如何通过产业园区开发商和运营商的共同努力，通过经济测算和对园区未来运营的详细规划，利用多总部经济集合体的概念来打造整个产业园区，为产业园区未来的长期运营、稳定盈利和产业发展打下良好的基础。

图8-57　项目裙房透视

（2）建筑设计对规划条件的逆向推论

在进行建筑设计之前，我国现有的大部分规划条件都无法具体体现城市空间是否适合于容纳城市活动以及是否满足经济运行规律。因此，我们往往在建筑设计结束后，需要对城市条件进行逆向推论，称之为"反向规划"或者叫"后置规划"。

城市条件与经济活动的矛盾主要体现在以下两个方面：一是规划的用地性质与园区运营需求的矛盾；二是规划预设的土地开发强度对建筑类型的限制以及与园区实际运营需求的矛盾。

以杭州市余杭区某产业园区为例（图8-58）。该产业园区位于余杭区良渚遗址附近，规模庞大，地上建筑面积达120万m^2。政府对其预期定位为承接杭州未来科技城的溢出产业，尤其在规划中的杭州高铁西站落位后，未来科技城及周边区域的进出交通变得更为便利，更加利于该区域的产业发展，该项目所在的区位变得尤为重要。结合片区规划及周边文化产业环境，本项目的难点在于如何在良渚世界文化遗址得到保护的同时，又能结合承接产业的需求，达到该区块最佳开发强度以及最优城市面貌，这需要在上位规划设置的规划条件和建筑组合关系之间寻找一个矛盾的平衡点。

1）规划条件与业主需求之间的矛盾

最初规划条件中，本项目用地为工业用地，容积率为1.5~2.0，且由于项目处于良渚遗址保护区附近，出于视线要求的考虑，将本项目的建筑高度限制在50~80m不

图8-58　项目鸟瞰效果图

等。从规划条件看来,政府是希望将本项目打造成符合文保要求的低容积率工业园区,但这与园区开发企业的需求不符。开发企业希望在这块巨大的用地上形成一个完整的有自己独立生态系统的产业园区,其主要内核和建筑形态类似于本文所论述的多总部经济集合体(图8-59)。这样的需求下,产业园区的容积率希望在3.5~4.0之间,且除了轻加工功能以外,还需要包含多样的配套建筑(图8-60)。另外,出于资金方面的考虑,业主希望能拿出一部分物业进行销售,来回笼资金。

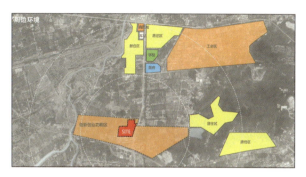

图8-59 项目周边现状

2)规划条件与产业发展之间的矛盾

政府预期是将本项目作为未来科技城溢出企业的承接单位,即在未来科技城孵化成长的企业,需要更多的空间来发展,这样的企业将作为本项目优先考虑的引进项目。此外,本项目还需要承接轻加工、生产等类型的难以进入未来科技城的企业(图8-61)。在这样的需求下,本项目需要涵盖企业发展全生命周期所需的办公产品以及酒店、公寓、会议中心、商业、餐饮等配套建筑,形成满足企业发展所需的所有物理空间的新型产业综合体,使未来科技城溢出企业能够真正留下来(图8-62)。而按照当前的工业用地性质以及1.5~2.0这样的低容积率,对建筑形态和体量限制很大,根本不能满足产业发展的需求。

经过政企双方的多次沟通,最终达成如下结果:

图8-60 项目用地指标

图8-61 定位为承接海创园溢出企业

图8-62 园区企业自成生态系统

图8-63 项目用地条件转变

图8-64 项目分三期滚动开发

图8-65 项目功能布局

（a）开发企业申请将本项目的工业用地转变成M0创新用地（图8-63），如此一来，本项目将有50%的物业面积为业主自持，另外50%的物业面积，当产业园的亩产税收满足政府要求时，可以进行销售，并且政府鼓励对产业园区采用EPC模式进行设计采购施工一体化开发，以提高效率，缩短工期。

（b）容积率由原来的1.5~2.0提高到3.5，地上建筑面积由70万m²增加到120万m²，由此增加了大量的园区办公面积，为产业园区的运营提供了便利的条件。在此基础上，允许业主进行分期开发，将整个园区分为三期进行滚动式开发，利于产业园区的自我平衡以及未来对物业类型进行调整，以适应未来不同的招商情况。

（c）在物业类型方面，允许园区15%的建筑面积作为配套使用。园区物业类型涵盖了五星级酒店、人才公寓、商业街以及会议会展中心等多种产业园区配套，而且这部分的物业配套也属于业主自持部分。同时对办公类型的物业也提出了相应的要求，要求办公按照最小面积400m²的单元进行划分，杜绝了完全独栋化的物业类型出现。园区建筑形态采用大开大合的总图设计原则，讲求整体园区的大气开敞，中心景观与公共配套建筑完美结合，有利于建筑形象的完整性以及人与人的交流（图8-66）。此外，对园区建筑也进行了未来不同使用状态的限定：一部分建筑作为总部办公使用，一部分作为高科技企业的轻加

图8-66 园区场地内部透视

图8-67 建筑高度调整

图8-68 园区下沉广场设计

工场所使用,这部分建筑的层高给予放宽,层高不超过8m的状态下,只需计算1.0倍的容积率。

(d)对园区的建筑限高重新界定。将原来50~80m不等的限高,放宽到100m(图8-67)。考虑到本项目还处于良渚文化遗址保护区内,因此,将建筑整体置入到城市规划中,利用景观分析和视线分析对园区建筑的高度进行再限定。这样的高度限定原则,极大地解放了本项目的建筑形态,彰显其形态昭示性,并且为园区预留出更多的景观空间和社交空间。

(e)经过双方讨论,规划局减少了对园区整体设计的限制,采取更多鼓励政策。最终设计在规划条件允许的情况下,加强园区建筑的空中联系,有利于满足园区不同层面的需求,包括内部人员交流使用的需求及园区内从办公快速到达各个服务配套设施的需求。此外,大量的灰空间有利于园区将来的运营(图8-68)。

图8-69 项目沿街透视

通过以上各个方面的讨论和让步,在规划和实际使用之间的磨合,最终,一座多总部经济的、基础的、综合的大型产业园区在杭州城西北部逐渐展开(图8-69)。经过这样一个案例,我们可以更加切实地感受到,产业园区的建设过程是政府诉求与业主诉求、规划与实际需求、城市形象与经济价值之间的磨合与妥协,最终形成一个对各方有利的新型产业园区。

(3)动态形式

建筑设计对城市规划条件的反向作用,主要影响以下几项内容:用地性质、容积率、建筑高度、建筑退界距离、配套设施的配置、建筑单体的层高等。

我们以杭州九乔板块的城市设计项目为例,来说明规划设计和产业园区的实际策划之中需要形成动态的交互过程。

杭州九乔创新板块,位于杭州市的城市东部,余杭区、江干区的交界处。九乔板块是杭州历史相对比较悠久的一块位于城市中央的用地。地块向东南方向可以直接到达杭州市核心区钱江新城二期扩容区块;向西则为江干区的核心区;向北为余杭临平新城高铁站。2000年前后,九乔板块被杭州市政府定义为自由贸易市场的溢出效应承接区块。当时,杭州市规划将原有的四季青服装市场、家具城、海鲜市场、农贸市场,都往九乔板块转移,将九乔板块打造成为杭州的主要商贸市场,但结果并不是很理想。主要有三个原因:一是杭州各城区的商贸市场不愿搬迁到九乔地块;二是现代商贸的交易已经基本脱离了原有的小商品交易市场的模式,电子商务对商贸交易模式冲击巨大,而九乔板块的交通优势又无法发挥,所以渐渐就变成了一个门庭冷落的自由市场；三是城市，尤其是主城区外围界面的不断延伸扩展使得九乔板块由原来的城市郊区逐渐变成了杭州主城区不可或缺的一块（图8-70）。

由此，杭州市政府决定对九乔板块重新定位，将九乔板块定位为城市创新创业中心，并于2018年以余杭区为主导区域，进行了首个启动区块的建筑设计招标，开始进行九乔板块作为城市创新创业用地的城市规划及建筑设计的探讨（图8-71）。启动区块由四个地块组成（图8-72），要求作为创新创业用地，进行整体的产业园区设计。中国联合工程有限公司作为中标单位，最终采用了EPC总承包的方式将项目从方案施工图到施工交钥匙一体化设计。

从产业园区的营建和与城市规划的互动等角度进行阐述，启动区块的设计主要包括以下几个内容：

1）规划条件的限制与产业园区的营建思考

九乔板块位于杭州市笕桥机场航空限高范围内，建筑最高不能超过50m。而地块的容积率高达3.5，建筑密度不能超过45%，这就意味着本地块的建筑在45%的用地面积满铺的情况下，若平均层高为4.2m，则建筑层数要达到9～11层，建筑体量庞大（图8-74）。

在这样的条件限制下，设计师提出"云端合院"的设计理念，将大体量建筑设计成9～10层的合院式矩形平面形式，四周及中庭都可以享受非常好的

图8-70 九乔板块区位优势

图8-71 九乔板块发展定位

图8-72 项目用地条件

图8-73 项目方案鸟瞰效果图

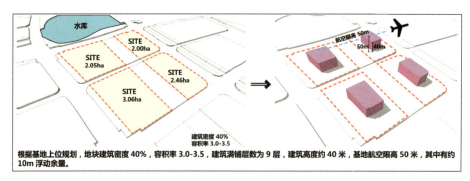

图8-74 项目体量换算

图8-75 高层为合院式办公

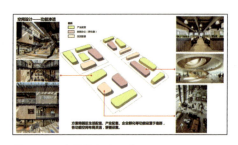

图8-76 底层为架空配套

图8-77 设计理念——渗透

采光,可满足现代办公建筑的需求(图8-75)。将建筑的底部两层分别作为商业配套和初创办公空间使用:商业配套位于一层,形成商业街形式的活跃展示面;初创办公位于二层,与商业形成完整的整体。底部三层架空,形成可供市民休憩、游览、穿越的城市空间(图8-76),形成"城市溪流穿越卵石"的趣味意象(图8-77)。底部的多元化空间及架空层配合主体"空中合院"的大体量办公建筑,使整个园区建筑形成漂浮感,减少大体量的压迫性,并与城市规划及产业发展完美结合。这样的园区设计,不仅完美消解了规划条件的限制,同时充分满足人的需求,作为创新创业板块的启动区,为引导区块发展创造了良好的条件。

2)城市规划条件与产业园区的运营需求之间的互动关系

本项目作为九乔创新创业板块的启动区,其产业的定位及招商的落位是整个项目的重中之重。

项目的建筑空间组合关系落定后,城市规划部门、城市管理部门、建筑设

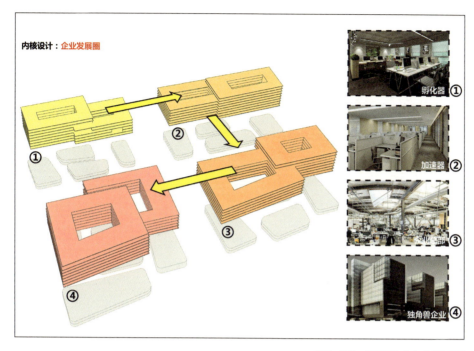

图8-78 项目形成企业发展圈

计部门及产业园区的运营商对整个项目的空间落位以及建筑形态是否有利于产业园的招商进行了深入的探讨，对将来要进驻的企业进行了重点划分，并且邀请了本区域的重点企业、独角兽企业以及初创企业召开深入的座谈会，进一步了解企业的需求，并对建筑方案与企业进行深入沟通，开创了一种模拟化的产业园区用房分配和招商的过程。最后对企业按照所处发展阶段的不同进行分类，使本项目的四个区块分别承载不同阶段的企业，分为孵化器产业园、独角兽产业园、总部企业产业园及总体的配套园区。用近55万m^2的建筑体量，来容纳和促进各类企业的产业发展和创新。

对四个区块的建筑平面划分、单元面积等都按照不同发展阶段的企业的不同需求进行了详细分析和设计（图8-79），甚至中央的25000m^2的城市公园的设计都在与国内外优秀案例的比较和参考下，进行了充分的探讨（图8-80）。只有经过这样的全方位、全周期的细致设计，才能真正建设成多总部经济集合体产业园区，才能真正发展产业，带动区块发展。最后，本项目的方案设计在落实了所有需求和问题后，上交到城市规划部门进行逆向城市规划设计，对不切实际的城市规划条件进行修正（图8-81）。

3）建筑设计促进产城融合

该项目作为启动区块的设计方案，获得了政府部门、城市规划部门以及入园企

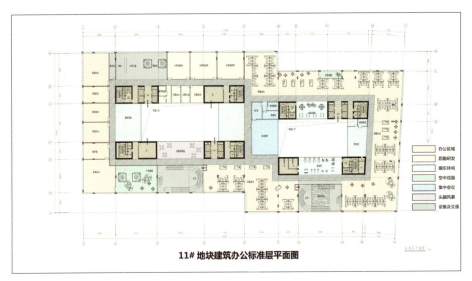

图8-79 项目标准层示意

图8-80 中央城市公园景观设计

业的一致认可,而这样的设计过程使得规划与产业的导入有了可定标、定性、定量的"三定原则",也使得政府部门对这样的产业园区开发建设过程有了深入认识,还在周边板块采用同样的方式,先进行产业园区的城市设计。此次城市招标的条件也很有趣,要求有两家城市规划单位与两家建筑设计单位共同参与竞标,并且有两

图8-81 方案对规划条件的逆向调整

个附加条件：一是无论城市规划单位还是建筑设计单位，都应由建筑设计负责人来牵头本项目设计；二是要求牵头的建筑设计负责人必须有一定的大型产业园区及产业区域规划的项目经验。对于以上两个条件的设计，我们可以清晰地看到，城市规划主管部门对于城市规划、产业规划及建筑空间的组合关系之间的关联性越来越重视，并且通过前期规划阶段和策划阶段的这种社会多主体、多方位、多角度的融合来促进产城融合。

以上从三个角度出发，讲述了九乔板块的产业园区整体规划、策划到建筑落位的全过程。从这个案例中，我们也可以发现多总部经济集合体中三个主要参与主体，即政府主体、开发主体、产业主体之间的关联与互动关系。政府及其相关部门需要对产业园区及其所在区域有一个清晰明确的定位，这是政府职责所在；产业园区的策划、开发到营建的全过程都要与政府部门进行充分的全面的沟通，需要三个主体的工作融合。而功效最大的工作是在策划阶段就对产业园的全生命周期的问题进行切实的全面考虑，为后面的工作打下良好的基础。此外，产业园的优质良好运行需要城市主管部门进行权利让渡，如此才能让规划更吻合产业园的实际需求。另外，建筑设计之后的逆向城市设计调整也是不可或缺的一个重要环节。

3. 要素二：建筑的最佳组合方式和高效集约的通用性是单体建筑的必备条件

建筑的组合方式与企业的经济产业活动是否契合是衡量一个产业园区是否成功

的一个重要标准，而建筑组合方式如何才能利于企业进行高效集约的经济产业活动，也是园区开发建设的关键问题。此外，由于产业园区内各经济体的活动具有不确定性，因此建筑的组合方式以及单体的空间形式都应以通用性为主要原则。

我们以杭州某企业新建的总部大楼项目为例，来论述建筑组合关系如何与企业的经济产业活动相契合。

该企业是目前中国股票交易等金融接口端的最大软件供应商，垄断市场80%以上的业务。2017年成立了云计算中心，后将云计算中心更名为云金融中心，在杭州滨江区的核心区域建立了自己的总部大楼。那么，这栋企业自建的200m超高层建筑如何与企业内部的经济活动以及组织关系相吻合，就是本项目的出发点和重点。

设计团队先对该企业作了深入的调研和了解，并进入企业内部亲自体验企业的日常组织关系和生产关系，然后从建筑设计的角度来进行分析与谋划。经研究后对该企业的组织架构得出以下结论：

（1）基本的企业架构及所需的物理空间

首先，该企业以软件设计为主要业务。特征是人员众多，人均占有办公面积较小，原有办公环境拥挤。企业除了董事会以外基本分成12个事业部，每个事业部的人员在300～400人不等，若以人均所需办公面积$10m^2$来计算，则意味着每个事业部需要$5000m^2$左右的办公净面积。

其次，该企业由于是软件设计企业，所以企业内部基本上以程序员为主，工作时间采取市场上流行的"996工作制"，工作日从上午到晚上基本都在公司工作、生活、交流。所以，在每个事业部，需求最多的空间是可用于招聘、培训、讨论、会晤等多种内容的多功能交流空间。而承载这一部分活动的物理空间还要与办公空间适当分离又紧密联系。

第三，该企业作为软件企业，其核心技术是机密要件。所以，在整栋大楼里如何有效隔绝内部员工与外来人员，如何有效布置智能化系统和安防系统以及如何有效地将员工的交流生活空间与主体办公空间相匹配，是本项目的设计重点。

第四，该企业作为一家直接面对市场的金融企业，其事业部有一定的恒定性，但是也有相当大的不确定性。所以，承载其企业活动的建筑物理空间不仅要能够满足当前事业部的面积需求，还要具备一定的通用性和可变性，便于日后企业的扩张或人员裁撤。

最后，作为一家杭州市重点扶持的科技型企业，政府让渡相当一部分利益，以相对较低的价格将土地出让给该企业，作为其总部使用；与此同时，政府希望企业的总部大楼能够为城市做出贡献。因此，政府对于整栋大楼立面及其对城市整体形象的塑造，有相当高的要求，并且希望该企业总部大楼能够充分体现出企业的标杆性和员工的自豪感。这是城市物理空间上的特殊要求。

（2）针对企业的特殊组织形式及独特生产方式的建筑总体布局

首先设置基本物理空间尺度。针对该企业的组织方式，设定总建筑高度为200m，共45层，每层的建筑面积约2000m²，这是与其200m的建筑高度相适应的（图8-82）。顶层设置为董事长办公层，其余12个事业部各占3层左右的建筑空间。如此一来，12个事业部就可以有效地安排在一栋建筑内部，并且都具有充足的使用面积。进一步考察企业的日常办公情况，发现90%以上的员工使用开敞的办公形式来组织软件开发。所以，我们在设计标准层平面时，将核心筒两端偏置，其余沿边的开敞空间用于组织办公，中间采光较弱的部分形成各种功能的研讨室等（图8-83）。这样的办公形式有利于软件设计研发工作的组织，同时能够充分满足企业的组织架构、基本面积要求以及各部门之间的沟通交流等活动。

其次，考虑到企业工作人员的现实情况，将企业的餐厅、运动、休闲、购物放置在建筑的裙房部分（图8-84），与不远处的地铁出入口进入主体建筑的路径相吻合，使员工在上班之前、下班之后，或者在工作期间都能够享受到便利的企业配套服务。餐厅的面积设置是基于总建筑面积，将全部人流分成三批就餐，按照人均2.5m²的面积进行设计，同时结合高科技企业的常规做法，引进2~3家餐饮供应商进行多样的、有竞争的餐饮配套服务。由于这些配套设施人流量非常大，所以主楼与裙房之间的联系异常紧密，企业职工不需要通过建筑的大堂进出配套设施，只

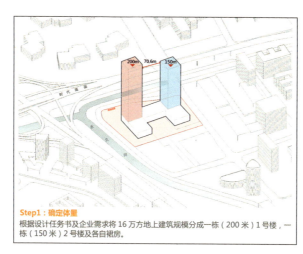

图8-82 项目体量生成

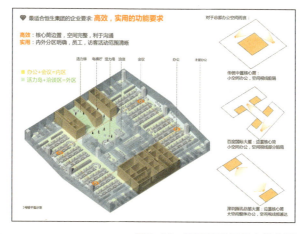

图8-83 项目标准层核心筒偏置

图8-84 裙房功能流线设计

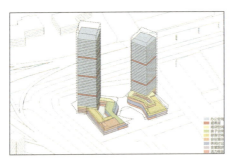

图8-85 主楼与裙房功能分布

图8-86 建筑标准层人员流线设计

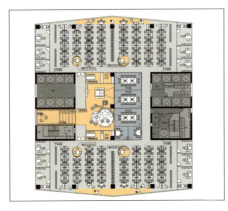

图8-87 标准层平面部分区域开放

需要通过裙房的各个层次，就可以到达配套的各个区域（图8-85），这样可以有效地保持企业大堂的安静与理性。

此外，考虑到该企业对其知识产权和技术的保密性，在整个建筑当中，设置多种设施将外部人员与内部人员隔离，将企业对外的会议、商业、招聘以及各部门混合的集训路线都用企业内部的安防门禁系统来隔离。例如企业的主要招聘空间，设置在一楼大堂与裙房相结合的交界处，这样，来该企业应聘的人员只要通过专门的应聘通道就可以到达面试区域，流线清晰，使企业内部尽量减少外部人员的出入；企业的文化展示、员工培训、会议中心等可以对外展示的区域，也设置裙房单独出入口；而塔楼标准层的电梯厅可以通向部分对外开放的会议室，外来人员可以进入这些会议室，但是不能进入办公区域（图8-86、图8-87）。

最后，针对企业内部发展和部门调整需求，我们在项目的超高层标准层设计中进行了"LINK空间"的创新设计（图8-88）。在两侧核心筒内设置了公共的垂直交流空间，此空间可以作为层与层之间、事业部内部之间的上下交通空间，也可以作为事业部内部图书馆、路演厅、休闲空间等。"LINK空间"与外部采光紧密结合，又与员工内部的上下通道紧密联系，形成一道美丽的风景线（图8-89）。通过这样的设计，可以有效地建立事业部内部多层的联系和交流，同时也为事业部调整打下了良好的基础。事实上，最后设计完成后，事业部的调整仅需要门禁系统的录入更换即可完成。

通过这个案例，我们可以看出建筑单体组合及单体内部的划分方式是可以依照企业的组织方式及企业特性来界定的。只有这样，产业园区才能更好地吻合企业的需求，并且做到内外有别，分小合大，才能更有利于企业的不断成长与内部的循环再生。

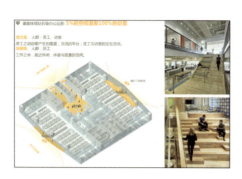

图8-88　标准层平面的LINK空间

三、建筑组合的不同分类及论述

1. 建筑群体的组合

建筑群体的组合关系是在总体设计之下，建筑与建筑的组合关系以及根据

图8-89　LINK空间效果示意

总体的规划要求进行了建筑组合与组团的布局关键形式。

1）常规建筑经典空间组合论

我国常规经典的建筑空间组合论，源自于彭一刚先生的《建筑空间组合论》一书，该书从空间组合的角度系统地阐述了建筑构图的基本原理及其应用。书中用辩证唯物主义的观点分析了建筑形式与内容对立统一的辩证关系；着重阐述了功能、结构对于空间组合的规定性与制约性；从美学的高度论证了形式美的客观规律，分别就内部空间、外部体形及群体组合处理等方面分析说明了形式美规律在建筑设计中的运用。

2）产业园建筑的"使用坪效性"理论

坪效，中国台湾经常拿来计算商场经营效益的指标，指的是每坪的面积可以产出多少营业额（营业额/专柜所占总坪数）。一般来说，O2O电商卖场比传统卖场坪效高出3～4倍，是大陆地区目前最通用的衡量商场经营效益的指标。

由于新型产业园集合体租售给企业部分的比例较之传统产业园有一定降低，因此更加需要提高每个企业所占面积的得房率，也就是提高其"坪效"。在现在的产业园建筑组合中，会更好地合理设置共享功能，且在单体中减少非必要空间的浪费。

3）产业园建筑的"企业性组合"理论

每个总部经济企业内部各功能需要根据不同企业类型设计其组合方式。虽然当代新兴产业如智能制造、医疗器械、电商、IT企业等不同行业的企业内部组合方式不尽相同，但是每个企业内部的微循环配套功能体系却有类似之处。可以设计出通用型产品配套给不同的企业，与其主体功能板块嵌套融合，组成其内容的生态循环系统。这就是"企业性组合"。

4）产业园建筑的"产业活动链"理论

新型产业园的企业集群，根据顶层设计的产业链配置，不同企业之间都有产业闭合的需求，且每个单独的企业都有生活闭合的需求，这些需求需要设计师在最开始的园区中统一规划和设置配比，以达到位置最优，配比最优，服务半径最优，土地集约最优等目的。这就是"产业活动链"理论。

2. 建筑功能的组合

对于大型的产业园区，内部功能分为几大板块：主要产业功能，公共服务功能，生活服务业功能，基础设施功能。在原始的地块规划中，各个部分的功能都有较为合理的面积区间。

苏州工业园区，从20世纪90年代初至今发展已经超过了20年，现在已经全面进入了转型提升阶段，是国内运营最为成功的主要园区之一。以其为例，主要产业功能包括：产业区域、科技区域、教育区域和休闲区域。这几个部分共同组成了产业核心组团，且功能配比在不同时期也是在不断变化中。

近年来，苏州工业园区发展模式遇到了资源瓶颈，按照现在的土地出让速度，园区的土地存量仅够维持3~4年，因此，园区也在积极寻求转型，转换产业核心，调整功能和资源配置，要将土地利用最大化。园区主动开始产业提升和转型。目前园区虽然引进了大量高新技术产业，但引进产业的生产环节仍主要集中在附加值少、技术含量低的装配阶段。随着区域交通条件的改善，外部竞争压力愈来愈大，这就要求园区尽快实现产业提升和转型。

从国内的其他几个主要城市来看，上海建立了18个创意产业集聚区，北京Design Resource Cooperation工业设计创意产业基地落户中关村科技园区德胜科技园。

从国际上看，美国加州经济的两大支柱产业：以硅谷为代表的高新技术产业，以好莱坞为代表的文化产业。近几年，尽管加州硅谷产业经济走势低迷，但是以好莱坞为代表的文化产业仍然表现出强劲的增长势头，在美国乃至整个世界的电影文化产业中最具影响力，成为加州经济增长的支柱。英国的创意工业增长速度比经

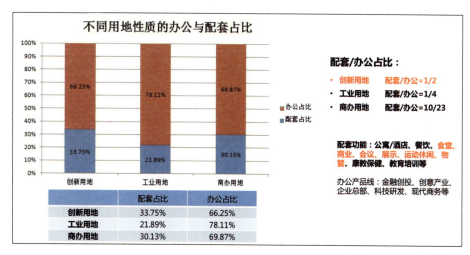

图8-90 不同用地性质的办公配套比

济增长快两倍,每年带来约600亿英镑的营业额和80亿英镑的出口额,占了世界创意工业贸易额的16%,为英国带来4%的经济贡献,聘用约150万人。英国Sheffield(Cultural Industry Quarter,CIQ)文化区的面积不大,但依靠"群聚效益"(Cluster),形成了相互聚合、渗透激活的"引爆效果"。

通过以上国际、国内案例可以看出,当代产业园区发展已经从工业为主转向了大力增加三产和相关配套。同时通过发展区域形态和意向,推动区域价值提升,从而带动了产业和房地产发展,产业体系的基本形成和配套的初步完善也促进了区域的房地产市场的繁荣。可以总结出以下几点:

(1)盘活存量——提高土地开发强度。
(2)集群产业——"加粗"和"拉长"产业链。
(3)综合功能——三产与二产并举。

笔者通过研究国际上知名产业园的功能组成和比例,同时对国内长三角发达地区50个成熟产业园进行大数据研究,总结出了以下功能配比规律(图8-90)。

3. 建筑空间的组合

当地新兴产业园,作为多总部经济集合体,产业之间有着非常紧密的联系,形成了产业链的闭合环,同时,新兴产业的从业人员也有着很大的变化。由研究数据可以看出,从业人员的年龄构成越来越小,这些年轻群体构成的主体对工作环境的需求非常多元化与扁平化,且创新行业从业人员对此方面的需求更高(图8-91)。

另一个角度来看,园区为了吸引高端企业,企业为了留住高级人才,会在园区环境和配套上做足功课,休闲购物、教育培训、会议展览、交流共享、餐饮娱乐、运动

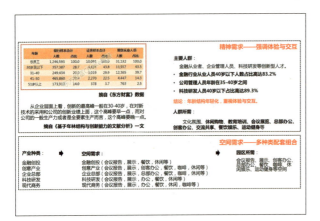

图8-91 园区人群及需求研究

健身等生活辅助配套,应有尽有。在调研出来的优质园区中,配套功能也有较好的配置比例,如图8-92、图8-93所示。当然,这些配置也可以在园区周边可及范围内设置,只要能够满足园区需求即可。

园区中的大配套和每个企业自身的配套都是有相当关联的。大的配套提供整个园区大的服务骨架,企业内部自身的配套,如小会议、头脑风暴、茶吧、创意交流区、企业内训区等,这些功能需求空间自成小循环,有些能够由园区总体调整搭配,有些必须在企业内部配置。大小两个循环系统互相补充,成为多层级的服务体系,形成了立体复合、多维嵌套的生态体系(图8-94)。

这样的循环嵌套体系,能够充分激发产业的创新和交流,在社区范畴上集聚创新创业的空间理论。同时在三维空间上打破了原有传统空间的二维交互方式,把空间引入竖向层级,同时将大循环和微循环重组并构,创造出的灵动空间和组合创意空间可以触发和激发人与人之间的交流共享以及各专业、各产业之间的交叉,以此带来未来世界更多的集合体的经济效益。

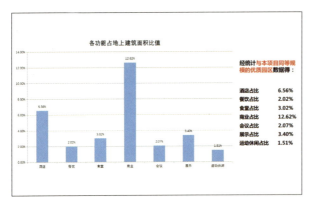

图8-92 各功能配比最优值

4. 多总部经济集合体的建筑空间组合总结

综上所述,未来多总部经济集合体中,功能配比要遵循二、三产结合,三产等创新产业不断增长的特性,产业功能、公共服务功能基本要满足接近2∶1的发展趋势,园区的各功能与企业内部生态

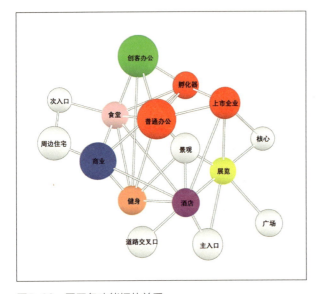

图8-93 园区各功能拓扑关系

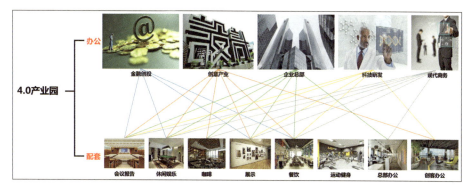

图8-94　办公与配套功能立体复合

循环是立体复合、多维嵌套的关系，配套服务功能要满足酒店、餐饮、商业、会议、展示、运动休闲等所有需求，企业内部的休闲、会议、展示作为小循环的配套，要在微观层面与园区配套相融合，整个园区形成产业圈、生活圈各自闭合且相互融合的关系，因此产生的建筑空间会在产业空间中搭配更多的创意、共享、交流空间，不仅在二维平面，也在三维空间上多层级渗透，融入产业空间，最终成为一体化的空间体系。

5. 基于大数据的计算机软件实现产业园区建筑空间自动生成

（1）背景

常规的产业园区规划布局中，设计师在初期根据容积率、建筑密度以及所需的不同建筑类型计算出合理的建筑数量，按照标准退让间距和经验，结合组团形态、道路形态等设计目标进行布局。基本达到目标后，再进行进一步的检验和深化，若不能满足规划条件的要求则需要返回重新进行调整布局。如此反复，直至布局能够在满足规划规范约束的同时又符合设计目标。人工布局准确性较高，但较高的重复性耗费了大量人力和时间。此外，人力的局限性导致了其产生的解之间较为类似，在丰富群体布置形式方面收效甚微。使用计算机来完成这一繁复的工作，节省了人力，同时可以生成多种布局形式供设计师选择。

（2）原理

1）算法的选择

遗传算法（Genetic Algorithms，简称GA）是一种基于达尔文的生物进化论（优胜劣汰、适者生存）的适者生存原理的自适应全局优化概率搜索算法。它模拟生物进化的步骤，将繁殖、杂交、变异、竞争和选择等概念引入到算法中，通过维持一组可行解及对可行解的重新组合[①]，改进可行解在多维空间内的移动

---

① 李爱军，崔雁松，王晓星. 遗传算法的改进及其验证 [J]. 高等职业教育（天津职业大学学报），2012, 21（01）: 85-87.

轨迹或趋向，最终走向最优解。基于遗传算法寻优的过程非常适于解决产业园的规划布局问题。产业园的规划布局过程可以转化成产业园内单体建筑（例如办公楼、孵化器、公寓等）、建筑组团、道路、绿地等各种要素寻找能够满足各种约束条件的布局的过程。从本质上看，就是寻找符合所设定条件的多种要素分布的最优解问题。

2）计算机运算平台的选择

Galapagos是David Rutten构建的一个供设计者（非程序人员）在设计中使用优化算法逻辑来处理更广泛问题的平台，简单易操作，具有很好的变通性和交互性。它对待需要解决的问题并没有特定的限制，设计者只需要设定好自变量和因变量并将它们准确地接入电池，理论上都可以求解。使用Galapagos进行运算，其每一步迭代都是正向的，后一个生成的运算结果较前一个都有所改进，因此，即使运算失败，陷入局部最优解，该值相对于初始解来说也是一个可供参考以及继续深化的答案。

3）模型建立

（a）满足初始条件，如沿街排布高层建筑等。

（b）加入给定的多重不同类型的单体模型，具体类型及尺寸由甲方指定，实现了以参数输入和CAD导入两种方式建立模型：一是通过CAD导入或Rhino绘制的方式，将建筑单体输入到模型中；二是采用VB.NET编程的方式，通过输入相关参数，生成建筑模型。

4）优化条件设置

（a）地界的约束

保持建筑单体的运动在一定的用地范围内自主进行。用地界限区分了用地和非用地范围，决定了建筑单体平面中心点坐标值的区间。在遗传算法寻优过程中，设定一个"识别"用地范围的机制，用以检验建筑单体是否在用地范围内运动以及约束建筑单体的移动使其具备向用地范围内运动的趋势。

（b）建筑间距的约束

将建筑间距分为南北向间距和东西向间距，同类建筑在东西方向上有拼接的可能。针对不能进行拼接的部分，可以将每一个建筑的间距设想为一个区域，而这个区域禁止其他的建筑单体进入。针对可以拼接的部分，则是需要判断拼接的两个建筑之间是否间距为零，为零时表示建筑满足了拼接的要求。反之，建筑需要彻底分开或者达到符合要求的拼接。

（c）建筑组团的约束

将同类型功能单一的建筑聚集形成组团。通过控制建筑群体围合成的面积大小，来控制建筑的集聚程度。

（3）过程和结果

1）加入南北向间距约束形成的结果（图8-95）。

2）加入东西向间距约束形成的结果（图8-96、图8-97）。

3）同类建筑在东西向可以贴靠形成的结果（图8-98、图8-99）。

4）加入集中式组团调节约束形成的结果（图8-100、图8-101）。

图8-95　加入南北向间距约束条件

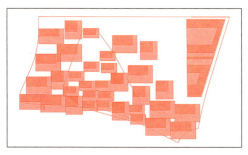

图8-96　加入东西向间距约束条件

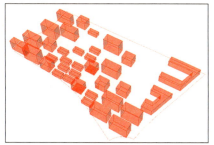

图8-97　加入东西向间距约束条件布局轴测图

图8-98　同类建筑东西向贴靠

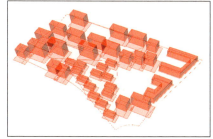

图8-99　同类建筑东西向贴靠轴测图

图8-100　集中式组团约束

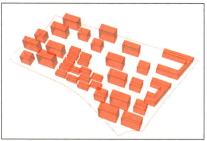

图8-101　集中式组团约束轴测图

（4）预期功能

1）可以根据当地的规范，如退界条件等，将不同类型的建筑单体（如孵化器、平层办公、小独栋、公寓、会议办公、商业等）在给定的建筑地块上进行自动排布。

2）建筑的高度可以控制。建筑的朝向会受到场地周边条件、道路形态以及景观的影响。

3）根据人为设定的条件，建筑能够在地形上找到最适合分布的位置。

4）根据给定的出售自持率（如50%出售、50%自持），自动划分出售区域（一般独栋、平层办公、公寓等可售），调整功能布局；可以根据给定的功能配比，调整布局；在给定容积率下，调整功能配比，形成不同建筑布局形态，提供多方案比选。

5）数据输出与联动控制：每一版建筑布局的指标数据均可输出（如输出成为EXCEL表格），并可与造价等指标表格联动。

四、多总部经济集合体的单体建筑不同的表现形式

1. 多总部经济集合体的单体的设计原则

（1）建筑内核部分的设计与企业需求吻合。

（2）建筑讲求内外一体，外表皮是建筑设计与科技的统一体。

（3）建筑合理地运用人工智能和绿色节能。

2. 多总部经济集合体的单体基本单元类型及经济技术指标

随着经济不断发展，产业园更新迭代，产业经济的空间载体丰富多样。从空间形态出发，大致可以分成独栋（花园式办公）、平层办公、轻加工空间几种。

（1）独栋设计

1）独栋属性

独栋办公有别于高层办公，更强调办公空间与自然空间的融合，人与自然的互动，达到一种花园式办公模式（图8-102），有效地激发办公人员的创造能力，提升办公效率（图8-103）。

独栋灵活性较高，空间多样、可变，可产生较多的附加值。具有独立的挑空门厅、入户花园、独立的电梯以及电梯厅、企业展厅、花园式车库等，形成有天有地的归属感（图8-104）。

由于独栋的灵活性，所以适应对象较广，企业类型较多。适合产业类型：生物制药、人工智能、IT、软件外包等（图8-105）。

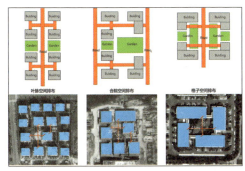

图8-102　独栋花园式布局研究

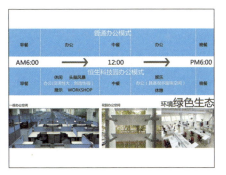

图8-103　企业办公模式研究

图8-104　独栋办公模型示意

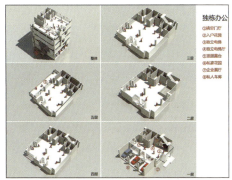

图8-105　独栋办公各层拆解轴测

开发属性：独栋产品多以销售为主。

独栋类型：包括独栋、双拼、三拼、叠拼、联拼（卧倒）等形式。独栋类型多样，形体可塑性强，占地面积较大，容积率较低，开发强度较低。

独栋面积的分配：包括600m^2双拼、800m^2双拼、1000m^2双拼、1200m^2双拼、1000m^2独栋、1200m^2独栋、1500m^2独栋等多种面积段。

平面空间属性：核心筒常规布置方式：靠边、靠角，双拼楼梯公用，节省空间。车位配置：车位私有化等。

2）溢价方式

（a）物理属性

园区溢价：花园式办公，利用建筑进行组合布局形成园区的秩序感，形成多重礼仪空间，从大景观到组团景观到入户景观，步移景异，享受不一样的空间体验。

a）赠送夹层：利用首层入户门厅的挑高以及室内外的高差来赠送夹层面积，增加有效的使用空间，同时创造更多的互动空间。

b）赠送入户花园：结合入户庭前空间，将绿色花园概念引入整体设计中。

c）私家花园：将园区的景观区域化，形成独家独院的后庭院，作为独栋的户外空间。

d）顶层露台：独栋顶层设计露台，增加阳光空间，提升品质，增加人与自然的互动。

（b）心理属性

包括归属性、秩序性、优越性等。

（c）软性属性

作为总部产业经济集群，企业之间的相互作用，会带动相关企业总部的入驻：

a）景观资源：园区的景观可以提升办公的品质。

b）物业配套：物业管理可以保障园区的品质。

c）生活配套综合服务：新型总部经济园区不单是办公场所，更是生活、交流的场所。完善的配套功能能够支撑园区的运营，包括餐饮配套、住宿配套、办公会议配套、学术交流、产品展厅等。

3）独栋的发展趋势（总部经济）

产业经济园经过几十年的发展，进入总部经济集合体时代，花园式办公也随着发展演变形成了自己的特色。

独栋2.0版本特点：宽景，办公空间具有整体性，服务与被服务空间分离。

双拼2.0版本特点：核心筒采光，服务与被服务空间分离，庭院有效利用（图8-106～图8-109）。

叠拼：入户花园，独立门厅，独立电梯，独立电梯厅；下叠户优势：企业展厅；上叠户优势：顶层露台（图8-110）。

（2）2.0平层产品

多为高层建筑，主要分为点式塔楼以及板式板楼。平层办公以传统办公为原型

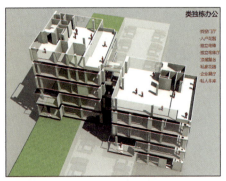

图8-106 类独栋办公模型示意

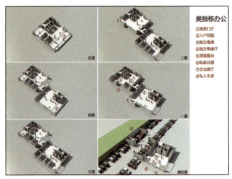

图8-107 类独栋办公各层拆解轴测

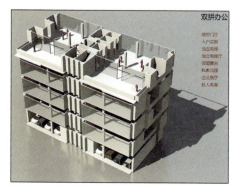
图8-108 双拼办公模型示意

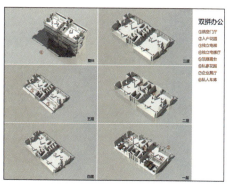
图8-109 双拼办公各层拆解

图8-110 叠拼办公示意

不断发展。由于总部经济集合体的出现,对平层产品的探求也越来越多,对平层的舒适度、得房率、经济性等都提出了更高的要求。

1)开发属性

平层产品分割比较自由,单体面积比较大,划分单元较多,单套面积划分为 80~1500m² 不等,根据需求变化,是一种比较出容积率的产品。

2)平层属性

高效性以及经济性,强调的是办公空间的高效利用,适合不同规模的企业。产业园中最常见的是孵化器产品。孵化器产品特点:密集型办公场所,公共空间较少,众创空间、WeWork更加强调资源的高效利用。

3）平面布置研究

平面布置研究主要包括以下几部分：

核心筒布置原则研究，核心筒内容分解量化（包括防火分区、电梯数量、卫生间数量、楼梯数量等内容），平面大小与得房率的探究，平面大小与舒适度的探究。

从纵向和横向对案例的标准层使用效率进行了比较，纵向是按照建筑高度进行比较，横向是对同样建筑高度的案例进行比较，探讨电梯服务面积对标准层使用效率的影响。本文所指的使用效率=办公使用毛面积/标准层建筑面积。

说明：标准层使用效率=（办公部分面积+走廊面积）/标准层面积

高层写字楼平面规模、层数和高度对标准层平面设计的影响也是比较明显的。建筑层数越多，容纳的人员数目越大，要求标准层平面相应设置的垂直交通体和服务空间亦越多。这样就引发一个问题：以多大的标准层面积去与垂直体及服务空间所占面积相匹配？也就是标准层要多大规模合适？由于这一问题涉及面广，所以较难回答。首先，它涉及不同使用功能、不同规模限定、不同结构方式和办公室布局方式的影响，还涉及具有相同功能内容而有不同层数的建筑规模限度的确定，同时还与城市规划、景观、建筑场地等要求有关，若再加上实际工程中的经济约束、甲方和管理部门的各种要求，很难得到一个综合评判标准层平面规模的标准。[1]为研究问题的简单化，本文设定两个基本模型：第一个模型控制总建筑面积，高度与标准层大小会有不同的组合，从而进行对比；第二个模型控制建筑高度，总建筑面积与标准层大小会有不同的组合，从而进行对比。主要从结构跨度、办公进深、得房率、净高等方面进行研究，寻找线性或者定性的关系。第一个模型主要基于容积率、用地面积一定，整体的开发量是已知的。第二个模型主要基于限高明确，容积率可以上下浮动的情况，该情况主要用于开发商的前期策划、经济测算阶段。

高层办公建筑标准层得房率至少取决于以下几个因素：一是标准层核体面积大小（含电梯、楼梯的数量和容量以及管井和结构面积等）应有一个科学合理的比例，盲目地压缩这部分面积，虽然表面上平面实用率提高，但是降低了核体交通、疏散和设备系统、卫生设施的服务标准，这种做法是不足取的。二是有效使用平面的空度尺度（开间、进深）的合理性。另外，得房率还将受到平面划分方式（即户型）的影响。[2]

---

[1] 李珣聪. 高层办公楼标准层平面规模与经济指标 [J]. 南方建筑，2006（10）：17-19.
[2] 刘静. 浅谈高层商住综合建筑标准层设计 [J]. 中小企业管理与科技（下旬刊），2011（04）：225-226.

4）核心筒设计标准

（a）电梯配置指标

《办公建筑设计规范》4.1.4规定：电梯数量应满足使用要求，按办公建筑面积每5000m²至少设置一台。但是随着经济的发展，企业对空间的要求提高，电梯参数设置可以参照表8-1。

办公建筑常用电梯参数　　　　表8-1

建筑类别标准经济级		数量			
		经济级	常用级	舒适级	豪华级
办公	按建筑面积	6000m²/台	5000m²/台	4000m²/台	2000m²/台
	按办公有效使用面积	3000m²/台	2500m²/台	2000m²/台	1000m²/台
	按人数	350人/台	300人/台	250人/台	250人/台

《建筑设计防火规范》7.3.2规定：消防电梯分别设置在不同防火分区内，且每个防火分区不应少于1台。平均候梯时间不超过40s。电梯每5分钟运载能力在11%~15%之间。

（b）楼梯配置指标

高层写字楼建筑耐火等级一般为一、二级，层数为10~30层，不符合设置一部疏散楼梯的条件。因此，高层写字楼每个防火分区至少设置两部疏散楼梯。

（c）卫生间配置指标

高层建筑内人数计算标准：根据我国办公楼建设标准和有关资料分析，一般可按每人有效净面积指标8~12m²/人计算。由此可得出，核心筒内卫生间设置，男、女应各有至少两个厕位。可以每层设置在同一位置，也可利用高低区的闲置候梯厅或者低区电梯在高区部分的闲置空间布置。

（d）核心筒与得房率的探究

通过上面小节的一系列分析，确定几个参数指标：

a）建筑形式：通过统计分析，点式中心筒高层写字楼是最典型的代表，故本次研究采用点式塔楼，核心筒采用中置模式。

b）建筑高度：随着技术经济的发展，建筑的高度一度被刷新，为了研究的可比性，建筑高度控制在100m以内。

c）标准层面积：通过对全国写字楼平面的抽样研究，得出现主流面积为1000~2000m²，标准层面积分别取1200m²、1500m²、1800m²和2000m²四个模数。

d）竖向交通：由于建筑高度规定小于100m，因此研究不考虑垂直分区。

e）建筑体量：根据高度以及标准层面积4种模式可以得出建筑体量为25000～40000m²。

5）平层原型研究

确定以上参数，笔者最终以两个典型研究原型来展开。原型一：建筑面积25000m²，确定建筑总体量，随着标准面积的不同，建筑的高度、柱跨、进深、舒适度等也不同。原型二：建筑层数24层，高度小于100m，根据标准层4个模数，会形成不同的建筑体量，从而会影响核心筒布局。文中主要讨论标准层面积、建筑高度、墙筒尺寸（墙筒尺寸指从外幕墙到核心筒最外侧墙边的距离）及户型与得房率的线性关系。由于原型一和原型二采用相同的标准层面积模数，其墙筒尺寸和户型对得房率的影响具有相似性，因此仅以原型一为代表进行分析。原型二仅用于同建筑高度条件下，标准层面积与得房率的线性关系分析。具体研究原型参数如表8-2所示。

研究原型参数　　　　　　　　　　　　表8-2

模型示意	设定原型一	基本参数
	①总建筑面积：25000m² ②点式塔楼 ③≤100m ④不考虑垂直分区 ⑤标准层面积：1200m²、1500m²、1800m²、2000m² 四个模数	电梯数量： 25000m²/5000+1（消防）=6台 卫生间数量： 1200m²——男2、女2 1500m²——男2、女3 1800m²——男3、女4 2000m²——男3、女5 柱网：9～11m
模型示意	设定原型二	基本参数
	①建筑高度：24F ②点式塔楼 ③≤100m ④不考虑垂直分区 ⑤标准层面积：1200m²、1500m²、1800m²、2000m² 四个模数	电梯数量： 1200×24/5000+1（消防）=7台 1500×24/5000+1（消防）=8台 1800×24/5000+1（消防）=10台 2000×24/5000+1（消防）=11台 卫生间数量： 1200m²——男2、女2 1500m²——男2、女3 1800m²——男3、女4 2000m²——男3、女5 柱网：9～11m

(a) 原型一线性分析

为了排除标准层户型对得房率的影响,笔者在设定原型的基础上,假定平面户型均为一梯十四户,分别计算1200m²、1500m²、1800m²、2000m²四个平面模型得房率,并对所得结果进行对比分析(表8-4),得出标准层面积与得房率的线性关系。详细的原型一的四个标准层模式参数如表8-3所示。

原型一的四个标准层模式参数 表8-3

序号	体量模型	平面模型	基本参数
1			① 1200m² × 21F ② 柱网:9m×11m ③ 层高4m,净高2.7m(梁800mm,管线300mm,吊顶100mm) ④ 外墙到筒边距离:11m ⑤ 走道净宽:1.8m ⑥ 电梯厅净宽:3.2m
2			① 1500m² × 17F ② 柱网:6.9m×7.8m ③ 层高4m,净高3m (梁600mm,管线300mm,吊顶100mm) ④ 外墙到筒边距离:13m ⑤ 走道净宽:1.8m ⑥ 电梯厅净宽:3.2m
3			① 1800m² × 14F ② 柱网:8.4m ③ 层高4m,净2.9m(梁700mm,管线300mm,吊顶100mm) ④ 外墙到筒边距离:15.8m ⑤ 走道净宽:1.8m ⑥ 电梯厅净宽:3.2m
4			① 2000m² × 13F ② 柱网:9m × 11m ③ 层高4m 净高2.7m(梁900mm,管线300mm,吊顶100mm) ④ 外墙到筒边距离:16.5m ⑤ 走道净宽:1.8m ⑥ 电梯厅净宽:3.2m

原型一的四个平面模型得房率对比分析　　　　　　　表8-4

序号	户型	标准层面积	公摊面积	得房率
1	一梯十四户	1240m²	336m²	72%
2		1488m²	346m²	77%
3		1822m²	365m²	80%
4		1995m²	377m²	81.4%

从标准层面积与得房率的线性关系图中（图8-111），可以明显看出，总建筑面积、户型保持不变的情况下，得房率会随着办公标准层平面面积的增大而升高。因此，在相同情况下，标准层面积越大，得房率越高，随着标注层面积的不断增大，得房率提高的趋势放缓。

从图表分析（图8-112）中发现：进深越大，分隔组合的可能性越多，灵活性越大。反之，进深越小，空间划分的可能性也越少，灵活性降低；进深越大，每层的办公面积越大，建筑的使用效率越高；进深越小，建筑交通面积和公共空间面积所占的比例会相对增大，使得建筑使用效率降低；进深越大，房间内区的面积越大，办公室内区距离外窗较远，空气流动性差，品质得不到保障，无法利用自然采光，使内区的办公环境较差，反之，小进深能够提高办公空间的整体品质；进深越大，外柱到内筒的跨度越大，框架梁的高度越大，在同样层高条件下的室内净高越小。进深增大，一方面可以提高得房率，而另外一方面将是降低写字楼的品质。

由图8-113可以看出，舒适度会随着标准层面积的增加而不停地降低，主要由于标准层面积过大，内部的采光、通风效果不佳，从而影响舒适度。

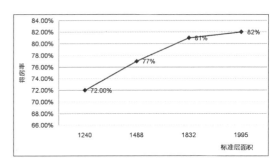

图8-111　原型一的标准层面积与得房率关系图

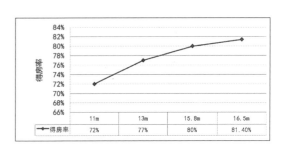

图8-112　进深与得房率关系图

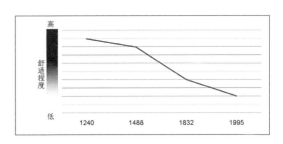

图8-113　原型一标准层面积与舒适度关系图

（b）原型二线性分析

假定建筑层数为24层，分别计算1200m²、1500m²、1800m²、2000m²四个平面模型得房率，并对所得结果进行对比分析（表8-6）。详细的原型二的四个标准层模式参数如表8-5所示。

原型二的四个标准层模式参数　　　　　表8-5

序号	体量模型	平面模型	基本参数
1			① 1200m² × 24F ② 柱网：9m×11m ③ 层高4m，净高2.7m（梁800mm，管线300mm，吊顶100mm） ④ 外墙到筒边距离：11m ⑤ 走道净宽：1.8m ⑥ 电梯厅净宽：3.2m
2			① 1500m² × 24F ② 柱网：6.9m×7.8m ③ 层高4m，净高3m（梁600mm，管线300mm，吊顶100mm） ④ 外墙到筒边距离：13m ⑤ 走道净宽：1.8m ⑥ 电梯厅净宽：3.2m
3			① 1800m² × 24F ② 柱网：8.4m ③ 高4m，净2.9m（梁700mm，管线300mm，吊顶100mm） ④ 外墙到筒边距离：15.8m ⑤ 走道净宽：1.8m ⑥ 电梯厅净宽：3.2m
4			① 2000m² × 24F ② 柱网：9m×11m ③ 层高4m，净高2.7m（梁900mm，管线300mm，吊顶100mm） ④ 外墙到筒边距离：16.5m ⑤ 走道净宽：1.8m ⑥ 电梯厅净宽：3.2m

原型二的四个平面模型得房率对比分析　　　　表8-6

序号	户型	标准层面积	公摊面积	得房率
1	一梯十四户	1240m²	336m²	72%
2		1488m²	346m²	76%
3		1822m²	413m²	77%
4		1995m²	440m²	78%

从标准层面积与得房率的线性关系图中（图8-114）可以明显看出，建筑高度保持不变的情况下，得房率会随着办公标准层平面面积的增大而升高，但趋势较平缓。

墙筒尺寸与得房率关系　　　　表8-7

序号	户型	墙筒尺寸	公摊面积	得房率
1	一梯十四户	11m	336m²	72%
2		13m	346m²	77%
3		15.8m	365m²	80%
4		16.5m	377m²	81.4%

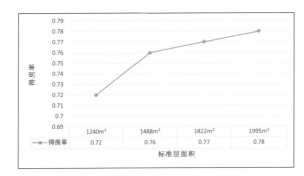

图8-114　标准层面积与得房率关系

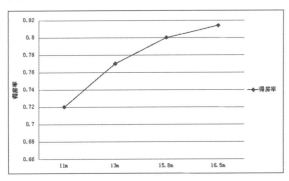

图8-115　墙筒尺寸与得房率线性关系图

从墙筒尺寸与得房率的关系表（表8-7）及线性关系图（图8-115）中可以明显看出，总建筑面积、户型保持不变的情况下，得出的结论与原型一的结论基本一致。

从图8-116中可以看出，舒适度的情况与原型一的结论基本一致。

（c）建筑高度与得房率

a）同一建筑

为了排除标准层户型对得房率的影响，笔者在设定原型的基础上，假定平面户型均为一梯八户，单层

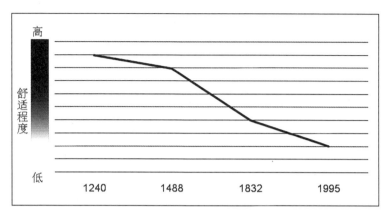

图8-116　原型二标准层面积与舒适度的关系

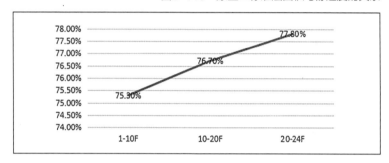

图8-117　同一建筑不同高度得房率比较分析

层高为4.0m，分别计算1～10层，10～20层，20～25层标准层的得房率，并对所得结果进行对比分析（表8-8），得出同一建筑内建筑高度与得房率的线性关系（图8-117）。

同一建筑不同高度得房率比较数据　　　　表8-8

层数	高度	标准层面积	公摊面积	得房率
1～10	40m		367m^2	75.3%
10～20	80m	1488m^2	346m^2	76.7%
20～24	96m		329m^2	77.8%

随着建筑高度增加，标准层建筑面积没有减小太多的情况下，标准层使用效率增加。核心筒不是从下到上一成不变的，随着建筑高度增加，核心筒会出现以下几个变化：①随电梯分区变化，基于电梯分区的原因，随高度增加，电梯井道减少，让出来的部分可以作为办公面积使用，提高得房率。②随高度增加，荷载减小，核心筒的剪力墙侧壁减薄，提高得房率。在建筑高度100m以内的楼内，得房率变化不大，超高层的得房率变化会显得更加明显。

b）不同建筑

为了排除建筑面积、户型对得房率的影响，笔者在设定原型的基础上，假定户型均为每层八户，分别计算建筑高度为84m（21层）、68m（17层）、56m（14层）、52m（13层）的建筑的标准层得房率，并对所得结果进行对比分析（表8-9），得出不同建筑内建筑高度与得房率的线性关系。

同一建筑面积不同高度得房率比较数据 表8-9

层数	高度	标准层面积	核心筒面积	得房率
21	84m	1240m²	346	72%
17	68m	1488m²	346	77%
14	56m	1822m²	365	80%
13	52m	1955m²	377	81.4%

从建筑高度与得房率的线性关系图中（图8-118）可以明显看出：

• 同一建筑中，在标准层面积、户型排布方式不变的情况下，随着建筑高度增加，得房率逐渐增加；

• 不同建筑中，在总建筑面积、户型不变的情况下，随着建筑高度增加，得房率逐渐降低。

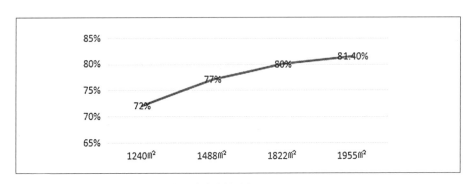

图8-118 同一建筑面积不同高度得房率比较分析

（d）户型与得房率

写字楼的户型，即同层所分隔的户数，也是影响写字楼得房率的因素之一。笔者通过设定一个固定标准层平面，对其进行户数分隔，分成5个基本的常见写字楼户型平面模式（图8-119）。在写字楼标准层面积不变，核心筒面积亦不变的情况下，同层户数分隔越多，其公摊面积就越大，得房率就会越低（表8-10、图8-120）。

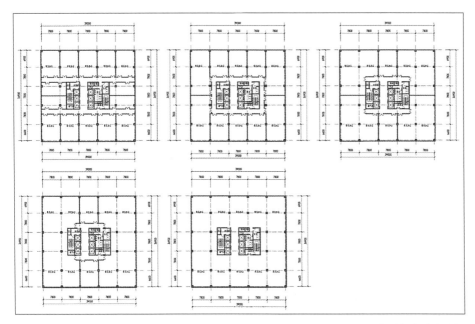

图8-119 户型与得房率分析

户数与得房率数据统计　　　　　　　表8-10

编号	户数	标准层面积	公摊面积	得房率
1	1户	1488m²	204m²	86%
2	4户		245m²	84%
3	6户		263m²	82%
4	10户		323m²	78%
5	14户		346m²	77%

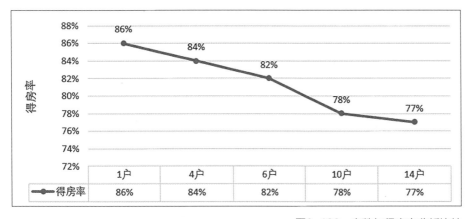

图8-120 户数与得房率分析比较

(e)溢价方式

随着人们对办公空间的品质要求不断提升,高层空间的变化也越来越多。目前高层中最具代表性的创新产品为空中叠墅办公、共享空中花园式、无柱宽景办公。空中叠墅产品的主要目的是将独栋产品的一些属性赋予到高层中去。

目前,市场上写字楼类型繁多,高层写字楼能做的类型有限,主要有以下几种产品:平层大开间办公、孵化器型小办公、SOHO办公、LOFT办公、空中叠加办公、企业公馆、定制办公、半幢或者独幢办公。

在空间处理手法上主要有以下几种:

a)办公空间:无柱空间,在设计中强调办公空间的连续性,空间通透,相互之间无柱子遮挡,空间显得更加开敞、明亮,有助于减轻员工心理压力,员工之间沟通不受空间限制,方便有效。

b)空中花园:在空中形成两层或者三层一挑空的通高空间,同时结合空中绿化打造空中花园概念,作为企业的创意研发空间,作为员工的休憩交流空间。同时,方便上下层员工的联系,打通上下层空间关系。空中花园往往与电梯厅结合在一起,为电梯厅提供自然采光的条件。

c)通高中庭:建筑标准层过大,建筑进深过深,会形成一定比例的黑房间,此时往往在建筑内部设计通高中庭,一方面增加了建筑的周长,增加建筑的有效采光面,另外一方面,中庭也为室内带来二次采光。同时,每层结合中庭布置企业的会议、座谈、交流空间,从而有效地形成创意、放松、商务等各种氛围。

d)屋顶花园:建筑的屋顶除掉设备利用空间,剩下的空间可以结合绿化、休憩空间进行室外景观设计,甚而可以形成室外的咖啡吧等轻餐饮。

(f)造价分析:材料

在建筑面积不变的情况下,建筑层高的增加会引起各项费用的增加:墙与隔墙及其相关粉刷、装饰费用的提高;楼梯间造价和电梯设备费用的增加;卫生设备、上下水管道长度增加;制冷空间体积增加等。如果建筑层高的增加导致建筑物总高度增加很多,还可能增加基础造价。

当建筑物层高由3.5m增加到3.6m时,柱、梁、板等主要结构部件中梁的造价受到的影响最大,每立方米增加37元,涨幅达到3.65%;影响最小的是板,每立方米增加20元,其涨幅亦达到2%。层高每增加10cm,柱、梁、板造价平均增加2%~3%。

(g)柱网经济性布置

目前,写字楼结构形式以框架结构为主,其基本结构柱网尺寸的确定取决于以下三方面因素:

a）办公空间功能要求

由于框架结构每一跨常常分成两个小开间，柱网尺寸也就取决于合适的小开间尺寸。写字楼比较合适的开间尺寸一般为3.6~4.5m，结合地库停车需求，一般框架结构基本柱网尺寸以8.4~9.0m为宜。

b）停车要求

结构柱网的选择应当充分考虑到地下车库的需要，经笔者统计，普通轿车的宽度都在1800mm以下，长度在4500mm以下，宽度超过1800mm的都是高档车，车长达到4800mm。因此，计算停车柱网尺寸时，车宽取1800mm。下面列举根据规范需要的柱网尺寸。根据消防规范规定，柱网间距=车柱间距300mm×2+车宽1800mm×3+车间距500mm×2=7000mm，根据汽车库规范规定，车间距变为600mm，则柱网间距为7200mm。柱子尺寸根据建筑高度变化，一般在500~1000mm 之间，那么，根据一个柱网停三辆车的要求，柱网尺寸为7700~8200mm之间。

c）经济要求

柱网增大意味着梁的增高，势必占用更多的空间高度。按梁高为柱网跨度的 1/10 计算，8m柱网，梁高为0.8m，9m的柱网，梁高为0.9m，10m柱网的梁高就会达到1m。在层高一定的前提下，梁高增大意味着净高减小。对于一般写字楼，梁过高的结构形式是不经济的，柱网尺寸最好不超过12m。这样的结构体系比较合理，经济性也较好。

（3）居住配套

产城融合，产、城、人、文四位一体，新型社区，按照创新、协调、绿色、开放、共享的发展理念，结合自身特质，找准产业定位，进行科学规划，挖掘产业特色、人文底蕴和生态禀赋，形成"产、城、人、文"四位一体有机结合的重要功能平台。

1）模式1：同园区模式

2）模式2：人才房+产业园模式

3）模式3：配套住宅社区+产业园模式

住宅标准：日照、层高等。

公寓标准：层高等。

（4）其他配套功能

多总部经济集合体的其他配套种类很多，且空间形式丰富，是园区中最精彩的部分，也是园区最具活力的空间场所。主要包括以下类型：

办公共享空间：会议空间等，如浙江海创园中心发布厅（图8-121）、漕河泾南桥展览中心。

商务接待空间：酒店功能等。

休闲配套功能：健身、餐饮（接待）、食堂、商业等。

图8-121　浙江海创园中心发布厅

第四节　多总部经济集合体采用EPC营建模式的优势

一、EPC营建模式的分析

1. EPC设计发包模式

（1）包含方案设计

EPC工程总承包包含三个阶段的工作内容，即设计（Engineering）、采购（Procurement）、施工（Construction）。

1）设计阶段：设计包含但不限于全专业全过程的方案设计、初步设计、施工图设计，还包括估算、概算、设备主材选型以及施工与采购计划在内的所有与工程的设计、计划相关的工作，诸如确定施工方案，编制进度计划和采购计划，建立施工管理组织系统以及取得工程建设许可证等。

其中方案设计主要研究工程方案的规模体量、业态类型、总图布局、各类流线、立面效果等，并确定技术原则和估算造价。

2）采购阶段：采购工作包括设备采购、设计分包以及施工分包等工作，包括大量的对分包合同的评标、签订合同以及执行合同的工作。

图8-122 浙江海外高层次人才创业园鸟瞰图

3）施工及管理阶段：包含工程建设、总体进度控制、品质保证、安全控制、整个工程的服务体系的建立和维护，直至项目建设竣工，交付完成。

EPC工程总承包模式中包含前期策划和方案设计，需要顶层设计能力和杰出的策划能力，充分体现建筑专业为设计龙头的技术优势，将设计和实施在高效的组织下无缝连接、同步开展，有利于项目总体控制，加快项目推进速度，减少建设周期，特别是在项目定位和估算不充分确定的条件下，能动态地按业主各部门需求快速、高效地响应。

浙江海外高层次人才创业园位于杭州城西未来科技城，在一片山水相依、河道纵横、湿地连片之地，是中组部确定的全国四个海外高层次人才引进基地之一（图8-122）。

浙江海创园项目的创作思路，将轻盈的江南折纸造型建筑置于西溪湿地的景观之上，疏密有致的群落既符合"产业集聚"又可唤起"在地乡愁"，项目建成后俨然成为一个热门"景点"，在业内得到了高度评价并在浙江省内复制推广。

（2）不包含方案设计

区别于包含项目方案设计的EPC工程总承包模式，另一种EPC模式由业主先行发包确定设计单位完成项目方案设计（和初步设计）并确定项目投资估算（和概算），再由EPC单位进行施工图设计和后续采购、实施，其中采购阶段和施工及管理阶段工作模式相同，直至项目建设竣工，交付完成。

不包含方案设计的EPC工程总承包模式，对于EPC单位来说，设计工作界面相对明确、设计依据较为充分，此模式适用的参与单位更为广泛，较为普遍地存在于各行业。其劣势在于在设计执行过程中若由于各方面因素导致对方案的设计调整，EPC单位和原方案设计单位之间容易出现推诿、扯皮现象，导致设计推进不高效、设计责任不明确、造价控制不统一。

（3）小结

不论EPC模式是否包含方案设计，概括EPC工程总承包的优势主要为以下六个方面：①有利于引导建设单位投资决策的科学性，从源头上节省投资，控制投资，降低投资风险；②有利于明确建设责任主体，设计、采购、实施的错缺漏项由工程总承包企业负责，减少推诿、扯皮现象，提高建设质量；③有利于实现设计、采购、施工、试运行等各阶段工作的深度融合，提高工程建设效率，保证工程建设进度；④有利于减轻建设单位的管理压力，建设单位做好统筹谋划后，由工程总承包企业统一协调管理；⑤有利于廉政建设，创造良好的项目建设环境，确保工程目标的实现；⑥有利于规范建筑市场秩序，扼制违法发包和转包、违法分包、挂靠等违法违规行为。[1]

2. EPC角色参与模式

（1）设计企业主导

由大型综合性设计企业主导的EPC，具备以设计为龙头的以下四方面优势：[2]

1）有利于与业主的沟通协调

在建筑业的产业链上，设计企业具有很大的上游优势，在影响项目实施的方式和方法上更具备得天独厚的条件，由设计院转型的工程总承包企业，对业主的意图和对工程功能的要求掌握得更加清楚，能够有效缓解和调和与业主间的协调压力。

2）有利于提高工程质量

EPC总承包商对项目设计、采购和施工进行全过程质量控制，特别是在工程设计上能配合施工界面及时地进行有效控制和调整，在很大程度上消除了质量不稳定因素。

3）有利于降低项目交易成本

EPC项目业主只要和设计院主导的总承包商签订合同即可，减少了在各类信息

---

[1] 蔡玲. 中国联合工程公司——EPC模式倡导者和先行者 [J]. 中国工程咨询, 2017 (09): 88-90.

[2] 徐娇. 基于BIM的施工企业EPC项目效益评价研究 [D]. 西安: 西安科技大学, 2017.

图8-123 浙江海外高层次人才创业园运作周期

收集、合同谈判以及管理协调等方面的工作量,在某些专项设计咨询和顾问,诸如绿色建筑、海绵城市、声学顾问、各类评价等方面可充分利用设计企业的技术经验和合作资源,有效降低交易成本。

4)有利于缩短采购周期

在项目初步设计或施工图设计中,工程材料和设备选型由设计院主导的总承包商进行比选与论证,在设计过程中即可着手进行采购准备工作,可有效缩短采购周期(图8-123)。

浙江海外高层次人才创业园是浙江省内第一个真正意义上采用EPC工程总承包模式的项目。37万m^2建安工程和23.4万m^2装饰工程,中国联合工程有限公司从设计到"交钥匙"仅仅用了两年五个月零十天(2011年2月15日至2013年7月25日,共计892天)。这是中国联合的设计实力,是中国联合的EPC速度,更是建筑业转型发展新的内生动力,是建筑业供给侧结构性重大改革的探索。[①]

(2)施工企业主导

区别于由设计企业主导的EPC角色参与模式,另一种参与模式为由施工企业主导,其优势主要体现在以下四个方面:[②]

1)管理体系较适应

设计企业主导的EPC模式在全过程实施中存在层层汇报、层层负责、层层管理的组织体系和管理方式,而施工企业主导的EPC模式在实施层面具备更直接的职能管理和更快速的执行力,有利于适应工程总承包的要求。

---

① 蔡玲. 中国联合工程公司——EPC模式倡导者和先行者[J]. 中国工程咨询,2017(09):88-90.
② 徐娇. 基于BIM的施工企业EPC项目效益评价研究[D]. 西安:西安科技大学,2017.

2）复合型人才较突出

依托复合型人才推动大批传统施工企业向工程总承包企业转型，其人力资源优势主要体现为拥有大量能够组织EPC项目投标工作，合理确定报价，最终获取项目订单的商务人才，同时也拥有能够按照国际惯例进行项目管理、具备较强综合能力的复合型项目管理人才。

3）管控能力较强

施工企业对项目总体控制、采购实施、施工管理、项目试运行等方面的管控能力远强于设计企业内部的工程管理部门，特别是中字头、省字头的施工企业在项目管控和人才锻炼方面的投入也远超设计院转型的工程总承包企业。

4）资源整合能力较全面

设计和施工在EPC模式中是相辅相成、交叉交融的两个最重要环节，施工企业在采购、施工、资金等方面的实操优势较为明显，能合理有效地整合专业设计院的技术力量、施工单位的人力资源，使技术力量、人力资源及资金达到EPC项目的要求。

（3）小结

近年来大型设计院和大型施工企业纷纷向EPC工程总承包企业转型，两者均以自身的优势占领各自的市场份额，加之当前国家对建筑师负责制、全过程工程咨询的政策引导，以设计为龙头的工程总承包模式将成为发展方向。以设计为龙头并不意味着以设计院为龙头，纯粹的设计院或纯粹的施工单位都很难完成，所以两者的发展目标都将向综合性实力看齐。

3. 以中国联合工程有限公司为代表的EPC营建模式

（1）国内EPC领域先行者

作为有着60多年历史的驻浙央企，中国联合是我国最早组建的国家大型科技型工程公司，也是国内首批获得工程设计综合甲级资质的九家单位之一，服务覆盖工程建设全过程。多年来公司在继续做精做强设计咨询业务的同时，积极拓展以设计为龙头的EPC业务，大力提升EPC能力（图8-124）。2017年3月中国联合工程有限公司当选为浙江省勘察设计行业协会工程总承包分会会长单位。[①]

作为住建部公布的首批40家全过程工程咨询试点企业之一，中国联合对于工程全过程的掌握是得到各界认可的，这对于开展以设计为龙头的EPC总承包具有先发优势。在以设计为龙头的工程总承包中，中国联合一贯保持着精心设计、严格管理

---

① 蔡玲. 中国联合工程公司——EPC模式倡导者和先行者［J］. 中国工程咨询，2017（09）：88-90.

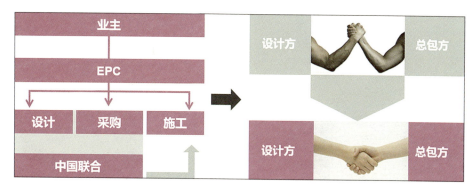

图8-124　中国联合工程有限公司以设计为龙头的EPC模式

的良好传统,以资源整合者的身份整合行业内的优质资源为项目服务。如在项目前期策划工作方面,根据业主的要求和设想,结合自身的经验,就功能策划、设计方案、项目概算等提出合理建议,避免项目出现人为的"先天不足";在项目造价控制方面,设计通常决定了工程造价的70%~80%,中国联合在满足质量、功能的前提下进行项目多方案比选,严格执行限额设计,确保投资控制金额;在资源整合方面,经过多年工程总承包的实践,公司培育了一批诚信踏实、长期合作的合格供应商,通过对合格供应商的动态、有效管理,达到对优质资源的整合,发挥以设计为龙头的总承包模式在投资、进度、质量控制方面的先发优势。[①]

建筑业转型的推动力,从根本上说,就是人才和技术。从要素投入型向创新驱动型跃迁,工程总承包EPC和全过程工程咨询模式既是中国建筑业改革的破题之举,亦是中国联合转型的必选之路。

(2)产业园区EPC模式建成案例

作为工程总承包模式的先行者,中国联合在实施以设计为龙头的工程总承包项目方面积累了比较丰富的经验,特别是在产业园区方面,先后承接了浙江海外高层次人才创新园、宁波前洋E商小镇、宁波膜幻动力小镇客厅、世界工业设计大会建机厂区块改建项目、温州浙南科技城双创园、梦栖小镇邱家坞大师村、杭州余杭区数字产业孵化园等包含方案设计的EPC项目,得到了行业领导和社会各界的高度肯定。

浙江海创园项目的创作思路,将轻盈的江南折纸造型建筑置于西溪湿地的景观之上,疏密有致的群落既符合"产业集聚"又可唤起"在地乡愁"。项目建成后在业内得到了高度评价并在浙江省内复制推广(图8-125)。

狮子山侧、官山河畔,一座崭新的电商经济创业创新小镇拔地而起,它就是宁波前洋E商小镇(图8-126)。

[①] 蔡玲. 中国联合工程公司——EPC模式倡导者和先行者[J]. 中国工程咨询,2017(09):88-90.

图8-125　浙江海外高层次人才创业园

图8-126　浙江宁波前洋E商小镇

园区以"膜"幻动力为概念,立足膜产业为主体、创新空间为配套功能的设计定位,打造集产业聚合、智慧研发、休闲展示于一体的新都市到访地(图8-127)。

世界工业设计大会建机厂区块改建项目,设计手法非修旧如旧,而是通过保留具有建机厂印记的屋顶桁架与原有的主体结构,作为文化记忆的符号,回顾那个年代的建机文化(图8-128)。

温州浙南科技城双创园,采用岛状布局,以水系将各岛屿串接在一起,强

图8-127 浙江宁波膜幻动力小镇客厅

图8-128 世界工业设计大会建机厂区块改扩建项目

调城市界面的完整性,结合水系景观设计,创造出"湿地长廊"的建筑形象(图8-129)。

梦栖小镇邱家坞大师村,位于杭州市余杭区良渚新城,东侧邻良渚港水系,毗邻世界工业设计大会永久会址良渚梦栖小镇。作为工业设计的聚集地,取义"设计联合国"的理念,以夯土材料为代表的传统民居,以混凝土和玻璃为代表的现代建筑集成布置在一个院落内,体现现代与传统的融合(图8-130)。

图8-129 温州浙南科技城双创园

图8-130 梦栖小镇邱家坞大师村

杭州余杭区数字产业孵化园,以"渗透"为概念,配套置于底部,打散与城市融合,办公置于顶部,围合成院,整体呈现立体融合的格局(图8-131)。

图8-131 杭州余杭区数字产业孵化园

二、产业园区营建特点与EPC营建模式之间的功能互补

1. 推行以设计为主导的工程总承包EPC模式

产业园区的实施主体主要包括政府职能主体、政府实施主体、园区实施主体、园区运营主体、园区参与主体等，其实操团队多数以非专业商业开发人群为主，技术力量专业性不强、市场环境敏感度不够、人员配置全面度不足，推行以设计为主导的工程总承包EPC模式，对全面辅助业主、优化设计、减少变更、控制造价、加快进度等方面是有利的。

以浙江省推行的以产业为主导的特色小镇为代表，其发展目标为成为城市或区域经济转型的新引擎、资源配置的新动力、大众创业的新平台、生态建设的新领域、先进文化传播的新载体，其核心区本身就是一个复合型、多总部、多功能的产业园区，在产业聚集、形态提升、功能聚合、文化挖掘等方面都提出了新要求。此类产业园区的营建过程，从顶层策划、前期设计上就要求了高起点，在落地、建造上要求了高整合度，强化了EPC总承包单位在项目建设全过程中的设计责任，推进设计团队自觉地从造价、技术及采购等角度进行多方案比选，以设计为龙头协调各方关系，有利于减少工程变更、争议、纠纷和索赔等环节的耗费，使资金、技术、管理各个环节紧密衔接，有效克服设计、采购、施工相互制约和相互脱节的矛盾，保证了工期和造价的有效控制。

2. 提高设计和建筑师在项目全过程中的贯穿力度

产业园区的营建定位不仅应在功能、形象、使用、收益等方面实现可持续发展，其区别于公共建筑、商业建筑、办公建筑及住宅建筑营建的另一要素是侧重于产业的集聚、空间的打造、企业的培育、上下游产业的融合，这些重点都将有形或无形地贯穿在园区物理空间里。在产业园区营建前期的准备和设计阶段，对产业的研究、城市的研究、政策的研究、用地的研究、方案的设计、投资的估算等，是整体项目落地的关键，前期规划设计的成败决定了整体项目的成败，同时，建筑师的执行力也将决定整体项目的完成度。

给予建筑师贯穿项目营建全过程的身份和权利，有利于强化其设计责任，实现建筑师负责制，从造价、技术、材料及采购等角度进行多方案比选，优化设计方案，有效执行初步设计概算，控制造价。此模式对实现建筑师的主观能动性、实现设计和施工的深度融合是有利的，对实现工程质量、进度、安全控制的全面提升是有效的。

以宁波前洋E商小镇核心区项目为例，在前期，我们了解到该项目建设过程中将同步进行招商引资，时间短、任务重，对于建设工期是个巨大的挑战，于是从方案设计之初就提出不进行地下室大开挖，采用首层架空设车库和停车楼的方式解决停车位配建的问题，并通过多方案设计比选来实现定性定量；同时采用钢结构的装配式建筑形式，通过设计的论证和深化，该项目装配率达到了85%，远超当地政策20%的规定。这一系列设计措施大幅度缩短了营建工期，充分体现了EPC模式的设计龙头作用和建筑师主导作用。

3. 适应设计产品的动态优化过程

其区别于公建、商业、住宅等相对成熟、标准的营建模式和设计产品，产业园区在营建过程中有个显著特点，即设计产品动态地根据产业政策、招商运营、分割租售、项目分期等条件平行式推进而产生变化调整，也具有一定程度定制化的属性，有时甚而在施工图设计完成后产生局部的设计调整，诸如平面使用可分可合的变化、楼层荷载的变化、电梯参数的变化、分期开发后续的产品调整等。包含方案设计的工程总承包EPC模式，可最大限度地实现提前开展设计调整准备、调整多方案比选、设计与施工界面无缝对接、投资造价的实时控制等优势。

以宁波前洋E商小镇核心区项目为例，在设计过程中曾对"办公使用空间"和"休闲配套空间"的规模比例反复探讨，同时又有进度计划、成本控制、办公空间得房率等制约因素摆在眼前,在这种矛盾情况下,设计既要往前推进又要留有余地、成本既要可控又要满足使用功能和立面可视化等策略显得尤为重要,最终综合考虑到电商产业人群年轻化、工作节奏高效化的特点,针对性地在设计中体现了"办公空间"、"创新思维空间"、"商业空间",把功能性区别体现在空间结构上,既相互融合又相互分离,在满足不同群体工作环境需求的基础上,更是加入了运动馆、室内阶梯教室、开敞式中庭、室外篮球场、亲水休闲区及路演广场等一系列特色空间,从各方面满足年轻人的工作、生活的需求。总体营建过程在设计为龙头的EPC模式下将不确定、不可控、不平衡因素降到最小。

4. 扩大设计的服务内容

在产业园区的各设计专项方面,一些专项的动态调整会影响到其他专项的同步调整,这些设计专项既相对独立又相互融合,特别是建筑和室内、景观、幕墙等可视化的专项以及建筑和智能化等功能性专项直接影响到园区的定位与可持续发展。EPC模式中的设计涵盖了建筑、室内、幕墙、景观、智能化、泛光照明、人防、基坑围护、海绵城市、装配式、造价等专项,所有的专项设计虽不一定由EPC承包单位独立完成,但承包单位须承担总体设计组织、管控、协调等主导作用,EPC设计团队在这个过程中扩大了设计的服务内容,这区别于由业主方将各专项设计发包给各专项单位来完成的传统模式,可以让业主方从繁杂的管理事务中摆脱出来,无需根据这么多单项工程组建庞大的专业管理班子(图8-132)。

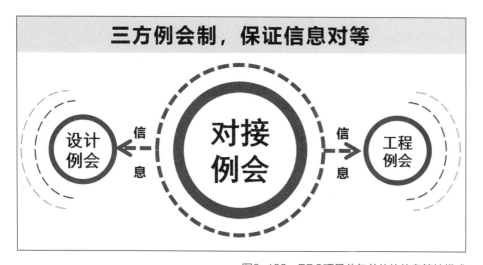

图8-132　EPC项目总包单位的信息管控模式

5. 实现有效造价控制和高完成度落地

EPC模式中的E所指的"设计"应扩大化解释为技术，包括设计技术、施工技术、管理技术。管理处于中心，是串联设计与施工的一条主线，是设计与施工融合程度的决定性因素。设计是工程总承包的技术核心。首先，设计在整个产业链上游占有技术优势，可以应用新技术、新材料、新设备；其次，设计决定了工程造价，在方案阶段，设计对于投资控制的影响权重占到80%左右，在初步设计阶段，设计对投资控制的影响权重占到45%左右，在施工图阶段，设计对投资控制的影响权重占到15%左右。产业园区的营建往往面临工期紧、范围广、头绪多等情况，采用EPC模式可以实现设计、采购、施工的高度集成，实现各阶段工作的合理交叉、综合协调，从而优化资源配置，提高建造效率，确保工程实施的进度、质量和造价控制（图8-133）。

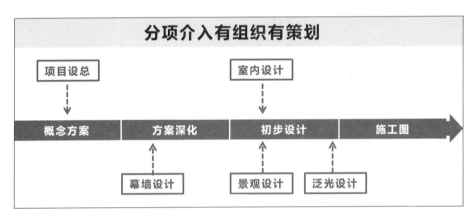

图8-133　EPC模式中的设计组织与控制

6. 配合后期招商运营和全过程全生命周期服务

2019年3月15日国家发改委、住建部联合发布515号文《关于推进全过程工程咨询服务发展的指导意见》，也明确鼓励从投资决策、工程设计、工程建设、项目运营等项目全生命周期的角度开展多种形式的全过程工程咨询服务，其中项目运营阶段的咨询、设计和营建工作也是EPC总承包单位能胜任的工作范畴。

在产业园区的后期运营方面，同样面临着根据招商入驻企业的使用需求变更调整园区物理空间的可能性，诸如配套餐饮规模的调整、空调系统的调整、安防及智能化的更新、楼层间垂直交通的改建、屋顶使用空间的改造、地下空间的二次利用等，物业公司对这些方面的执行过程需要设计单位的咨询和介入，EPC模式本身要求了总承包商在项目后续质保期限内的参与义务,也便于设计团队系统地、全面地提出咨询意见和比选方案。

7. 小结

就产业园区营建特点而言,可归纳为前期规划、动态设计、专项设计、造价控制、招商运营五个方面,与之对应的设计为龙头、设计施工无缝对接、设计总体把控、技术为核心、全过程工程咨询五个方面的EPC模式特点,可有效地实现两者间功能互补(图8-134)。

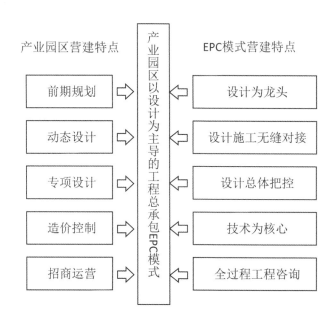

图8-134 产业园区营建过程的EPC实施要点

三、EPC模式产业园区项目营建中设计相关实操概要

1. 设计实施要点

产业园区营建中,设计实施要点包括:设计目标、设计团队、设计组织、设计质量、进度控制、设计评审、设计交底及现场设计代表等内容,其在整体过程中起到了至关重要的作用,也充分体现出了以设计为龙头的技术优势。

(1)设计目标

对项目前期设计已确定的技术成果文件进行确认和完善,并在此基础上开展方案（初步）设计和施工图工程设计，在深化设计的过程中，设计团队应全面把控各专业的同步协作进展，充分反馈因设计过程中多方案比选带来的不确定性，预留调整空间，以保采购、保施工、保协作的"三保原则"控制设计全过程，使设计、采购、施工全过程处于受控状态。

（2）设计团队

由设计负责人、设计经理、各专业负责人、专业设计人员等组成的设计团队采用矩阵组织形式，执行建筑师负责制。设计负责人和设计经理作为关键人物应参与项目营建的全过程，可直接进行各专业间技术协调与把控，同时应全面了解项目各干系人的目标及诉求，在应对设计动态调整过程中，能主动与各干系部门直接沟通，并赋予其相应权限，从设计源头提出问题、分析问题、解决问题。设计团队与项目其他管理、实施团队共同受项目经理的领导，并在项目经理的统筹管理下与其他团队进行日常工作的沟通与协调。

（3）设计组织

整个设计组织过程包含设计接口、设计流程等方面的控制。产业园区项目的设计组织中，涵盖的各专业设计既相对独立又相互融合，设计总包组织包括了建筑、室内、幕墙、景观、智能化、泛光照明、人防、基坑围护、海绵城市、装配、造价等专项，多个设计接口关系复杂、相互交叉，内、外部接口的工作界面主要通过各种信息沟通和技术交底来实现。

（4）设计质量

设计质量关乎项目在实施阶段的直接成败。设计质量不仅直观表现在设计成果图纸上，其内在本质是贯穿体现在工作程序和岗位职责中的，具体包括设计团队的技术胜任能力、设计输入控制、技术方案评审、设计文件的校审与会签、设计变更的控制、设计输出控制六个方面。

（5）进度控制

计划与进度控制是设计团队在质量、造价控制之外的另一重要控制因素，也是设计负责人的主要工作任务之一，具体包括明确设计进度责任、明确专业设计计划与进度控制的实施步骤、设计进度计划的编制、明确设计计划控制重点工作等四方面内容。

（6）设计评审

为了促进设计工作推进和确保设计内容、质量满足要求，为下一阶段设计或实施提供明确的工作指令，公司内部评审、业主设计审查、政府主管部门设计审查这三种类型成为设计实施要点中设计评审的主要形式。在上述设计评审中，特别是业主和政府主管部门会对设计提出一定程度的甚而颠覆性的调整意见，这也从技术与管理上对设计团队提出了更高的要求，优秀的设计团队往往会在这一过程中体现出超前的预判和留有余量的准备。

（7）设计交底与现场设计代表

作为以设计为龙头的营建服务模式，设计是贯穿项目实施的一条主线。对于小量的图纸交底或设计变更，可由现场设计代表进行，对于大批量的图纸交底或设计变更，应由设计负责人或设计经理统筹相关专业负责人进行，现场设计代表工作应纳入现场工程项目部的管理范围。本项工作内容将成为工程设计行业在竞争红海中的一项优质增值服务手段，对项目的高完成度起到了积极有效的推进作用，是推行建筑师负责制较好的实践抓手。

2. 造价控制要点

（1）职责与分工

EPC模式中的项目费用管理，是在项目经理的统筹管控下，由控制经理、设计经理、采购经理、施工经理、安全经理各司其职、共同协作，对工程项目的费用投入达到预期的控制范围（图8-135）。

图8-135　EPC模式中的职责与分工

项目经理：负责费用管理相关的全面沟通、协调、组织工作。

控制经理：负责组织项目概预算编制、组织进度款审核、主合同请款、组织签证审核、组织索赔变更、组织工程结算等。

设计经理：负责审核施工图纸，提出和审核各类设计变更。

采购经理：负责工程所需的物资采购及提出索赔事由。

施工经理：负责工程施工、质量、签证、变更等现场管理，协助设计部审核施工图纸、提供工程形象进度，审核分包工程进度，提出工程相关索赔事由，配合控制部进行索赔管理。

安全经理：负责安全、健康、环境等方面的管理及提出索赔事由。

（2）费用估算关键线路（图8-136）

注：

①批准的控制估算是以EPC成交价为基础依据的；

②首次核定控制估算是以初步设计概算和设备材料询价为依据的；

③末次核定控制估算是以施工图设计预算和设备材料采购价为依据的；

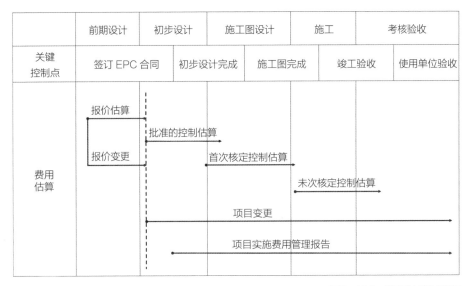

图8-136 费用估算过程图

④项目变更以总包单位与建设单位达成的变更协议费用为依据;

⑤预留不可预见费用,项目变更在此范围内控制。

(3)项目成本估算

投资估算有分目标和总目标,在总目标确定的情况下,应结合项目全生命周期成本最优原则、可实施性原则,利用价值工程合理分解分目标,进而将分目标转化为限额设计。

根据产业园区营建特点,以下四方面成为对其进行项目成本估算编制的参考和要求:

1)常规开发模式的产业园区,应在其所在城市和区域中匹配对标项目,或参考本地区合理、可靠的资料数据,以单方建安成本作为估算基础,结合项目地下空间开发强度、硬件标准、配套规模等因素作为估算浮动,对项目投资估算进行编制。

2)项目工程内容、费用应构成齐全,计算合理,不提高或降低估算标准,避免重复计算,不漏项、不少算,并做好适量预留。

3)选用指标与具体工程之间存在差异时,应进行必要的换算或者调整,对造价变动影响较大的因素应具备敏感度和前置性,分析市场和政策的变动因素,充分估计物价上涨和特殊材料市场供应情况等对造价的影响。

4)投资估算的深度须满足控制初步设计概算的要求。

(4)限额设计

在项目前期应合理确定项目投资限额,设定的目标过高将难以实现,目标过低则会失去限额设计的意义。各设计阶段投资总限额应满足前置阶段制定的目标，维护投资限额的严肃性，如有必要调整，必须通过分析论证，各专业设计师根据专业特点编制《投资核算点表》，造价人员根据投资核算点对各专业设计投资进行跟踪核算，并分析产生偏差的原因，与设计师及时沟通，实现限额设计。

1）科学分配初步设计的投资限额，根据投资限额进行初步设计。在初步设计阶段，明确项目各专业组成，通过历史项目经验数据及各专业对使用功能的影响程度，合理确定各专业造价占总造价的比例；分析不同材料设备对造价影响的敏感度，以分析结果为参考，共同对投资总额进行合理分解，并将分解后的投资目标作为初步设计目标。①

2）合理分配施工图设计的造价限额。初步设计完成后，进一步根据初步设计概算调整、完善投资目标，并将调整后的投资目标作为施工图限额设计目标（图8-137）。②

图8-137　施工图设计的造价控制过程

（5）设计概算

设计概算是编制建设项目投资计划、确定和控制建设项目投资、控制施工图设计和施工图预算的依据，在编制过程中，应满足以下三方面要求：

1）设计负责人和概算负责人对全部设计概算的质量负责，概算文件编制人员应参与设计方案的讨论和调整。

2）设计人员要重视项目经济效益，严格按照已批准的工程内容和投资限额设计，提出满足概算文件编制深度的技术资料。

3）概算文件编制人员应根据初步设计图纸和说明，按概算定额划分的项目统计工程量，依据得到的工程量与相应的概算子目计算出工程费用，并依据有关标准计算出工程建设其他费和预备费，汇总为概算总额。在编制概算的过程中，对于产业园区土建部分要求采用建模的方式进行概算工程量的计算，对于设备管道专业，推荐采用三维设计，以提高材料统计精度。

---

① 甘振森. 浅谈房地产项目的成本控制［J］. 中国乡镇企业会计，2013（11）：108-109.
② 邱林. 浅谈项目设计阶段的造价与控制［J］. 中国工程咨询，2013（12）：62-64.

（6）设计方案经济比选

方案经济比选应结合各类产业园区的使用功能、建设规模、建设标准、设计寿命等要素，运用价值工程、全寿命周期成本等方法进行分析，提出优选方案及改进建议，其中：

1）对使用功能单一，建设规模、建设标准及设计寿命基本相同的非经营性园区项目，应优先选用工程造价或工程造价指标较低的方案，根据建设项目的构成分析各单位工程和主要分部分项工程的技术指标，提出优选方案以及改进建议。

2）对使用功能单一，建设规模、建设标准或设计寿命不同的非经营性园区项目，应综合评价一次性建设投资和项目运营过程中的费用，进行建设项目全寿命周期的总费用比选，提出优选方案以及改进建议。

3）对开发经营性园区项目，应分析技术的先进性与经济的合理性，在满足设计功能和技术先进的前提下，根据项目的资金筹措能力以及投资回收期、内部收益率、净现值等财务评价指标，综合确定投资规模和工程造价并进行优劣分析，提出优选方案以及改进建议。

4）当运用价值工程方法对不同方案的功能和成本进行分析时，应综合选取价值系数较高的方案，并对降低的冗余功能和成本效果进行分析，提出改进建议。

5）在完成经济效果评价的基础上，深化完成各专项方案，包括：建筑结构方案、围护结构方案、屋盖系统方案、给水排水系统方案、空调系统选型方案、智能化系统方案、内外装饰方案、室内设计方案等。

3. 沟通实施要点

（1）沟通管理

在项目营建过程中，沟通应以"归口沟通、对等沟通"为原则，以不伤害既定合同利益、巩固双方关系及再次合作为出发点，落实沟通管理责任，有效沟通。项目沟通管理包含以下程序：

1）实施沟通目标分解。

2）分析各分解目标自身需求和相关方需求。

3）评估各目标的需求差异。

4）制定目标沟通管理计划。

5）明确沟通责任人、沟通内容和沟通方式。

6）按照既定方案进行沟通。

7）总结评价沟通效果。

（2）相关干系人识别与管理

有效识别相关干系人，对项目成功实施非常重要。通过识别全部潜在的项目干系人及其相关信息，了解干系人之间的关系，分析干系人的利益、诉求、预期、重要性、影响力，将干系人进行合理的分类，如按利益、影响力和参与程度分类，集中处理重要关系，提高干系人的正面积极影响，确保项目的高效落地。

产业园区营建过程中相关干系人包括责任领导、建设单位、使用单位、招商团队、运营团队、物业公司、监管审批部门、监理单位、跟踪审计单位、施工分包商、材料供应商、其他等干系人，这些干系人或贯穿营建全过程，或在某阶段产生较大的参与程度和影响力。作为EPC承包商，在项目营建之初应做好对相关干系人的识别、分析和评估，确保其对技术方案、动态设计、现场条件、工程资料、工期进度、质量安全等方面的配合，提高项目整体工作效率。

（3）沟通方式

在项目营建过程中可采用文件、信函、工作交底、邮件、口头交流以及其他媒介沟通方式与项目相关方进行沟通，沟通方式可分为会议沟通、文件沟通、口头沟通三种形式，对重要的沟通事项，诸如项目功能发生变更、干系人诉求发生变更或因变更导致造价突破等情况，应采用书面文件形式，明确责任主体、解决思路、比选方案、时间计划等事项，确保沟通的准确、落地、高效。

参考文献

[1] 王新红. 产业地产开发模式发展对策研究[D]. 北京：北京交通大学，2011.

[2] 夏书娟. 产业地产的发展趋势及投资风险研究[D]. 青岛：中国海洋大学，2013.

[3] 漕河泾园：创新孕育"希望"共创发展蓝图[J]. 中国高新区，2008（06）：25-26.

[4] 王璇，史同建. 我国产业园区的类型、特点及管理模式分析[J]. 成都商，2012（18）：177-178.

[5] 孙涛. 联东U谷产业园运营管理模式研究[D]. 厦门：厦门大学，2018.

[6] 赵萌词. 基于系统分析的产业园区协调发展对策. 智富时代，2015，0（S1）.

[7] 朱跃军，姜盼. 中国产业园区：使命与实务[M]. 北京：中国经济出版社，2014.

[8] 夏冬冬. 重庆市科技园区核心竞争力战略研究[D]. 重庆：重庆大学，2009.

[9] 赵禹骅，秦智，覃柳琴. 产业园区治理结构的研究[J]. 广西财经学院学报，2007（04）：92-95.

[10] 衣晓利. 清远市侨兴产业园空间布局策略研究[D]. 北京：北京建筑大学，2013.

[11] 中国产业集群发展报告课题组. 中国产业集群发展报告[M]. 北京：机械工业出版社，2009：7

[12] 吴利学，魏后凯，刘长会. 中国产业集群发展现状及特征[J]. 经济研究参考，2009（15）：2-15.

[13] 刘澎. 现代工业园区的产业集群现象研究[J]. 中国城市经济，2004（02）：58-61.

[14] 朱文渊，周绍森. 中部地区产业集群的形成与政策建议[J]. 嘉兴学院学报，2005（01）：131-137.

[15] 罗祎. 我国产业园区发展中的套牢问题研究及治理对策[D]. 成都：西南交通大学，2012.

[16] 赵沛楠. 产业地产进入新的发展高峰[N]. 上海：建筑时报，2012-10-25（001）.

[17] 国家高新技术产业开发区十年建设和发展情况[J]. 中国高新技术企业，2001（03）：11-13.

[18] 沈伟国，陈艺春. 我国高新区二次创业阶段发展论与评价体系研究[J]. 科学学与科学技术管理，2007（09）：27-30.

[19] 余厚新. 临港产业区产业选择及发展布局研究[D]. 天津：天津大学，2010.

[20] 曹为军. 出口退税对商品出口贸易的影响[D]. 南京：南京财经大学，2010.

[21] 张志民，蔡威. 初探工业园区发展中土地利用的若干问题[J]. 四川建筑，2008（03）：21-22+25.

[22] 王莉. 高科技园区土地集约利用评价及政策研究——以南京市徐庄软件园土地利用为例[D]. 南京：南京农业大学，2013.

[23] 刘春华. 我国工业园土地集约利用技术经济分析[D]. 赣州：江西理工大学，2010.

[24] 杨志，赵铁政，周桂峰. 省级高新技术产业开发区的空间效益研究——以唐山高新技术开发区为例[J]. 现代城市研究，2007（01）：41-45.

[25] 陈伟文. 开发区土地利用若干问题的探讨[J]. 内江科技，2006（01）：7+12.

[26] 凌荣安，林崇谦. 高技术产业的税收优惠政策导向分析[J]. 广西商业高等专科学校学报，2005（04）：35-38.

[27] 苏明，杨良初. 我国高新技术园区财税政策存在的问题与对策建议[J]. 经济研究参考，2004（38）：2-14.

[28] 王干, 万志前, 钟书华. 我国生态工业园区的法律制度保障 [J]. 科技与法律, 2003 (02): 79-83.
[29] 纪尽善. 加快西部地区工业园区发展与承接产业转移问题研究 [J]. 经济界, 2010 (05): 18-23.
[30] 周红, 郭颖, 李晓宇. 新加坡工业园区管理体系的分析及对中国的启示 [J]. 特区经济, 2009 (08): 88-89.
[31] 一文看懂城西科创大走廊 [J]. 杭州 (周刊), 2018 (41): 14-17.
[32] 李景欣. 中国高新技术产业园区产业集聚发展研究 [D]. 武汉: 武汉大学, 2011.
[33] 鞠瑾, 刘宝忠. 当前生态型产业园建设发展中存在的几点问题及建议 [J]. 管理观察, 2009, 5: 8-10.
[34] 唐静, 唐浩. 产业链的空间关联与区域产业布局优化 [J]. 时代经贸, 2010, (14): 26-27.
[35] 唐燕霖. 企业应如何选择入驻园区?[N]. 中国文化报, 2014-05-17 (005).
[36] 杨凡. 产业园区持续盈利新模式探讨 [J]. 行政事业资产与财务, 2018 (18): 23-24.
[37] 罗丽. 企业文化导向的员工激励机制研究 [D]. 开封: 河南大学, 2012.
[38] 胡雅蓓. 现代服务业集群创新网络模式研究——以江苏百家省级现代服务业集聚区为例 [J]. 华东经济管理, 2014, 28 (02): 5-9.
[39] 贾占军. 科技企业孵化器运行模式研究 [J]. 知识经济, 2018 (11): 66+68.
[40] 李爱军, 崔雁松, 王晓星. 遗传算法的改进及其验证 [J]. 高等职业教育 (天津职业大学学报), 2012, 21 (01): 85-87.
[41] 李珣聪. 高层办公楼标准层平面规模与经济指标 [J]. 南方建筑, 2006 (10): 17-19.
[42] 刘静. 浅谈高层商住综合建筑标准层设计 [J]. 中小企业管理与科技 (下旬刊), 2011 (04): 225-226.
[43] 蔡玲. 中国联合工程公司——EPC模式倡导者和先行者 [J]. 中国工程咨询, 2017 (09): 88-90.
[44] 徐娇. 基于BIM的施工企业EPC项目效益评价研究 [D]. 西安: 西安科技大学, 2017.
[45] 甘振森. 浅谈房地产项目的成本控制 [J]. 中国乡镇企业会计, 2013 (11): 108-109.
[46] 邱林. 浅谈项目设计阶段的造价与控制 [J]. 中国工程咨询, 2013 (12): 62-64.